中世の村への旅

柳田國男『高野山文書研究』『三倉沿革』をめぐって

小島瓔禮
yoshiyuki kojima

アーツアンドクラフツ

目次

カバー図版・「粉河寺縁起絵巻」（十二世紀後半頃成立）より
粉河を渡る長者一行
（粉河寺所蔵、京都国立博物館画像提供）

中世の村への旅

——柳田國男『高野山文書研究』『三倉沿革』をめぐって

中世の村への旅

＊ここにいう「高野山文書」とは、明治三十七年（一九〇四）から四十年にかけて、東京帝国大学文科大学史料編纂掛の編纂のもと、東京帝国大学から発行された『大日本古文書』家わけ第一「高野山文書」八冊を指す。原本は、高野山金剛峯寺および山内の子院に伝来した文書を江戸時代に整理・表装したもので、『宝簡集』五十四巻、『続宝簡集』七十五巻、『又続宝簡集』百四十三巻からなる。寺領に関する文書が大部分を占め、いわゆる荘園時代の村々の実態を知る、絶好の史料になっている。

はじめに――高野山文書の裏の歴史科学

荘園文書には、その文書が書かれた直接の動機が反映している。当然、荘園文書の研究といえば、そこに表われている文書が誕生したときの事情を読み解くことが第一義になる。したがって荘園文書を解明するとすれば、行政的に人の動きをたどって政治史上の分析をし、ものごとの経済的なかかわりを明らかにする経済史の考究になる。

政治と経済といえば、現代の地球上の諸問題に見るとおり、人類社会の基本的な課題である。人間一人一人がどのようにかかわっていくかが政治であり、人間がどうやって生命をつないでいくかが経済である。しかし人間は、そうした「ひと」としての基盤の上に、生きることの支えに、さまざまな「華」を築きあげてきた。いや、その「華」をみごとに咲かせるために、一日一日の「いのち」を刻んできた。大自然を形づくるさまざまな生き物も、生命を子孫につなぐ営みの中で、千差万別な「華」を生み出している。

荘園文書の世界にも、その「華」の美しさがあってもよい。政治と経済を描く文書を生んだのは、ほかならぬ人間である。その紙背には、生身の人々の生活がいきづいている。その文字一字一字によってよみがえる人生模様からは、人間が生み続けてきた変化に富んだ「華」が、香って来るはずである。その香りを、われわれはかぎわけなければならない。荘園文書の裏の世界である。

『高野山文書研究』をまとめた当時の柳田國男は、若き農政学者であった。いわば政治と経済の真只中に立っていた。しかし、師と仰ぐ農政学者の新渡戸《にとべ》稲造《いなぞう》の地方学《ぢかたがく》の視点の影響を受けていた。地方学とは、社会の政治や経済の組織を、統合した上部から見るのではなく、社会を構成する地域地域の末端にいる、いわば一人一人の人間の存在から積みあげていくという、地域研究の立場である。

柳田國男が農政学者であったときの論文集『時代ト農政』（明治四十三年十二月）には、『高野山文書研究』が、その農政学の栄養であったことを具体的にうかがわせる一節もある。「日本に於ける産業組合の思想」の章の「頼母子及び講」の項目にある。

憑支即ち頼母子も亦古くから有ります。是は高野の文書などにはいくらも見えます。

と記す。頼母子《たのもし》とは、金銭を集め、資金の必要な仲間に融通しあう組織である。無尽《むじん》とも呼び、現代でも、身近な人たちが集まって、仲間どうしでやっていることを聞く制度である。

『時代ト農政』をひもといたついでに、柳田國男の学問の方法の真髄を考える上で参考になる一節を、紹介しておこう。「小作料米納の慣行」の章にいう、「地主小作はもと共同経営者なり」と題する項目である。地主と小作人というが、今の地主を昔は単に作人と称し、第二の作人を、下作人すなわち小作人といったとして、明治初年の法制度の改変が、近代の地主と小作人の軋轢の原因であることを説いている。

すなわち、地主は明治五年の布告で、その土地の所有権を認められ、さらに民法の物権編で権利の範囲が確定し、地主といえば、ヨーロッパの法律にいう土地の所有権者ということになったという。しかし、それ以前は、単に土地の耕作権を無制限に有する者、作人を意味した。土地の根本権は、領主に属するものであった。作人が自分で耕作できる面積を超えて土地を占有することには、何の制限もなかったので、昔は大地主というものが各地にあった。大地主はその家族とともに、また終身の奉公人をつかって、大地積の耕作を経営するのが一般の状態であった。

それが大きく変化したのは、江戸時代初期であった。分家が盛んになったことと、奉公人の独立である。一口でいえば、「家」制度の変化である。これらの変遷は、現代から見れば、日本の社会の大きな変質の原動力である。柳田國男は、そういう日本列島の住民がたどってきた、暮らし向きの歴史を解明しようとしていたように見える。それは日本人とは何かということにとどまらず、農政学以来の課題で、ヨーロッパなどの制度とのかかわりにも関心があったにちがいない。

『時代ト農政』の再版には、昭和二十三年（一九四八）二月十二日付の「附記」がある。

第一次世界大戦後、私は誤解して世の中がすつかり変つて終ひ、それまでの農政の学問は役に立たなくなるものと考へた。役人をやめることになつて、農政方面の蔵書はすべて帝国農会へ寄附し保存して貰ふことにした。

しかしこの想像は早まつてゐた。間もなく任務を帯びて渡欧し、彼地の農村をあるく機会を得た際にそれに気がついた。

「それ」がどのようなことであるかは、この「附記」の中では明言されてはいない。「これらの話の中には疑つたばかりで理由の説明出来ない不思議な事実がいくらも残つてゐる」ともある、それであろうか。「出来れば民俗学徒の中から、この不可思議現象に注意を払ひ」、もう少しはっきりさせてほしいとある。それは、地方学の方法に就くということであろうか。

私が『高野山文書研究』の解題を担当することになったとき言われた条件は、民俗学の眼で書くということであった。それは、荘園村落であった現地の村に立って、古くから伝わって来た村の生活の結晶が、どのように生きているかを発見することであると考えた。いま総体をまとめるにあたって、あらためて柳田國男の地方学の時代に生まれた『高野山文書研究』の背後には、隠された歴史の大きな力の存在があるような気がする。

たとえば第七冊が語る、広島県世羅郡世羅町にあった大田荘は、いまも今高野山《いまこうやさん》をまつり、荘園時代の高野山金剛峯寺との太いつながりを伝えている。その影には、かぎりない歴史の謎が秘められていそうである。

大田荘の地には、江戸時代、石見銀山に産した銀を瀬戸内海の港町の尾道に運ぶための、銀山街道とか石見道とか呼ばれる街道が南北に貫いていた。現代では「銀の道」と呼んでいる。大田荘が高野山領になったとき、政所《まんどころ》として置かれたと推測される今高野山がある甲山《こうざん》は、重要な宿駅であった。大田荘が立券された当初、尾道は大田荘の年貢米を積み出すための港の倉敷地として開発された。それは高野山に通じる、海の交通路の存在が前提になっている。大田荘の中心地である甲山から尾道に行く、それなりの交通路がなければ、尾道に倉敷地を置くなどという発想も起こらなかったであろう。

なぜ平家の勢力下にあったと思われる大田荘の地を、平清盛が五男の重衡《しげひら》の名のもとに後白河院に寄進したのか、それ自体が問題である。京の都に得長寿院と蓮華王院を、平家の忠盛・清盛の親子が鳥羽院と後白河院のために造営していることから推測すると、平家の繁栄のために、世羅郡が絶好の舞台になるという見通しがあったかにみえる。平家滅亡後に、平家の怨霊を鎮めるために、後白河法皇が大田荘を高野山の根本大塔に寄進したというのも、平家とのゆかりだけではなく、世羅郡の歴史的な環境の必然性があったのではないかと、私には思える。

大田荘と高野山との交流は、後白河法皇が平家の滅亡後、大田荘を金剛峯寺の根本大塔領に寄進したからであると思われがちであるが、高野山は、畿内から紀伊半島へかけての日本列島の中央部の、中心地的な地域になっていたようにみえる。高野山には、いわゆる「御手印縁起《おていんえんぎ》」があり、そこには高野山領の四至《しし》（所領・土地の東西南北の境界）が記されている。それは、現在では、弘法大師から約三百年を経た後に制作されたものといわれているが、その版図には、歴史的な意味がありそうである。空海が、地主神である丹生都比売《にうつひめ》明神から、広大な寺地を譲られて高野山を開いたという本旨には、重い由緒を想定してみる必要があろう。

和銅六年（七一三）五月の官命に応じて、一両年中に撰進されたとみられる『播磨国風土記《はりまのくにのふどき》』の逸文が、鎌倉時代の『釈日本紀《しゃくにほんぎ》』にある。爾保都比売《にほつひめ》の命の記事である。この神を紀伊国の管川《つつかわ》の藤代《ふじしろ》の峯《みね》にまつったとあるように、金剛峯寺の政所の役割を果たした天野社でまつる丹生都比売明神と同神にちがいない。伊都郡《いと》上筒香《かみつつごう》村と同郡東富貴村と大和国吉野郡坂本村の境に藤白《ふじしろ》の嶽《たけ》がある。ここから流れ出す川が丹生《にう》川の源流で、やがて紀の川に合流する。爾保都比売の命は、いわば航海の神として描かれており、摂津《せっつ》の住吉大社の信仰を記した天平三年（七三一）の『住吉大社神代記』では、丹生都比売の命の信仰が、住吉信仰と一体化している様子がうかがえる。藤白の嶽の一角かとみえる七霞峯《しちかほう》の頂からは、堺の海の浪の華まで見えるという。丹生都比売の命とは、紀伊半島の紀の川の源流域から瀬戸内海、そして玄海灘まで広がる水路の船の守護神でもあったらしい。

　丹生都比売の命が空海に与えたという高野山の山上の台地は、おそらく上代からの重要な拠点になる場所であったのではないかと思えてくる。「御手印縁起」がいう高野山領とは、そういう上代からの文化の拠点であったにちがいない。その四至のうち、「西高山応神山」の注にいう「生石《おいし》峯」は、西に淡路・四国を望む高地であり、尾根伝いに高野山に至る道があったという。紀伊国が南海道であることが、「御手印縁起」の四至にもよく現われている。生石峯は岩山であり、一帯はカヤ野が広がっているが、そのカヤ野を地元の村の人たちが、毎年春先に野焼きをして守り続けてきたことにも、深い意味があったにちがいないと、NPO法人生石山の大草原保存会の西川泰壽《にしかわひろかず》さんや丸谷榮彦《まるたによしひこ》さんに、現地を案内していただきながら感じた。

　瀬戸内海の尾道水道に開けた尾道の港から大田荘の甲山に至る道も、こうした紀の川上流から瀬戸内海に至る上代からの水路を見ると、決して中世に起こった交通路ではあるまい。尾道が、出雲国の国府や杵築大社（出雲大社）と結ぶ中国山地横断の道の瀬戸内海への出口であったとすれば、そこは、瀬戸内海航路の重要な港であったことになる。尾道の西には、家船《えぶね》などといって、船を住まいとして、夫婦で子どもともども暮らしながら、漁撈や運送の仕事をする人たちの母港になる村があった。尾道市の吉《よし》和《わ》や、三原市の能地《のうじ》、竹原市の二窓《ふたまど》である。小船を住まいとし、夫婦単位で海上生活をする漁民は、長崎県にもあった。その歴史は、かならずしも明確ではないが、その地域が住吉大社の信仰の分布とも共通しているなど、船を生活の基盤にする人々の大きな流れの中で、続いているとみるのが妥当であろう。海の民の深い歴史を負った人たちに見える。

この尾道市の吉和を訪ねた人の、昭和十六年の見聞記がある。ここは、足利尊氏《あしかがたかうじ》の落ち武者の村であるという。隔年に浄土寺に奉納する吉和踊は、尊氏の凱旋祝いに始まったといい、観音崎の漁場に特権を持っているのも、尊氏が東征のとき、水先をつとめた功によると伝える。豊臣秀吉の朝鮮出兵にも、水先案内をつとめたといい、その功により、魚を入れて売り歩くためのハンボウ（たらい）を、尾道の町の中のどこにおろしてもさしつかえないというお墨付きを、吉和の者はもらっているという。町中、どこの家へでも売ることができるという意味である。網漁をせず、一本釣りとナワ漁であったという。この地の漁民の誇りが、武将の船の水先案内であったということで語られていることがたいせつである。船の民は漁撈で生活するとともに、海上交通に明るいということが、みずからの誇りであったにちがいない。家船は、瀬戸内海から西海におよぶ海の案内者でもありえたことになる。大田荘は、そういう大きな交通の体系の要衝を占めていたことになる。『高野山文書』は、かかる影の歴史を知る土台でもあった。

（『高野山文書研究』第七冊「はじめに」）

紀荒河荘（和歌山県紀の川市）

一、『高野山文書研究』素描

成城大学民俗学研究所の柳田文庫に、柳田國男の自筆草稿『高野山文書研究』全七冊が所蔵されている。同所の『増補改訂　柳田文庫蔵書目録』（平成二十三〈二〇〇三〉年三月）には、「柳田國男関係」の項に、「高野山文書研究　柳田國男自筆写」としてみえている。以下、本目録に準拠して、その表題をかかげておこう。題簽には「高野山文書研究紀荒河荘」のように記すので、その荘名の分だけを「紀荒《きのあら》河荘《かわのしょう》」と示し、以下は扉題をあげておく。［合冊］は、目録の原文にはない。

㈠「紀荒河荘」紀伊國那賀郡荒河荘記事　上・下（高野文書抄録）明治三十七年十二月七日製［合冊］
㈡「紀阿弖河荘」紀伊國阿弖河荘記事　全　高野文書研究第三　明治三十九年六月十日製
㈢「紀那賀三箇荘」［紀伊國］那賀郡三箇荘記事　二冊ノ上・下　明治四十年一月七日成［合冊］
㈣「紀名手荘」［紀伊國那賀郡］名手荘記事　三冊ノ上・中・下　明治四十年一月三十一日［合冊］

(五) 「和泉近木荘」［和泉國日根郡］近木荘記事　四冊ノ一・二・三・四　明治四十年四月六日［合冊］
(六) 「紀南部荘」［紀伊國日高郡］南部荘記事　三冊之上・中・下　明治四十年四月二十二日［合冊］
(七) 「備後大田荘」備後國世羅郡大田荘記事　一・二　明治四十年［合冊］

この『高野山文書研究』は、東京帝国大学編刊『大日本古文書』家わけ第一『高野山文書』全八巻が刊行されるのを追うようにして柳田國男が読破してまとめた研究覚書である。『高野山文書研究』各冊の成稿年次と『高野山文書』各巻の刊行年とを対照してみると、柳田國男がこの時期、いかに『高野山文書』の研究に精励していたかが、つぶさに浮かんでくる。『高野山文書』の発行年月は、次のとおりである。（一）明治三十七年（一九〇四）六月、（二）同年十一月、（三）同三十八年五月、（四）同三十九年一月、（五）同年三月、（六）同年八月、（七）同年十一月、（八）同四十年五月である。出版当初『大日本古文書』をこれほど丹念に読みこみ、しかも覚書までつくった人は、専門の歴史学者といえども、そう多くはあるまい。晩年、柳田國男は『大日本史料』の「雑載」には、おもしろい史料があると、われわれ若者に読むことを奨めていたが、自身は同時代人として『大日本史料』や『大日本古文書』に目を通していたことになる。

この『高野山文書研究』のことは、はやくは新潮社の『新潮日本文学アルバム』5『柳田國男』（新潮社・一九八四年十月）に、明治三十六年十月二十五日成稿とおもわれる『三倉沿革』の自筆草稿本とともに、写真入りで紹介されている。その解説にいう。

自筆「高野山文書」全7冊の一部　明治37年より41年にかけて國男が筆写した資料ノート

とある。この『高野山文書研究』全七冊は、柳田國男の蔵書が成城大学に移管された当初は、「図書」ではなく「資料」として扱われていた。したがって『柳田文庫蔵書目録』(成城大学・昭和四十二年五月)には収録されていない。それを目録の増補改訂版編集の最終段階で、この柳田國男の研究の存在を明示するために、急遽、「図書」として登載したもので、その分類配列も便宜的であった。

かの『三倉沿革』から並べると、『高野山文書研究』全七冊は、時間的にも自筆草稿として一系列になる。それは原稿を和綴で装丁しているところまで共通している。表紙にも『三倉沿革』に用いた柄の用紙を、そのままつかっている。この一連の著作は、柳田國男にとって特別な意義を持っていたにちがいない。そこで一つ注目されるのは、これらの研究の作業の方法である。

一枚の和紙に一事項ずつ記述する、カード方式に特色がある。『高野山文書研究』についていえば、その用紙一枚一枚に算用数字で番号を打って配列し、半分折りにして袋綴にしてある。複製の印刷面では、奇数頁が一枚の用紙の半分折りの表であり、偶数頁が裏になる。一枚の記述が短かいと、裏面は白紙のままにおわる。また配列後に挿入したとおもわれる用紙には、算用数字の番号のあとに、b・c……のようにアルファベットの小文字で記号を、あるいはローマ数字の大文字で番号を付している。研究作業の途中で、中間に入れることが必要になった事項に出会った場合にとった方法である。

この資料を一枚ずつの半紙に記述する研究法は、柳田國男の手元にあって最終整理を果たすことなく終った『農政学材料』には、あらわにみえている。それは、半紙半分折り表裏一枚を一項目にするように記した覚書で、四百三十七枚におよぶ。これも、『三倉沿革』の研究を進めた明治三十五年前後の仕事らしい。要目表をいろいろつくり、さまざまな記号を用いて、配列整理を試みている。記述した用紙を読み返しながら、自分の思考を深める柳田國男の姿がうかぶ。

『農政学材料』は、文字どおり他の農政学に関する著作の素材になったことでその目的を達し、資料はそのまま整理することなく終ったのであろう。一つの大きな研究が成り立つには、何段階かの構想の変更が必要になる。すでにみたように『三倉沿革』にも、最終稿に至る前に、すくなくとも一度の大きな組織換えがあった。

『三倉沿革』や『高野山文書研究』が現在みるような形でたいせつに保存されてきたのは、柳田國男にとってそれぞれの研究はこれで一段落という認識があったからであろう。これらの問題についてさらに具体的な事実を補って論じれば、ぼうだいな研究になる。柳田國男はこれらの研究覚書をとおして、課題の精髄を見通して吸収していたのである。新しい自分の学問の、土台造りであったといってよいかもしれない。

三倉制については、柳田國男は明治四十年五月十八日に農商務省が主催する産業組合講習会で講義している。その筆録は大日本産業組合中央会刊の『農商務省開設／第弐回産業組合講義録』(明治四十一年七月)に「産業組合の歴史」と題して収められ、それは「日本に於ける産業組合の思想」と改題・補訂して、柳田國男の論文集『時代ト農政』(聚精堂・明治四十三年十二月)に入っている。『最新産業組合通解』(大日本実業学会・明治三十五年十二月)が本質的に『三倉沿革』と相生いであったとすれば、『三倉沿革』は草稿でそれなりに目的を達していたことになる。

『高野山文書研究』も、柳田國男にとってそれなりの役割を果していたのかもしれない。各冊がそれぞれ高野山領の荘園の呼称を表題にしていることが、重要であったにちがいない。『三倉沿革』の研究が進み、『高野山文書』の刊行が始まったころ、柳田國男は農政学ないしは産業組合の仕事にかかわりながら各地を旅行しているが、そうした中で家族とか村落とか社会の基本単位の質を問題にしている。いわばムラを基盤に文化を考えるのが、柳田國男の学問の本質である。

それを決定づけたのは、明治四十年二月十四日に聞いた、報徳会第二回講演会での新渡戸稲造《にとべいなぞう》の「地方《ぢかた》の研究」の示唆であったろう。『高野山文書』との出会いが、柳田國男を中世の村への旅にいざなったのではないかと私にはおもえる。それは柳田國男のムラの認識にとっても、重大な機会であったように感じている。われわれは『高野山文書研究』全七冊を、まずはそういう角度から読んでみる必要がありそうである。

二、大地の記号を読む

『高野山文書研究』全七冊を初めて手に取って見たのは、平成二十三年(二〇一一)七月であった。当日は『高野山文書研究』と『高野山文書』全八巻のほかに、天保十年(一八三九)序文の和歌山藩の地誌『紀伊続風土記』の活版本(帝国地方行政学会・明治四十三―四十四年)全五輯を借り出してみた。案の定、『高野山文書』を読みこむにあたって、現地の状況は、『紀伊続風土記』を基本的に参照していることがわかった。『高野山文書研究』第一冊があつかう荒川荘は、いまの和歌山県紀の川市、もとの那賀《なが》郡桃

荒川荘の鎮守として祀られた三船神社(和歌山県紀の川市桃山町神田)

山町のほぼ全域と粉河町の一部を含む地域である。『紀伊続風土記』巻三十七・三十八に、安楽《あら》川《かわ》荘十四箇村の記述がある。

この第一冊の表題には、「(高野文書抄録)」とある。現代語一般の用例で「抄録」といえば、抜き書きのことであるが、この覚書は『高野山文書』のただの抜萃ではない。その「抄録」の認識はすでにそれ以前の農政学の研究の時代に、いだいていたにちがいない。私は、すぐに柳田國男の口述の筆記である「史論・抄物」という論考の存在を連想した。これは『日本文学講座』第三巻『中世の文学』(河出書房・昭和二十六年五月)に収められた文章で、副題に「特に十訓抄について」とあるように説話集の『十訓抄《じっきんしょう》』を論じているが、この時代「抄物」といえば、原典を講釈した筆録のことである。『十訓抄』も古い「史論」を教訓に即して評論した説話集であるということであろう。

学部三年生のころ、個人的に親しかった同期生の菊地清行の部屋でこの『中世の文学』を見つけ、柳田國男の学殖の深さに驚嘆しながら読んだのでよく覚えている。柳田國男は第一高等中学校時代、二十歳のときに落合直文の授業で『十訓抄』を読み、親しみを持ったという。その抄物の方法の魅力を、十年もたたないうちに、『高野山文書』の研究で実現していたのである。

第一冊を繰ってみて気づくのは、『高野山文書研究』が、柳田國男の著作でいえば『地名の研究』の世界に続くことである。民俗学で地名の研究といえば、一つ一つの小さな地名に、生活史的な大きな意義があることを解釈してみせるところに魅力があるが、まずここで『高野山文書研究』と地名の研究が結びつくたいせつな視点は、中世の荘園村落の跡が、地名など大地に刻まれていることである。

私が六十年前に読んだ『地名の研究』は、『柳田國男先生著作集』第二冊の三版（実業之日本社・昭和二十七年三月）で、日本史で学ぶ荘園制の一つ一つの村の実態がどのようなものであったかという知識は、まったくこの書物から得たといえる。それは、村で育ち近世の村落の姿はそれなりに想像がつく私にとって、まったく新鮮な組織的な村のありようであった。その後の荘園制の学習も、この『地名の研究』が土台になっていた。そのために読み返してみたことも、一再ならずあった。

『地名の研究』をとおして、そのころから折に触れて感じることがあった。日本の村を知るためには荘園制の時代の村落を理解することがたいせつであることを悟るとともに、柳田國男がその荘園時代の村のありかたを深く認識している教養の高さに、あらためて敬意をいだいたものである。もし一つの土地で村の歴史をたどろうとすれば、江戸時代の村から戦国時代を経て、中世の荘園制時代を越えなければ、古代の村に到達することはできない。逆に荘園村落がみえてくると、それ以前とそれ以後が思いうかぶ。

九世紀の村落体系を伝える『和名類聚抄《わみょうるいじゅしょう》』の世界も、荘園制のころが判然とすると、江戸時代の村にみごとにつながってくる。柳田國男のように日本の社会を村を基盤にして考えようとする学者にとって、荘園村落の問題は、避けて通ることのできない過程であった。『高野山文書研究』には、そういう大きな意図が含まれていたことになる。

そのようにたどってみると、『地名の研究』には意外なほど『高野山文書』のことはみえていない。たとえば荘園村落の基本形態を伝える例として興味深い「荘園分立の実例」の章も、すぐれた風土記であるとして、岡山県の『東作誌《とうさくし》』を引いている。もちろんていねいにみれば、こんな一節もある。

古い地名は切れ〲に今までの歴史に見えて居る以外、近年大学の史料から出された古文書中、高野山や東寺の所領文書に多く出て居る。（五二頁）

『高野山文書』などは地名の宝庫ということになる。

『地名の研究』では、おそらく広く日本各地の事例を尊重しているのであろう。その点では、『高野山文書研究』はその基礎的研究であったというべきかもしれない。一般に荘園史の研究はその資料的な制約もあり、日本史研究の主流の中にあって、きわめて政治史的であり、それと関連して社会経済史的であった。それは『高野山文書』でも同じである。その中で、荘園村落に焦点を定めようとした柳田國男の業績は、古くかつ斬新であった。新しい史学の主張は、『大日本古文書』家わけ第一の段階で誕生していた。

『高野山文書』に目を通しながら、村の歴史の記録として豊富な地名が生きてきたことに、柳田國男は強い関心をいだいたのであろう。先の引用に続けて次のようにも述べている。

寺の荘園は所在がよくわかつて居るから、引当てゝ見たら今でも変遷の有無がわかるであらう。（五二頁）

これも『高野山文書』の体験にちがいない。

『地名の研究』に収める論考には、明治十七年前後に内務省地理局の事業として集めた郡村誌という地名集に触れている箇所がある。それが内閣の記録課に引き継がれ、帝国大学に寄託されていたとき、柳田國男は記録課長の職分を利用して、これを取り寄せて一年近くかかって見たという。年譜によると明治四十三年六月二十二日の条に、「兼任内閣書記官記録課長となる」とある（『定本柳田國男集』別巻第五、筑摩書房・昭和四十六年五月、六二九頁）。

この郡村誌の小字地名集との出会いが、柳田國男を地名の研究に一途に向かわせた動機である。ここで『高野山文書研究』で芽吹いた村の生活史を見るための地名への関心は、日本各地を比較する地名研究として花開くかたちになった。『地名の研究』の「地名考説」に収められた小論考が雑誌『歴史地理』に連載されたのは、その成果であった。第十五巻二・四号、第十六巻一・二・五・六号、第十八巻一号、第十九巻一号、第二十巻二号（明治四十三年二・四・七・八・十一・十二月。同四十四年七月。同四十五年一・八月）におよんでいる。

そもそも『高野山文書』の研究自体にとっても、固有名詞の人名と地名はたいせつな索引である。第一冊には、最終葉の七二葉のあとに番外の無番で「荒川庄人名」として、文書番号で人名を検索する方式で、人名が六十六項目、四葉にわたってあげてある。またこれに続けて「荒川　地名」として同じ方式で、三葉、四十一項目の地名をあげている。そこには「別ニ△八一九ヲ見ルベシ」などとあるように、二八Ⅲ葉の△八一九文書のあとに、二八Ⅳ葉以下に「地名」が三葉、二八Ⅶ葉以下に「作人名」二葉が記されている。この段階では、柳田國男自身、さらに考究する意図があったことがうかがえる。

三、荒川荘の下司家と公文家と

高野山金剛峯寺の荘園であった荒川（安楽川・荒河）荘は、天保十年（一八三九）成立の和歌山藩の地誌『紀伊《きい》続風土記《しょくふどき》』巻三十七・三十八に記す、当時の那賀《なが》郡の安楽川荘にほぼ相当する。現在の和歌山県紀の川市が成立する前の、那賀郡の安楽川町と奥安楽川村を含む地域である。地形でいうと、紀伊半島の首を東から西に流れる紀の川のすぐ南側の山地を平行するように流れ、西端は平野に出て南から来た貴志川に合流して紀の川に注ぐ、柘榴《ざくろ》川の谷に開けた村々である。下流には山地の下に平地もあるが、古い村は、台地の段丘上にある。

この『紀伊続風土記』の安楽川荘には、二つの村の条の最後に「旧家」という見出しのある項目がある。一つは奥《おく》圭之助家で上野《うえの》村の小林《こばやし》にあり、もう一つは平野《ひらの》団之進家で賀和《かわ》村にあった。この二家の大きな特色は、ともに荒川荘の産土《うぶすな》神とされる三船《みふね》神社の座配で、萌黄《もえぎ》の大紋・風折烏帽子《かざおれえぼし》を着して、毎年元朝には、上席の左右に列して、三船・八幡・妙見の三社に奉幣することになっていた。これを平野家では下司《げし》家の神役とし、奥家では公文《くもん》の神役といった。すなわち、この両家は荘園制がなくなった時代まで、荘園を代表する役職であることを伝え、村の組織の中でその役割を示していた。

下司も公文も中世荘園の在地の荘官の呼称であるが、その用法は時代や地域によっても差がある。荒川荘のように、後世までその土地で特別な格式のある家として機能して生きてきたのをみると、ただ外部から新たに入ってきた権力というよりは、その土地で続いてきた、村の指導者層の家柄に見える。村の組織の単位になる役務の枠組みである。土地利用の権利や生産力の大小など、これらの荘官の家柄が、村を維持するどのような役割を備えていたかを考えてみなければならない。両家の由緒には、それぞれ、公的な役職や家系とのかかわりも語られているが、そうした記事を一つ一つ、この土地での村人の歴史として、どのような可能性があるかを、究めてみる必要がある。枠組みの中に入る個人の系譜は、また別ものである。『紀伊続風土記』には、この両家に、広い山林の「免許地」があったかと思える記述がある。平野家については、神田《こうだ》村に山林十六万

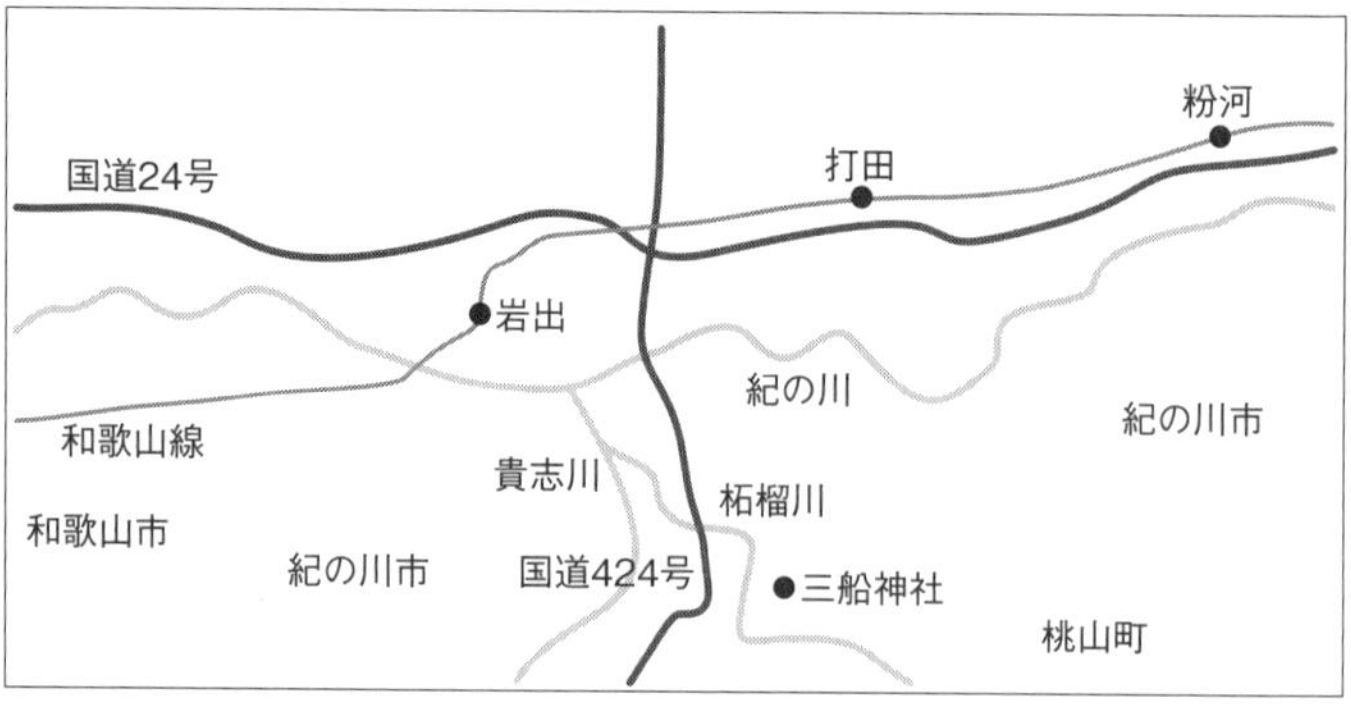

三千坪の免許地があるとする。神田村とは、荒川荘の産土神である御船《みふね》明神が鎮座する村である。現代の三船神社で、古くから「御船」「三船」両様の表記がある。境内の森山は、東西一町四十八間、南北四町という。神田村の北東四町の山のかたわらに極楽《ごくらく》寺がある。境内の周《めぐ》り五十町という。美福門院《びふくもんいん》の草創で七堂伽藍があったとする。荒川荘は、もともと大治四年（一一二九）に、園城寺長吏平等院《おんじょうじちょうりびょうどういん》大僧正行尊《ぎょうそん》の寄進により、鳥羽院《とばいん》領として成立、院の没後の平治元年（一一五九）に、美福門院が院の菩提をとむらうために高野山に寄進して高野山領の荘園になるが、鳥羽院領の時代の保延元年（一一三五）の「検注帳」があって、畠の見作二十町五段余の中に「称極楽寺灯油析一町已見作」が見える。寺社としてこの「検注帳」に唯一登場する極楽寺の寺号は、この極楽寺につながるにちがいない。

極楽寺は『紀伊続風土記』の時代にはすでに荒廃していたとするが、本堂一宇だけは残っていたという。本尊の阿弥陀像の首には、美福門院の遺髪を収めると伝える。この寺の地は賀和村に屋敷を持つ平野家の免許地で、平野家が支配しているとある。「検注帳」の奥書を見ると、筆頭に「御庄下司《げし》散位朝臣在判」とある。次いで「国使」として二人を連記して、「郡司泰［是時］」「散位紀朝臣在判［成実］」（「裏書）とあり、末尾に「院庁使／公文《くもん》左弁官史生佐伯在判」と記す。これで下司は荘園を代表する荘官で、公文は荘園を寄進した鳥羽院の院庁の役人であることが明らかになる。こうした「検注帳」を見ると、が寄進した極楽寺の跡を、荒川荘で下司を称している平野家が管理しているのが、ごく自然な成りつえる。荒川荘では、「下司」という一つの枠が、村の中で確立していたように見える。

られている「免許地」という言葉が、この『紀伊続風土記』では、特定の用語のように代でいえば個人が所有権を持っている私有地のことのように聞こえるが、語義から用することが許されている土地を差すようである。たとえば、上野《うえの》村の免許地」と記しながら、修禅尼《しゅぜんに》寺の項では「私領取休山」と書く。免許は、……のことになる。そのもう一つの事例が、やはり美福門院が開基した修禅尼寺が個人の字に再興した寺堂の地というのも目をひく。鳥羽院の后であり近衛《このえ》院の母である女院は、両院崩御の後、北面の武士である奥近江守《おくおうみのかみ》を召し具してこの地にきて、堂塔を建立したという。今にその地は、奥家の支配である。公文はまさに公の権威を継承していた。

公文家および下司家の村の暮らしでの大きな特色は、広い山林を持っていたことである。『紀伊続風土記』によると、上野村の奥家は「免許地山林とも十五万五千坪」、賀和村の平野家は「山林十六万三千坪免許地あり」という。奥家は荒川荘の南方の雨山《あめやま》の山林を保有し、平野家は荘の東方の山地を平野《ひらの》山《やま》の名で所持していた。江戸時代の日本の村々では、それぞれの土地の林野は、地元の村の慣行で利用してきた。それが地方の法制になっていたところもある。荒川荘も、土地利用のあり方を見透して考えなければならない。平野家には、東山惣代の名のもとに提出された享保十年（一七二五）の「覚」が残っていた。歳暮と年頭の御祝儀と五節句の御礼のほかに、年中に人夫三十五人と、ほかに要用にしたがうという労務供与がある。いわば村人として、下司家の免許地の山林の利用が許されるのに対する住民の謝礼の形であるが、まずは義理の範囲といえよう。雨山も平野山も江戸時代の村の絵図には見えているが、平野山の存在を見ると、下司職が平野家を称したのは、その私領の山地の呼称が平野であったからではないかとも思えてくる。

四、御船明神の霊威

荒川荘は、九世紀後半の実状を反映しているとされる『和名類聚抄《わみょうるいじゅしょう》』の紀伊国那賀《なが》郡の荒川郷が、そのまま荘園になったといわれている。郷を貫いて流れる柘榴川は、下流域を除けば、山間をたどって流れる渓流である。現代、乗用車で回っても、荒川の呼び名が適わしい険しい谷である。上流の黒川《くろかわ》村から下流の上野《うえの》村まで、一つの谷筋に沿った村々である。下流の神田《こうだ》村には、御船《みふね》明神社がある。『紀伊続風土記』には、境内の森山は東西一町四十八間、南北四町とある。荒川荘中の産土神であるという。『延喜式《えんぎしき》』の「神名《じんみょう》」には見えない式外の古社で、『三代実録《さんだいじつろく》』貞観三年（八六一）七月三日の条に、紀伊国の正六位《しょうろくい》上の御船《みふね》神に従五位《じゅごい》下を授けるという叙位の記事がある。それなりに歴史のある神社である。

『紀伊続風土記』が記す神域の広さは、いかにも古社にふさわしいが、さまざまな変遷をうかがわせる伝えもある。宮の西、馬場の中程の北に高い芝地があり、明神の神幸所であるとし、古宮というとある。今も此地を掘ると賽銭が出るという。『紀伊続風土記』が神田村の「御船明神社」の項の末尾に記していう。里人の伝えに、当社は古は黒川村にあり、後に秘文の滝の東十町余、高野村領、中の宮というに移し、それから古宮に転じ、天正年中（一五七三―）応其《おうご》が再建するとき、今のところに変ったという。おそらく、われわれが現代たどってきた、御船明神の変遷を語っているのであろう。

今確め得た三船明神の社地の来歴も、黒川村に始まり、神田村に流れて来たといって、その中間に、三船明神を祀ったという社の跡が残っている。栢榴川に沿う道が、それを結んでいる。第一は、稲村《いなむら》明神である。『紀伊続風土記』の黒川《くろかわ》村の条に見える。境内は周り八十間とある。村の道からなだらかな山の斜面を少し入ったところに、拝殿様の小さい社の形を造った施設がある。そこの正面に立つ大きな立石と、その背後の地面に横たわって埋まっている石が神体、すなわち御形《みかたち》とされる。『紀伊続風土記』には、八角の自然石があり、高さ二間、回り八間ばかりとし、その社の傍に大岩があり形は臥牛のようであるとする。立石を神と見た記述であるが、地元では立石は男神、臥石は女神とし、雌雄一対の神体とする。どう見ても、それが自然である。この地を『図録　京都・安楽寿院と紀州・〝あらかわ〟』では、稲村の森（稲村岳）と称している。

三船明神の変遷の第二段、第三段については、『図録』で前田正明が元文五年（一七四〇）の絵図「善《ぜん》田《だ》村・大原《おおはら》村立合図」（高野山金剛峯寺蔵）の図版を紹介しながら解説している。栢榴川から支流の愛護《あいご》川が東方に分かれる前と後にある。「立合図」で見ると、善田村の南側を栢榴川が流れ、それに沿って高野街道が通っている岬地形のところに、絵図に「奥ノ宮ノ石」と墨で記す。盛り上がった、三つの高い灰色部分を持つ長方形の白い石が、地面に描かれている。『紀伊続風土記』は、その「奥ノ宮」は古く三船明神が黒川から神田へ移るときの休息のところといい、もとは社があったが大水のために漂流したという記す。また下流に行って、絵図の西方向の隅に、山裾の高野街道と栢榴川のわずかな間に、丸く草地のような円形の場所を描き、中央に上から見た社殿らしい絵を示し、茶色で形をとり、それに朱で線を入れている。屋根には千木が見える。墨で「中ノ宮」と書く。現地を案内していただいたとき、「奥ノ宮」の場所の跡は土木工事の資材置き場として残っていた。絵図に見える石があるはずであると探したが、それと確認できる石はなかった。もう一つの「中ノ宮」は、柘榴川が氾濫したときに消滅したと聞いた。

善田村の「奥ノ宮」「中ノ宮」と移った三船明神は、神田村の古宮に着く。正保元年（一六四四）十二月の日付のある「安楽《あら》川堤略抄扣《かわていりやくしょうひかえ》」には、「三船明神は今の黒川稲村森より神田古宮に流着し給ふ。応永十八年（一四一一）なり。天文十八年（一五四九）、今の御鳥居の所へ遷宮し奉り」とある。江戸時代後期の「両社祭礼米記《りょうしゃさいれいまいき》」にも、御船大明神は、伝え聞くに、安楽川荘黒川村の稲村岳に鎮座、次に善田村の奥之宮、中之宮、神田村古宮、次に今の鳥居の北と記している。神田村の古宮と呼ぶところには、現在も小さい社地が祀られている。私が参ったときには、黒川村の稲森明神社の男神・女神の石の神体のミニチュアのような石が祀られていた。まさに三船明神は、安楽川荘を貫く柘榴川を象徴する神霊のような信仰を受けていた。

かつての神田村に相当する神田に鎮座する三船神社が、この三船明神の神田の古宮から移って現在見るような本格的な社殿建築になったのは、天正三年（一五七五）、豊臣秀吉を説得して高野山を焼き討ちから守ったという、時の高野山の管長であった木食応其《もくじきおうご》の力である。御船明神の本殿の造営は天正十八年から十九年にかけて、応其（一五三六―一六〇八）が願主になり、覚栄《かくえい》（?―一六二二）を建立奉行として行われた。覚栄は各地の社寺建築にかかわった奉行者であった。慶長四年（一五九九）には覚栄が本願となって、摂社の丹生明神社と高野明神社も造営され、同十年には本殿・摂社の遷宮が行われた。今目にできる三船神社には、昭和四十七年から二年をかけての解体修理で、桃山時代を忍ばせる極彩色の社殿がよみがえっている。

荒川荘の鎮守として確固とした歴史を持っているかに見える三船明神社に対して、もう一社、荘の社に八幡宮がある。『高野山文書』「宝簡集」（二十六）三六〇号文書に見える。起請文の文末に書く誓約の文言に、梵天・帝釈のあとを受けて「当庄鎮守三船八幡」とある。正応三年（一二九〇）八月八日付の荒川源八義賢の文書であるから、それ以前の荒川荘では、三船明神と八幡宮を鎮守の神としていたことは疑いない。しかし、八幡宮は近代になって行政的に、明治四十一年（一九〇八）に三船神社に合祀されているが、もともと荘域の歴史から見ても、三船明神の方が土着性が強かったようである。『紀伊続風土記』の上野村の条では、八幡宮は荘の産土神の社の第一の摂社で、三船明神と同座の神とあがめるので、荘の産神とするとして勧請の時代は詳かではないとする。分注で、八幡宮の境内に興山寺が応其上人によって開基されたときに、近江の八幡は大社で自分の産神なので、寺の鬼門に勧進したというなども記しているが、別伝もあり、いずれも正しくないであろうとする。

正保元年（一六四四）十二月の奥書のある『安楽川堤略抄扣』は、荒川荘の社寺や役職の変遷を記していて興味深い記録であるが、第二段には三船明神の由来を記している。すでに見たとおり、黒川稲村森から神田古宮に漂着し、天正十八年に興山《こうざん》上人応其《おうご》が今の宮居を経営したとして、元より荒川根元の神であるとする。里が遠いので、住吉・八幡を尊んで里方の明神とあがめるので、三船の神の漂着以来、両社は次席とするとある。それは、この鎮守二社の祭祀組織にもよく表われている。三船・八幡両社の氏子の村々は、次のように構成されていた。「山之郷」が黒川・善田・大原・野田原《のだばら》の四ヵ村、「里村」が神田・上野・市場《いちば》・賀和（「加和」とも表記）・小路《しょうじ》の五ヵ村で、三船明神の年三回の祭礼には山之郷と里村が参加するが、八幡宮の八月十五日の祭礼には、里村の五ヵ村しか参加しないという。これは、賀和村に住む下司の平野家が三船明神社が鎮座する神田村に広大な山林免許地を持ち、公文の奥殿が八幡宮が鎮座する上野村に住み、村内に免許地を持っていたことがかかわる、村の歴史の反映におもえる。

五、荒川郷の地方学を

荘園制は、日本の歴史では、社会の組織の基本をなす、ムラのカタチの根本形態をつくっていた。経済的な支配体制であると同時に、それを支える村人の生活がどのような姿をとるかという、村落組織の問題でもあった。ムラのあり方を見ずして、荘園社会の実態を考えることはできない。班田収受の制も同じである。行政としての土地制度が完成すると、そこで人はどのように生きていくのかである。人間が与えられた大地で、いかにして次の世代に文化を引き継いでいくかが歴史である。日本では、それを、家族を単位にしたムラという仲間が協同して実践してきたと、私は体感している。農政学を専攻し、その成果を行政官として社会に還元しなければならない立場にあった柳田國男は、国家組織の対極にある末端の人生から学ぶ必要性があるという判断力を、その生い立ちから身につけていた。幼少年期の体験こそ、人生最大の指針である。体系のある学問に準じなければならない大人になったとき、出会ったのが、新渡戸稲造《にとべいなぞう》がみずから体得して提示した地方学《じかたがく》であった。

それは、人間が生きるための基盤はどこにあるかを認識する科学である。そのためには、なにをなすべきか。日本列島のそれぞれの地域で、人々はどのような形で生活の土台を築いていたかを知ることである。大自然があり、そこに寝ぐらを造り、生産活動をしていた、それが基本であろう。中世の荘園村落も、原点に変わりはない。人間の土台になる生活に、政治的な経済的な、その時々の網がかぶせられているだけである。大地を展望し、人々が生きるための家を把え、日常生活を助け合う村の組織を知る、村の姿の把握には、この三つが焦点になる。三十歳そこそこのころ、地方自治体の文化財行政の末端の仕事にかかわっていたとき、「村落基盤調査」と称して、明治初年の壬申戸籍と、地租改正のための地籍図を土台に、当時の市内の地域の江戸時代末期の状況の復元的調査を提案したことがある。近代化以前の村の姿の認識のためであった。稔らなかったが、これが現在もなお、日本の地方学の基盤である。

和歌山県立博物館の特別展の図録『京都・安楽寿院と紀州・〝あらかわ〟』を見ていると、荒川荘は高野山金剛峯寺の直接統治の荘園であったため、豊富な文書や絵図が寺内に伝わっていて、その実態をかなりよく描くことができることがわかる。ことに応永二十年（一四一三）の土地台帳が五冊あり、荘の景観・生活を知る上で、きわめて貴重な資料になっていると、担当した学芸員の坂本亮太は述べている。一戸一戸の家が見えて来ることが貴重である。先に紹介した保延元年（一一三五）の「紀伊国荒川荘検注帳」には「在家三十一宇」とあり、「一宇　有富」のように三十一宇の主の人名を書きあげているが、畠の主や桑の主には、それ以外の人名も見える。一宇の中の家族であろう。田は田地の一筆ごとの書き上げでしかないが、畑と桑は一筆ごとに所有者の名を記し、面積や耕作の現状、木の大中小と本数が書かれていて、それぞれの人の耕作、飼育規模をうかがうことができる。荒川荘域の大地に、これらの田畑と桑の木を描いてみるだけでも、九百年に迫る昔の柘榴川流域の村々の景観を思い浮かべることができる。

「紀伊国荒川荘検注帳」には、神田村にあった極楽寺の名も見えている。『紀伊続風土記』当時、すでに荒廃して本堂だけが残っていたとあるだけだが、美福門院の草創で七堂伽藍があったと伝え、本尊の阿弥陀像の御首には美福門院の遺髪を納めてあるという。「検注帳」に見える唯一の社寺であり、平等院大僧正行尊の寄進により鳥羽院領になった直後の「検注帳」で、院の没後を供養する后の美福門院ゆかりの極楽寺の記録は貴重である。『紀伊続風土記』によるとこの極楽寺の地は、下司の平野家の免許地で、平野家が支配するという。「検注帳」の巻末にいう「御庄下司散位朝臣」は、家系上、平野家の先祖に相当することになる。荘園の下司・公文ほどの家になると、家の系譜を伝えていることも多い。しかしその一代一代を、他の史料で傍証できることは希である。平野家も奥家も、先祖の来歴が『紀伊続風土記』には語られているが、そこには、なにかそう伝えるべき必然の歴史がありそうな気がする。

たとえばこの荒川荘の下司職である平野家について、きわめて注目すべき由緒が、『紀伊続風土記』には書かれている。荒川兵衛尉俊尊は上古の木国造《きのくにのみやつこ》の「荒川戸畔《あらかわとべ》」の末流で、白河天皇（即位、一〇七二年）の代に当荘の下司職になっていたとある。荒川荘を統治する家系が「荒川」を名乗り、それが『古事記』時代の人とする荒川戸弁にさかのぼるという伝えになる。荒川荘の下司と公文の家系をくわしく検討した今井林太郎は、下司の家柄についてはほとんど明らかにできないとし、荒川兵衛尉俊尊の子孫が累代下司の家柄としてその職につき、平野家をその後裔であるとするが、真偽のほどはわからないという。荒川荘が、九世紀の荒川郷がそのまま荘園になった土地といえるような柘榴川の流域の村であれば、そこを統括する下司が、古典にいう荒川戸弁の末裔である土豪であろうという推測も、至極当然である。荒川荘には、保延元年の「検注帳」が伝来していて、律令制による一郷に匹敵する規模があったことも推測できる。

六、地方《ぢかた》の記憶の力

和歌山藩の地誌『紀伊続風土記』では、巻三十八「神田村」の項の「御船明神社」の条で、この御船明神が、伊勢神宮の組織の中に登場する御船神社と同神であろうとする。基本的には朝廷の『延喜式《えんぎしき》』巻九「神名(上)　伊勢国度会郡　大神乃御船神社」をあげ、延暦二十三年（八〇四）の伊勢神宮の『皇太《こうたい》神宮儀式帳《じんぐうぎしきちょう》』の「御船神社」で時代の古さを示し、さらに古伝を集めた『倭姫命世記《やまとひめのみことせいき》』に語られている倭姫命の物語でその展開を描く。史料としてもっとも動きがあるのは『倭姫命世記』の記述である。本書には精細な注釈書があって、詳しい分析の参考になる。御巫清直《みかんなぎきよなお》の『太神宮本記帰正鈔《だいじんぐうほんぎきせいちょう》』である。畢生の労作で、元治元年（一八六四）十二月十一日の完稿とする。この書のお陰で、『紀伊続風土記』の発想を深めることができる。これらの書物を手掛りに、二つの御船神社の記録から浮かぶ、歴史の糸をたどろう。

「荒河刀弁《あらかわとべ》」という人名は、『古事記』崇神天皇の段の最初、系譜部分に登場する。それが荒川荘から伊勢神宮に向かう出発点になる。これは天武天皇の時代に朝廷に伝わっていた系譜、「帝紀《ていき》」にちがいない。崇神天皇が木国造《きのくにのみやっこ》である荒河刀弁の女、遠津年魚目々微比売《とおつあゆめまくわしひめ》をめとって生んだ子どもが、豊木入日子命《とよきいりひこのみこと》と豊鉏入日売命《とよすきいりひめのみこと》であるという。荒河刀弁は崇神天皇の妃の親になる。トベとは、『古事記』『日本書紀』などの神代や上代の記録で、土地の首長のような人物の呼称につける接尾語で、事例は紀伊国に集中する。「荒河」は、『和名類聚抄』の「荒川郷」が遺称地にちがいない。「木国造」も、紀伊国の国造家を指す。後世、紀氏は日前国懸《ひのてまくにかかす》神宮《じんぐう》の神職家として著明であるが、『古事記』が伝え記するような古い時代、紀伊国の水の霊威を、柘榴川に仰いでいたのかもしれない。柘榴川の谷は、神秘にあふれている。「木国造」を『日本書紀』が「紀伊国」に改めたのは、当時の紀伊国造家は、「荒河刀弁」の子孫ではないという判断かもしれない。

　地域の古い伝えには、歴史の傍証が得にくい。しかし荒川荘全体にかかわる事実には、それなりの古さがあるはずである。まず第一の課題は、神田村の三船神宮の古宮が、なぜ黒川村の稲村明神かということである。イナムラといえば、稲を刈り入れたあとの稲の穂積みのことである。『紀伊続風土記』にはなんの由緒も見えないが、かの正保元年の『安楽川堤略抄扣』には、稲邑の森のくわしい由来が見える。聖徳太子の時代、守屋との争いのとき、稲邑の神が荒川に降臨、五穀成就を守るとして、稲を三株降した。籾の皮が黒く、実は香りがあり、実入りは大きく柘榴ほどである。今の三毛《みけ》という所で譲り受け、「あらかわ米」といって名物にする。世上にある籾の黒い稲は、ここが始まりであるという。さらに、この黒米が、地域の行政的な歴史にもかかわっていることを記している。荒川荘は、黒米の原点の世界であった。

　稲村明神を神田村に迎えたという御船明神を、『紀伊続風土記』では、まず伊勢神宮とのかかわりに目を向けている。『皇太神宮儀式帳』の「管度会郡神社行事」の項目の内、「官帳社」二十五処の内に「御船神社」がある。大神の御蔭川の神で、形はない。倭姫内親王の代に祀《まつ》り定めたという。鎌倉時代前・中期の成立という『倭姫命世記』は、『日本書紀』に準拠する形で、崇神天皇の六年九月に、倭国《やまとのくに》の笠《かさ》縫邑《ぬいのむら》に磯城《しき》の神籬《ひもろぎ》を立て、後に内侍所《ないしどころ》にまつる神璽の天照太神（鏡）と草薙剣《くさなぎのつるぎ》を遷《うつ》しまつり、皇女の豊鋤入姫命《とよすきいりひめのみこと》につかえさせたとある。このあと第二に三十九年三月に但波《たには》の吉佐《きさ》宮、第三に四十三年九月に倭国《やまとのくに》の伊豆加志本宮《いつかしもとのみや》に移るが、第五に五十一年四月八日には、「木乃国《きのくに》」奈久佐浜宮《なくさはまのみや》で三年斎《いつ》き、紀国造《きのくにのみやつこ》が舎人紀麿《とねりきのまろ》たちを仕えさせたとある。奈久佐浜宮は名草浜宮で、紀国造家が仕える日前国懸神宮に相当する。かくて第六に五十四年には吉備《きびの》国の名方浜宮で斎《いつ》き、第七に五十八年五月五日には倭《やまと》の彌和《みわ》の御室《みむろ》の嶺《ね》の上の宮に遷り、二年斎《いつ》く。そのとき、豊鋤入姫命はもう十分だと言って、姪《めい》の倭比売《やまとひめ》命《みこと》を、天照大神を祀る御杖代《みつえしろ》に定めたという。

　ここで重要なのは、『倭姫命世記』が、神霊を第五番目に奈久佐浜宮に祀ったとすることである。「木国造」とは『古事記』が荒河刀弁に冠した表現で、『日本書紀』では削られている。それを『倭姫命世記』では「木乃国」と書き、しかも「木国造」の孫女の豊鋤入姫命が朝廷の神璽をささげて、「紀国造」が祀る奈久佐浜宮に滞在している。『倭姫命世記』の記述の背後には、『古事記』に通じる、非『日本書紀』的な知識の世界があった。さらに伊勢神宮と日前国懸神宮には、上古にさかのぼるかと思われる、両社の神体にかかわる記録がある。大同二年（八〇七）成立の『古語拾遺《こごしゅうい》』である。思兼《おもいかね》の神の議で、石凝《いしこり》姥《どめ》の神が日の像《かたち》の鏡を鋳たところ、最初のものは少し意に合わず、次のものが状《かたち》が美麗であった。それで前者は紀伊国の日前《ひのくま》の神とし、次のものを伊勢の大神にしたとある。『日本書紀』神代第七段一書第二には、天岩屋《あまのいわや》戸《と》の物語で、日の神が岩屋を出るとき鏡を岩屋に入れたので、戸に触れて小さいきずができているとある。これは『古語拾遺』の伝えと、根元一つの神話の分化した形にちがいない。

　伊勢神宮と日前国懸神宮とは、神殿建築の様式を始め、一対になる点が多い。紀伊半島の首の東西を占める大社として、古いかかわりがありそうである。「木国造」「荒河刀弁」をとおして、荒川郷の歴史に伊勢神宮の稲の信仰がかかわっていたとみることは、和歌山藩の学者にしてあり得べきことである。

その後『倭姫命世記』では、二十五年に伊《い》蘇宮《そのみや》に行く。『和名類聚抄』の度会郡伊蘇郷の地であろう。倭姫命は皇太神を戴《いただ》いて、小船に乗って小河に従う。途中、速川狭《はやかわさ》田社《たのやしろ》と坂手《さかでの》社を定める。『儀式帳』がいう狭田神社と坂手神社である。さらに小河をさかのぼると水が尽きる。水が滄涼《そうりょう》なので「寒河」と号《なづ》ける。そこに船を留め、御船《みふね》神社を定めるとある。『皇太神宮儀式帳』では、前出の蚊野神社《かののやしろ》と同じく、「大神乃《おおかみの》御《み》蔭川神《かげかわのかみ》」とある。蚊野神社は「形鏡《みかた》 坐《にましまず》」と神体は鏡とするが、御船神社は「形無《みかたなし》」とある。「御蔭川」は、神宮の神の霊威を表わす川という意味であろう。

『太神宮本記帰正鈔』巻三では、この船を留めたところを、多気《たき》郡有爾《うに》郷土羽《とば》村とする。船の泊る地をトバという。山城国の鳥羽村や志摩国の鳥羽浦を例に引く。「寒河」はソウゴウと唱えて惣郷と書き、惣郷川とさえいう。注目されるのは、このあたりに伊勢神宮の所領の農地があったことである。『大神宮本記帰正鈔』には、延文二年（一三五七）の注進状に飯高郡苦木《にがき》御園［一名号㆓寒河㆒］、康永三年（一三四四）寄進文に飯高郡仁賀木《にがき》寒川御園、『神鳳鈔《しんぽうしょう》』に飯高郡寒河御園三石などとあり、『神鳳鈔』度会《わたらい》郡の分に加筆する止羽《とば》御園も多気郡有爾郷土羽村のこととする。倭姫命が伊蘇宮から皇太神《すめおおがみ》を戴いて、小船で進み、途中に神社を定め、御船神社を祀ったところに神宮の御厨《みくりや》があるという形は、紀伊国の神田村にある三船神社でいえば、黒川村の稲村神社が、柘榴川を下り、奥宮、中宮を定めて神田村に至るとする伝えと、上流に向かうか下流に向かうかの対称的な違いで、いちじるしく一致する。上代以来の伝えでは、両地は一対になっていた。

紀伊国那賀郡の荒川郷と伊勢神宮とでは、距離的に大きな距りがあるが、『古語拾遺』が記す伊勢神宮と日前宮の神の御形《みかたち》（御神体）の鏡に共通性があり、『古事記』で、崇神天皇が「木国造」荒川戸弁の女を妻にして生まれた豊鋤入姫命が、伊勢神宮の神を戴いて国々を巡ったときにも、「木乃国」の奈久佐浜宮で祀り、紀国造が舎人の紀麻呂に仕えさせている。荒川戸弁を荒川郷の地の土豪と見るかぎり、荒川郷と伊勢神宮は深く結びつく。上代日本の稲の儀礼の拠点であった伊勢神宮と、黒米の伝来の古伝を持つ荒川荘とが隠れた糸でつながっていることは、ありうべきことである。そこには、紀伊半島から畿内に広がる、上代文化史の重要な課題がありそうである。荒川荘の中世の資料にも、『古事記』の「木国造、荒河刀弁」が登場して、その歴史性が高まった。『倭姫命世記』の記事も、『皇太神宮儀式帳』との共通性が、『古事記』の世紀への飛躍の可能性を支えている。上代の記録に古い言い伝えをかみ合わせて歴史を描くことを、御巫清直は、次のように記している。「惇朴ノ古伝、闕典ヲ補フベキカ」。文献だけが史料ではないという判断である。『古事記』の帝紀が伝える「紀国造、荒河刀弁」は、紀伊半島の上代の歴史に、限りない夢を残している。

『紀伊続風土記』の時代まで、荒川荘の下司職の誇りを伝える平野家が、その末流であると主張するほど木国造の荒川戸弁の権威が生きていたとすると、この土地には、深い歴史の根があるのかもしれない。正倉院には、「紀伊国那賀郡荒川郷」と記した、天平十七年（七四五）九月の文書がある。「荒川」の称は、この地に古くから続いていた。荒川荘が高野山領として確立した直後の応保二年（一一六二）に、紀の川を挟んで北岸に本拠を置く摂関家領の田中荘の預所《あずかりどころ》の佐藤仲清《さとうなかきよ》が、紀伊国守などをかたらって荒川荘に侵入したというのも、荒川戸弁以来の歴史的な由緒を奪うのが目的であったかもしれない。源頼朝の時代の有力なフィクサーであった歌人の法師西行は、この仲清の兄の佐藤義清《のりきよ》であり、高野山の地ともかかわりが深かった。荒川荘の悪党として知られた源為時《みなもとのためとき》の動きも、この時代の村のあり方に重大な意味があったと見るべきであろう。村で、なにが起こっていたかである。

平野家を大伴氏であるとする伝えも、木国造の子孫とすることとかかわることかもしれない。紀伊国で大伴氏といえば、『日本霊異記』の延暦六年（七八七）成立部分に、名草郡の大部屋栖野古連公《おおとものやすのこのむらじぎみ》の「本記」がある。『日本書紀』と対当に存在が主張できる仏教伝来にかかわる独自の記事を含む。那賀《なが》郡の粉河寺の創立を伝える『粉河寺縁起』には、開創は猟師の大伴孔子古《くじこ》とある。公的には、正暦《しょうれき》二年（九九一）十一月の「太政官符《だじょうかんぷ》案」に見え、大伴連公《おおとものむらじぎみ》孔子古が、公家のために宝亀《ほうき》年中（七七〇―）に造ったとある。その人が猟師であったという古伝を守っていることが、重大である。大伴連公は、荒川戸弁以来の伝統で、日前国懸《ひのくまくにかかす》神宮の神職家から分かれ、「仏神」という新しい寄り神に仕えた一族かもしれない。上代の人名を集大成した吉川弘文館の『日本古代人名辞典』を繰ると、『続日本紀』、神亀元年（七二四）十月の名草郡少領、大伴櫟津《おおともいちひつ》連子人《こびと》ほか、名草郡に大伴氏の人物が散見するが、『正倉院文書』の養老五年（七二一）以下の戸籍に関する記録には、名草郡忌部郷に大伴若宮連の一族が見えている。大同二年（八〇七）成立の斎部広成撰『古語拾遺』は朝廷に仕えた忌部（斎部）氏の由緒を記しているが、その中に、正殿《みあらか》の造営にかかわる斎部のうち、材《き》を採る斎部は名草郡の御木《みき》郷に、殿《あらか》を造る斎部は麁香《あらか》郷にいるとある。この忌部郷は、明らかにその御木郷・麁香郷に相当する。戸籍にいう忌部郷に住む大伴若宮連は、かつての忌部氏の役務を継承する一族ではなかったかとも考えられる。

平川南《ひらかわみなみ》の『新しい古代史へ　I』「地域に生きる人びと」（吉川弘文館・二〇一九年）は、一九七九年に公開された大伴氏の家譜の魅力を、多角的に紹介している。それは山梨県東八代《ひがしやつしろ》郡（現笛吹《ふえふき》市）一宮《いちのみや》町の浅間《あさま》神社の宮司の古屋《ふるや》家に伝来した系譜で、『古屋家家譜』と呼ばれている。記述の尊さもさることながら、そこから想い起こされる事柄はきわめて多い。たとえば、忌部郷に大伴若宮連が住むのを見ると、本来の忌部氏が大伴氏を称えるように変わっているのではないかと思ってもみる。大伴氏と忌部氏のかかわりは、『新撰姓氏録』の段階でも、はっきり示されている。「左京神別㊥」に、「大伴宿禰」は、高皇産霊尊《たかむすびのみこと》の五世の孫、天押日命《あめのおしひ》の後とあり、「右京神別㊤」には、「齋部宿禰」は、高皇産霊尊の子、天太玉命《あめのふとたま》の後であるとある。『古屋家家譜』で、初祖を高皇産霊尊とするゆえんである。

『古屋家家譜』が巻頭の初祖、高皇産霊《たかみむすひ》命の尻付に、大和国添上郡の宇奈太理坐《うなたりにいます》高御魂《たかみむすひ》神社とともに、先立って武蔵国都筑《つづき》郡の杉山《すぎやま》神社を挙げているのに興味をひかれる。南北朝期成立の語り物文学の『神道集』第十五「武蔵大所大明神事」に、六宮椙山《すぎやま》大明神と見える、武蔵六の宮の社である。私は昭和三十年ごろ鍵取役の北村家を訪ねたことがある。当時はまだ、昔ながらの村であった。江戸幕府の『新編武蔵風土記稿』巻八十五、都筑《つづき》郡茅ヶ崎《ちがさき》村の条には「杉山神社」の項があり、くわしい記述がある。『延喜式』「神名」に小社として都筑郡杉山神社として見える古社で、『続日本後紀』承和五年（八三八）二月二十二日、嘉祥元年（八四八）五月二十二日の条にも見える。『風土記稿』当時、神社をあずかる鍵取は助之丞といい、北村氏であったが、遠祖は杉山氏で、系図などが伝わっていた。それがなんと、忌部氏とのつながりであった。安房国安房郡の安房神社の神主、天日鷲《あめのひわし》命の孫、由布津主命の二十二代の孫、忌部の勝麻呂が、天武天皇の白鳳三年（六六三）九月に、神託によって武蔵国の杉山の地に、太祖高御《たかみ》座巣日《むすひ》太神・天日和志《あめのひわし》命・由布津主《ゆふつぬし》命の三柱の神をまつり、杉山神社と号したとある。

安房国の神社については、邨岡《むらおか》良弼が古記録を集録した『安房国神社志料』（『房総叢書』第一巻、昭和十八年六月、同刊行会）があって、多角的な資料を見ることができるが、忌部氏と大伴氏の関係については、その中の一つ、安房神社祠官岡島氏所伝の『安房忌部家系』に簡明に示されている。天日鷲命の孫、由布津主命は阿八和気比古とも称し、天富命の女の飯長姫命と御合して生まれた堅田主命が、安房忌部の始祖である。安房国造大伴直大滝《おおたき》（竜）の斎《いつ》く所を国造社といい、天富命を合せ祭るとある。『古語拾遺』が、天富命が阿波の忌部の居る所を安房郡とし、そこに太玉《ふとたま》命の社を立てて安房社といい、神戸《かんべ》に斎部《いんべ》氏がいるとし、『国造本紀』は、成務朝に天穂日命の八世の孫、弥都侶岐の孫、大伴直大滝を阿波の国造に定めたという。やはり忌部氏と大伴氏の称えには、法制的になにか関係があったように見える。

『古屋家家譜』の形成をこまかく具体的に検討する論考に、加藤謙吉「『古屋家家譜』と紀伊国」（篠川賢編『日本古代の氏と系譜』雄山閣・二〇一九年）がある。古代の文献などに見える大伴氏の問題を論じている。私が考えようとしている荒川荘の下司《げし》家の先祖という大伴氏ともかかわるし、古くは荒川戸弁《あらかわとべ》の伝えにも続く。当然、名草《なぐさ》郡・那賀《なが》郡地域の上代史の問題である。古い忌部氏の土地に新しい大伴氏が栄えているという風景は、ある種の権威の交代を、象徴的に示しているようでもある。安房国で、国造の大伴直大滝がまつる国造社に、安房の忌部の元祖の天富命を合せ祀ったというのは、国造の権威を優先した伝え方である。われわれの歴史科学は、古典に記録された一つ一つの事実を、ただ概括するのではなく、それをその時代背景を含めてできるかぎり分析して、有効な史料として事実を推定する力をつけ、他の史料との組み合わせで、大きな歴史の土台造りをしなければならない。まずは目に見える事実を、どう理解するかである。荒川荘には、荒川戸弁の権威が、ずっと生き続けているようである。

（『高野山文書研究』第一冊）

紀阿弖川荘（和歌山県有田郡）

一、阿弖川荘を行く

柳田國男の自筆草稿『高野山文書研究』第二冊は、「阿弖川荘《あてがわ》」である。表紙の題簽《だいせん》には、

高野山文書研究　紀阿弖河荘

と墨書がある。これは『高野山文書』の研究草稿を全七冊に編集製本したときに記したものであろう。現在の扉には、次のようにある。この扉は、研究草稿が冊子であった段階での表紙であろう。

明治三十九年六月十日製　柳田國男
高野文書研究第三
紀伊國阿弖河荘紀事　全

「製」の日付は、「阿弓河荘紀事」をまとめて冊子にしたときであろう。第二冊が用いている『高野山文書』は明治三十九年（一九〇六）三月二十七日発行の巻五までで、巻六は明治三十九年八月九日発行である。阿弓河荘が『高野山文書研究』の「第三」になっているのは、現状の『高野山文書研究』を全七冊に整理する前、「荒河荘」の分が「上」「下」二冊になっていたことをうけて、数えているためである。

阿弓河荘は、現在の和歌山県有田《ありだ》郡有田川町のうち、旧清水町にほぼ相当する。中世には「阿弓川」の表記が多いが、「阿弓河」のほか「阿氏川」「阿氏河」「阿瀬川」などとも書く。柳田國男の阿弓河荘への旅は、荒河荘のときと同じく、地域の現況と『紀伊続風土記』を手掛りにして歴史地理を確認している。清水町は、明治二十二年の市町村制の施行で成立した安諦《あで》村・八幡村・城山村が昭和三十年（一九五五）五月に合併して発足、さらに昭和三十四年一月に五村と岩倉村の大字粟生《あお》が編入合併している。このうち粟生を除く旧三箇村が江戸時代の「山保田《やまのやすだ》組」で、この地域が中世の「阿弓河荘」であったと考えられている。それは『紀伊続風土記』がいう、二十六箇村にあたる。

しかし柳田國男は、伊都郡花園村も阿弓川荘の内だったのではないかということにこだわっている。第三葉に、『紀伊続風土記』巻六十二「山保田荘」の条を引いていう。

○高野領伊都郡花園荘此荘の上流にあり、在田川の源なり、その地古名を阿諦川荘と云ふ、当荘と其名を一つにす、花園荘は山保田荘すなわち阿弖河荘の上流で、在田川の源である。そこは古く阿諦川荘といい、阿弖河荘とその名が一つであるという。そこで『行政区劃一覧』を引いて、伊都郡花園村の大字を列挙している。梁瀬・中南・久木・池ノ窪・北寺・新子《あたらし》である。柳田國男は第四十九葉で、『高野山文書』巻五、「又続宝簡集」五十六に収める一一三八号「阿氏河荘上村田代綿等注文」（年不詳）にいう「あたらし」に着目する。

阿弖河上村いたをのあたらし友吉之名惣行事　嫡子國友当名主正介

この「あたらし」が花園村の大字「新子」であるとすれば、花園荘もかつて山保田荘と同じく阿弖河荘であり、その上村であった証拠になる。

これと関連して、阿弖川荘にくわしい歴史学者の仲村研《なかむらけん》も、「あたらし」に触れている。『高野山文書』巻五、「又続宝簡集」（五十六）に収める一一三一号、建治元年（一二七五）六月十七日の「阿氏河庄百姓牛馬追捕注文案」に見える「あたらし一人」の「あたらし」である。やはり、これが花園村新子であるとすると、阿弖河荘は伊都郡花園村にも相当くいこんだ形で存在していたことになろうという。この問題について、仲村研はもう一つの事例をあげている。『高野山文書』巻六、「又続宝簡集」七十九に収める一四六六号、元久元年（一二〇四）八月十九日付の「阿氏河上荘年貢検納状案」にいう御年貢絹を納めた者の一人「有中《ありなか》」である。有中は名《みょう》で、名《みょう》の称えが地名になって残ったのであろう、有中は『紀伊続風土記』巻四十九「荘園荘」に村名として見え、現在は花園村の中の地名にある。

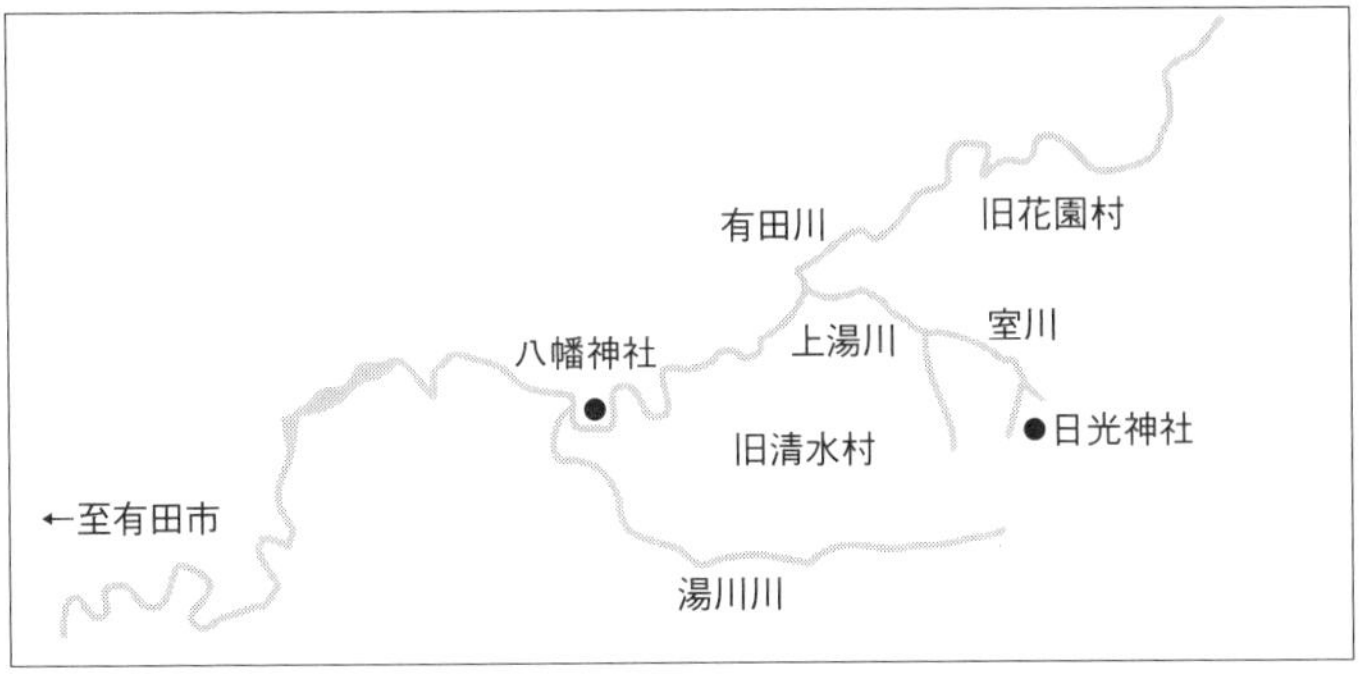

先の「いたをのあたらし友吉之名」は、『高野山文書』巻六、「又続宝簡集」（七十八）に収める一三九五号「阿氏河庄上村在家注進状」に「百姓名十三家之内」にいう「友吉」である。「いたを」は『紀伊続風土記』巻六十二では山保田荘の村の一つで、同じ荘内の押手村や杉野原村を介して伊都郡に接しているにすぎないが、板尾村に「あたらし」が見えず、花園村に新子があってみると、かつて花園荘まで阿弖河荘の中であった時代があるとすると、「いたを」が花園荘にまで及ぶ汎称であった可能性もある。「百姓牛馬追捕注文案」に見える地名のうち、北野・田尻・中野が押手村に、野中が杉野原村に、田中・大西が板尾村にあるのによると、「あたらし」が新子であっても不都合ではない。他の比定不詳の地名も、花園荘にあったのかもしれない。いずれにせよ「あたらし」を含む地域が、阿弖川荘の上村であった。

このように有田川の流れに沿った山間の集落のまとまりを一つの荘園の領域とみようとする史観は、すでに『紀伊続風土記』巻六十二にもはっきりと語られている。柳田國男が引用した導入に続く部分である。

今按ずるに、花園荘の地、伊都郡東南隅に疣出して、別に一区域をなし、本伊都に属すべき形なし。当荘と接する所、山勢疆界を隔つるの形ありといへども、渓流は一にして郡界となし難し。今山脈川流によるに、高野峰より直に長峰につづく連嶽の峰通りを、郡界とするは甚分明なり。荘名当荘と古名同じきは、古は同荘の地にして在田郡に属せしならん。其荘丹生神地となり、次に高野の領となり、伊都の地に附属せしより、自然当郡と其縁薄くなり、遂に今の形とはなれるならむ。（句読点など加筆）

仲村研もこの記述を紹介しながら、少なくとも当時の花園村の一部分を、阿弖河荘が荘域内にしたことは確実であるとする。

和歌山藩の地誌である『紀伊続風土記』がことさらにこのような論述をしているのは、おそらく江戸時代初期以来、地元には阿弖河荘の範囲をそのように理解する見かたがあったためかもしれない。仲村研は、寺務検校懐英《かいえい》が編んだ享保四年（一七一九）ごろ成立の『高野春秋編年輯録』（『大日本仏教全書』潮書房・昭和七年四月）巻九、正嘉元年（一二五七）八月の記事に、「阿弖川荘今号花園庄」（一六五頁）とあることを指摘している。この割注は、編者の知識かもしれない。おそらく山地を縦貫する有田川の流れに沿って、地域社会が成り立っていたのであろう。高野山の南側から流れ出す御殿《おど》川が、やがて湯川川《ゆかがわ》や北野川を合わせて有田《ありだ》川になるが、この谷川一つ一つが、集落のまとまりをつくっていたにちがいない。御殿川の主流の源は弁天《べんてん》岳（九八四・五m）で、そこを嶽山とも称したというのは興味深い。川が村々を統合し、その水分《みくま》りの山が嶽山であった（平凡社・『日本歴史地名大系』第三十一巻・四五四頁上）。大河紀の川に沿いながら、なお柘榴《ざくろ》川の流れによっていた荒河荘の場合とも共通する。川が谷合の集落を結びつける動脈であった。

二、旅する方途

『高野山文書研究』第二冊では、阿弖河荘関係の文書が集中している『高野山文書』巻五（明治三十九年三月）を中心に展開している。柳田國男は第一冊と同じく、荘園の支配関係の文書を書き下しながら感じた問題点の覚え書きを記しているが、第一冊よりは考証的記述が増えている感じがする。『高野山文書』も巻五まで進んでおり、他の巻との照応も目立つ。記述の方法は、『三倉沿革』など農政学の時代以来変っていない。一枚の和紙に一事項ずつ書く、カード方式である。その用紙を半分折りにして、冊子に製本してある。

第二冊でも行政や経済を、その土地のありかたから観察しようとする姿勢は生きている。村を見るという方法である。「阿弖川荘」でも、柳田國男の「中世の村への旅」は続いている。第一冊「荒川荘」での発見は、直接は雑誌『歴史地理』（日本歴史地理学会）に連載した「地名雑考」に展開しているが、「阿弖川荘」も、具体的に『歴史地理』第十八巻第一号（明治四十四年七月）の「地名雑考」の「アテラ」の項に登場する。

アテの地名の最も古きは紀伊の阿提郡なり。大同元年に在田郡と改称す。碩鼠漫筆にはアタと訓むべしとあれど、万葉には足代の字を当て又天皇の御名安殿《あて》を諱みたりとあれば恐くは旧説正しからん。

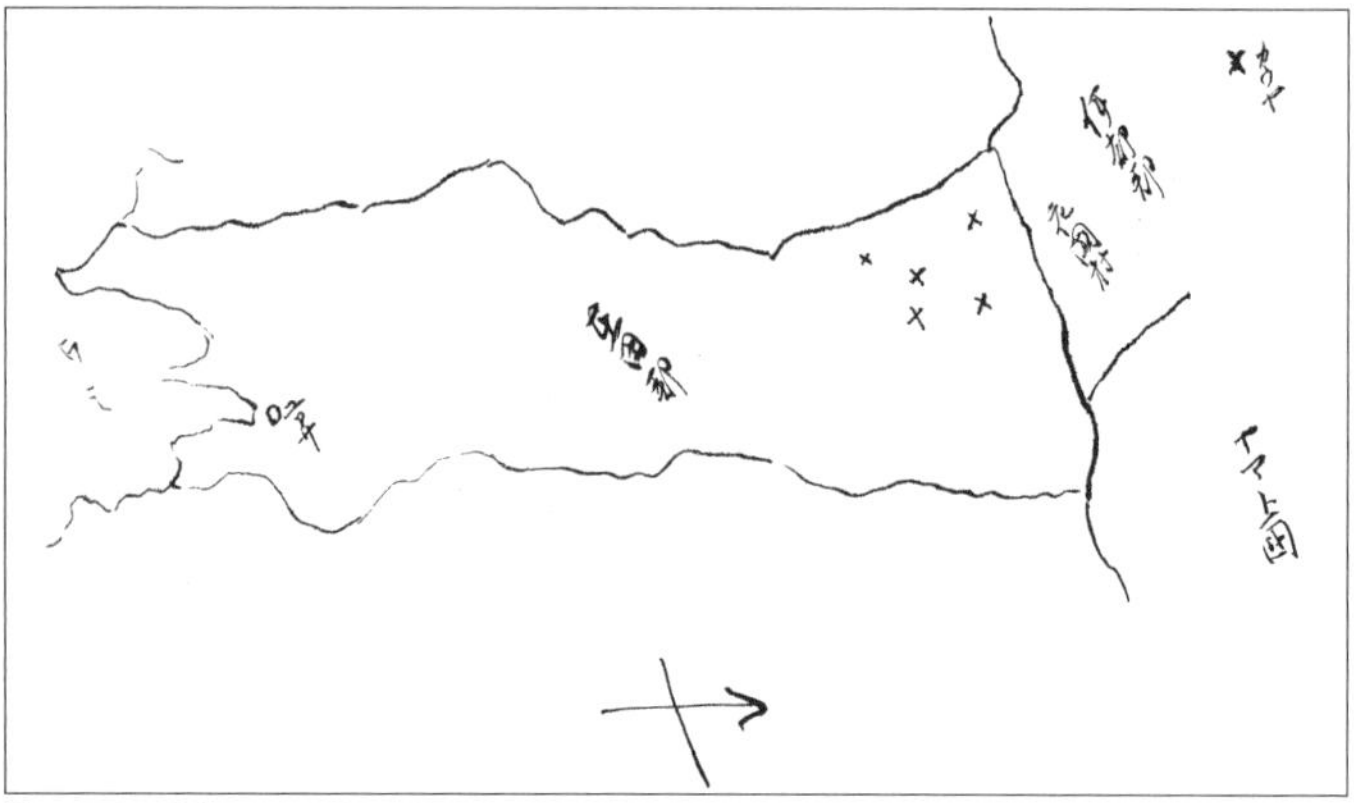

柳田國男『高野山文書研究』第二冊より

安諦の故地は未だ如何なる地形なりしかを知らざるも、高野文書に依れば湯浅氏が居館を構へし阿立川荘の中心は今の海岸の地には非ずして此川の上流山中に在りしかと思はる。

「阿立川荘」は、もちろん「阿弖川荘」である。漢字「弖」がめずらしいための誤植である。ここでも『高野山文書研究』での関心が、みごとに引き継がれている。

柳田國男は第二冊でも、まず地名を追い求める。地名は土地と人を結びつけ、村の基盤を明らかにする。まず第二葉の表に「〇阿弖川庄」と見出しをつけ、行政区画を示す。

現今／紀伊國有田郡安諦村／押手、杉野原、板尾、井谷、沼谷《ヌマタニ》ノ五大字ヲ含ム

裏には、在田郡の略図を書く（上図）。南にウミと書き、海岸寄りにユアサと記す。北隣には「伊都郡／花園村」と入れ、さらに北に寄って×印を記して「カウヤ」と書く。在田郡域

の北西部に×印を五箇所付ける。安諦村の五つの大字の位置であろう。これで高野山から海まで、有田川に沿う一筋の地域の概念が見えてくる。

第五葉にも、「〇阿弖河古称」という表題のもと、アテの歴史を追おうとしている。たしかに阿弖川荘も、歴史の古い土地柄である。アテという地名の文献上の初出は、『日本書紀』持統天皇三年（六八九）八月十六日の条に漁猟を禁止する地域を定めた記事に、三箇所の一つとして、紀伊国阿提《あて》郡の那耆野《なきの》二万頃《しろ》がある。二万頃は二万代のことで、四十町に相当する。九世紀の郡郷名を収録する『和名類聚抄』には、紀伊國在田郡に「奈郷」が見えるので、それが那耆野に相当するかといわれるが、その遺称地は明確ではない。守護人を置く、禁猟の野というのも目をひく。

後世の有田郡は、平安時代初期まではアテ郡と称している。それがアリタ郡に変ったのは、平城天皇の諱《いみな》「安殿《あて》」をはばかったからであった。『日本後紀』大同元年（八〇六）七月七日の条にいう。「紀伊國安諦《あて》郡を改めて在田郡となす。詞、天皇の諱に渉《わた》るをもつてなり」とある。その時期までの記録には、アテ郡とある。『続日本紀』大宝三年（七〇三）五月九日の条には、紀伊國の奈我・名草・阿提・飯高・牟漏の五郡の名が見え、また天平三年（七三一）六月十三日の条には、「紀伊国阿弖郡」で海水が血の色のように変ったとある。薬師寺の僧景戒の説話集『日本霊異記』の延暦六年（七八七）成立部分にも見える。上巻第三十四縁には、「紀伊国安諦郡」とあり、下巻第十縁には、紀伊国牟妻郡出身の自度《じど》の沙《しゃ》弥《み》（修行中の僧）が、安諦郡の荒田村に住んだという。平城京跡など出土の木簡も、養老四年（七二〇）十月の日付のあるものなど、「紀伊國安諦郡」とあり（町誌上・三七四頁）、『日本後紀』にいう「安諦郡」が、このころの標準的な表記であったことがうかがえる。

「安諦郡」を改名するにあたってなぜ「在田郡」になったか、『紀伊続風土記』は巻五十七「在田郡第一」「総論」で考察している。

在田の称其起る所詳ならす、按するに霊異記に当郡に荒田村あり古事記に木之荒田郎女といふあり此地に因れる御名なるへし、今其地闕けて詳ならす、荒田・在田其称近き時は、在田は旧荒田にして、取りて郡名とせられしより、其地名は改りしならんか、

とある。『日本霊異記』に見えた安諦郡の荒田村から在田とつけたのではないかという趣意である。割注にいう木之《きの》荒田郎女《あらたのいらつめ》は、『古事記』応神天皇の段に、天皇が三人の女王《ひめみこ》と結婚して生んだ子どもの系譜に見える。二人目の女王の中日売《なかつひめ》命の子で、後に即位して仁徳天皇になる大雀《おおさざき》命の同腹の姉になる。木之荒田郎女とは、紀伊国の荒田の地に縁りのある皇女であろう。荒田村は安諦郡の大きな地名であったにちがいない。その「荒」を、好字の「在」に改めて郡名にしたと理解できる。『和名類聚抄』には、在田郡に五つの郷名をあげている。その一つ英多郷は、アダとよめる。これも荒田の好字表記にもみえる。『紀伊続風土記』巻五十七では在田郡の総論で、こともなげに英多郷が山保田荘になったとする。いろいろな心証があったと思いたい。

柳田國男は「〇阿弖河古称」で、まず最初に『万葉集』巻七の歌を引いている。

足代《あて》過ぎて糸鹿《いとか》の山の桜花散らずあらなむ帰り来るまで（一二一二番）

ここにいう足代はかならずしも阿弖河庄の地域をいうのではなく、昔の安諦郡の郡家があった海よりの地をいうのか、あるいは昔の通路は伊都郡から阿弖河に入ったのかと、柳田國男らしい考え方をも示している。糸鹿はかつての糸我村、いまの有田市糸我である。阿弖川すなわち有田川を渡って対岸の糸我の山の桜をながめているという情景とみるのが自然におもえるが、阿弖川の道というのも魅力的である。柳田國男は、谷川をたどって開けた村々の姿に、日本の大地に刻まれた人間の営みの意義を見ていたような気がする。

『万葉集』巻七にはもう一首、阿弖川荘を思わせる歌がある。

安太《あだ》へ行く小為手《をすで》の山の真木の葉も久しく見ねば蘿《こけ》むしにけり（一二一四番）

安太がずばり『和名類聚抄』がいう英多郷であるとすると、阿弖・在田・荒田の相互関係もあやしくなるが、だからといって、aとt（d）の音の結びついた地名の流動性を、まったく否定することもできない。むしろ、古代の日本語の語形変化の究明の試金石になるかもしれない。そこに「小為手の山」が読まれていることも気になる。ヲシテとすれば、阿弖河荘の押手村の山になる。しかし「小為手」の訓については異説もある。サキデとして、下津町小畑から有田市宮原町滝畑に越える才坂を指すとする。沢潟久孝は『万葉集注釈』巻七で、「サキデと訓む音訓混淆も疑はしい」としながら、後考をまつと結んでいる。当時の一般の交通路からすれば、これも有田川下流域がふさわしいが、柳田國男のいう、「昔ノ通路ハ伊都郡ヨリ阿弖川ニ入リシナルカ」をとると、有田川の上流の押手の山に魅力を感じる。

三、農政学の眼

柳田國男の知的探究の本意は、人間とはなにか、人間とはどのようにあるべきかを探る哲学の方法の確立にあったといえる。東京帝国大学法学部で学んだ農政学を土台に、新渡戸稲造の地方《ぢかた》学を通してヨーロッパの人類科学に触れ、文字のある社会の、文字のない生活文化の日常に、人間の科学の方法を求めた。人間の営みは、本質的には、一個の生物として存在するためにあった。経済とは、そういう人間そのもののあるべき姿の謂《いい》である。明治三十六年成稿の『三倉沿革』のあとをうけてまとめた『高野山文書研究』全七冊にも、そういう思いがこめられていたはずである。その中に荘園村落に生きる村人のいぶきを感じていたにちがいない。

『高野山文書研究』第二冊には、『三倉沿革』時代の柳田國男の関心事がそのまま現われている部分がある。第三十八葉の９ｄにいう。

△飢饉救恤ノ先例ヲ見ルニ足ル

と記す。それは『高野山文書』巻五、「又続宝簡集」五十七、一一五八号文書「阿氏河上庄地頭湯浅光信訴状案」正元元年（一二五九）十月の一節である。阿氏河荘の地頭である藤原（湯浅）光信に、預所の播磨法橋が地頭下人や荘官百姓にいろいろな新儀《しんぎ》非法《ひほう》をはたらいていることを停止するように訴える書状である。その惨憺たる荘民の姿を述べているが、そこで引き合いに出されているのが、幕府やよその領家などの善政である。

就中当年ハ諸国平均ノ飢饉ニ依リ、関東ヨリ臨時ノ課役ヲ停止シ、山海ヲ禁制スベカラザルノ由、御教書ヲ諸国ニ下サルヽノ間、或所ハ領家ノ御倉ヲ開キテ粮ヲ百姓ニ与ヘ、或所ハ領家方恒例臨時ノ公事ヲ停止シ、撫民ノ儀ヲ成サルヽノ処、預所去六月比ヨリ一塵ノ粮米ヲ下行セズ。御力者ヲ放シ付ケ、数千ノ物材木ヲ責採ラシムルノ間云々（第三十六葉）

と引く。実は、原文には、これにそのまま続いて、「妻子の活計を顧みざるにより、餓死せしむるの輩、其の数を知らず」（書き下し）とある。柳田國男はここで息をのんで、この一句までは書き下さなかったような気がする。晩年に『神戸新聞』に連載した「故郷七十年」の⑦「布川のこと」、⑧「饑飢の体験」（昭和三十三年一月十六・十七日）の記事を想起する事実である。

『三倉沿革』では、第一部に相当する「常設賑救機関ノ沿革」第一稿の最初の序論のような部分で、「常平倉、義倉、社倉」と題して三倉制について概論している。そこで注目すべきは、飢饉救恤《きゅうじゅつ》は人間存在の本質であるとする思いである。

一、農民ガ凶荒ニ逢ヒテ食ニ乏シキトキハ、政府ガ穀物ヲ施シテ、之ヲ救済スルトイフコトハ、最簡単ナル思ヒ付キニシテ、従テ夙ニ上代ヨリ実行サレタリ。
二、サレドモ政府モ亦農民ノ輸穀ニ由リテ存立スルモノナリ、凶年租ヲ徴スルコト能ハズ。之ニ加フルニ救恤ノ出資アラバ、是堪ヘザル所ナリ。故ニ豊年及ビ平年ニハ穀物ヲ貯蓄シテ予メ凶歉ニ備フ。穀物貯蔵トイフコト、近世的意義ニ於ケル資本ノ貯蓄トハ異リ、寧人類ノ本能ニ基クモノナリ。高等動物ガ共有スル性ナリ。(一三一一四頁)

すなわち凶年に備えて貯えておくのは、生物としての人間の本旨であるとする。阿弖河荘の正元元年の事件は、まさに領家方の反人間的な行為になる。あるところの領家が御倉を開いて粮を百姓に与えたというのは、慈善であると同時に、百姓が納めた年貢を、為政者が管理し、非常の時のために運用したということである。『三倉沿革』の筆者の心には、大きく響いたにちがいない。

『三倉沿革』にすぐ続く『高野山文書研究』第一冊には、やはり農政学の時代のおもかげが生きている。『三倉沿革』には、農政学に関連する用語に欧文綴りの部分があるが、第一冊にもそんな例がある。たとえば、三三Ⅶ裏に見える。

△垣根、垣内ナドイフコト多ク見ユ、実際ニ垣ヲスル必要多カリシニヤ
英国ノ囲込法ノ如ク appropriation ノ為ニ然リシカ

「囲いこみ」はイギリスのエンクロージャー enclosure の訳語で、従来共同利用が認められていた土地を、

生け垣や塀を巡らして私有地であることを明示することをいう。appropriationは、私用に供することを意味する。それと対比される「垣内《かいと》」は、荒河荘の地域では、現代なお村の中の小集落をさす用語として生きている。垣内に相当する言葉は発音もいろいろな変化があるが、古くカキツとして『万葉集』にも見えている。「吾妹子が家のカキツの小百合花《さゆり》」（三九二一番）などとあり、家などの屋敷の区画を意味したかとおもわれる。日本の家の土地制度を考える上で、重要な観念である。垣内は、柳田國男が深い関心を抱いた課題の一つである。それが村や家と土地とのかかわりであるとすると、「囲いこみ」の人間史と無縁ではありえない。

第一冊から、このほかの欧文綴りの法制用語を抜き出しておこう。41Ⅺ裏に、

妻ガ遺言執行人トナレルナリ／trusteeノ習慣ハヨクヽヽ行ハレタリキト見ユ

とある。これは法制用語で受託人である。また51Ⅳ裏には、

此寄進ガ単純ナル債務ヲ負フモノナリヤ、ハタ一種ノReallastナリヤハ、此田地ノ移転ノ文書アラバ明白ナルベシ

とある。これはドイツ民法の用語で、物的負担という意味になる。ほかにも微妙な表現を、欧文語に置き換えて明示する記述がある。52Ⅳ表には、収穫のうち「官物」と「片子」の分の合計が地主の取り分

になるとあり、52V表では、

官物ハ一定シ片子ハVariableナリシナラン

とみる。ドイツ語ではVariableは、数式上での変数の意がある。
また69X表では、文書の文言に、

本銭返弁ノ時ハ、彼ノ下地証文返給ハルベキモノナリ。

とあるのを引いて、裏には、

下地証文トツラネ云フコト／Corpus, Animusトツラネイフニ似タリ。

と記す。これはドイツ語の肉体と精神である。柳田國男が豊富な知識を土台に、いかに感性豊かに古記録を読みといていたかがうかがえる。そこには異なる文化の知識をはさむことで、日本の事実も深く理解することができるという、経験から生まれた科学の理論があったにちがいない。後に民俗学と呼ばれる学問でも、同じである。

『柳田國男先生著作集』第四冊（実業之日本社・昭和二十三年五月）として刊行された『時代ト農政』には、

この重版のために書かれた「附記」がある。『時代ト農政』さえ十分には理解できない自分などには、むずかしい遺言のような文章であったが、『時代ト農政』に描かれた、いわば農政学の世界がそのまま民俗学なのだという、柳田國男の意志だけはよくわかった。岩波書店の『文学』第二十九巻第一号（昭和三十六年一月）「柳田國男」に、農政学者の東畑精一《とうばたせいいち》が執筆した「農政学者としての柳田國男」は、その問題点のよい案内書になっている。これはおそらく、柳田國男の学問を科学としてもっとも深くえぐった論考の一つであろう。科学たりうる民俗学を学ぼうとする者にとって、『三倉沿革』『高野山文書研究』と続く柳田國男の仕事は、たいせつな栄養源であるということになる。

四、日光社と小松家

荘園の支配関係は、紆余曲折があって複雑である。荘園史とは、いわば領主がどのように権威を行使してきたかの展望である。その微細な究明が、荘園村落の村人の生活を描くことになる。阿弖川《あてがわ》荘もまたその例外ではない。しかしアテという地名の記録からたどってみたように、有田川に沿って、古くから人の営みがあったことは疑いない。阿弖川荘のあった地域にも、奈良時代以前から、それなりの広さのある村の連合体があったはずである。第一冊の荒河荘も、梋榴《ざくろ》川で結ばれた村々が古くからあり、それが一つの荘園に構成されたようである。『古事記』『日本書紀』崇神天皇の段には、紀伊国の称を負う首長に荒河戸弁《あらかわとべ》（畔）がみえる。阿弖川荘も、安諦郡荒田村にちなむ人物が、『古事記』に登場する。仁徳天皇の姉にあたる木之荒田郎女《きのあらたのいらつめ》である。有田川の流域の村々の歴史の古さをしのばせる。

阿弓川荘は、正暦三年（九九二）に左大臣藤原仲平の旧領石垣上荘が平惟仲《これなか》に売券されて立券したのに始まる。長保三年（一〇〇一）に平惟仲がみずから建立した京都の白川喜多院（後に寂楽寺）に石垣上庄を寄進、そのときの寄進状『高野山文書』巻八、「又続宝簡集」（百三十四）一九二五号文書「中納言平惟仲手印文書案」長保三年六月二十六日に、

紀伊國在田郡石垣上庄壹処字阿弖川

とある。同じ文書にみえる「紀伊國在田郡石垣庄壹処」と識別するために、このころから阿弖河荘を称したのであろう。これをうけて寂楽寺は検校職を円城寺円満院門跡に寄進、以後円満院が本家、寂楽寺が領家となる。これに対して高野山はその領有権を主張、嘉元二年（一三〇四）にようやく本所円満院が退き、その宿願を達する。こうした本家・領家の動きの中にあって、下司・地頭を務めてきた湯浅家は、阿弖川荘の土着の武士集団であろう（高橋修「阿弖川荘」『きのくに荘園の世界』清文堂出版刊　所収）。

もちろん事実は、こまかい抗争がある。しかし、このような領主の変遷を展望しながら、阿弖川荘に支配者の大きな柱を立ててみると、やはり領家・本所側の高野山と下司・地頭の立場の湯浅家が軸である。そうした中で、われわれにとって興味深いのは、日光社をまつってきた小松家の存在である。その小松家の素姓については、『紀伊続風土記』巻六十二の山保田荘の上湯川村の条にみえる。代々小松弥助を名乗る旧家で、小松内大臣重盛の嫡男三位中将惟盛《これもり》の子孫と伝える。惟盛は熊野で入水といつわり、日高郡龍神村の奥杉谷山中に蟄居し、後に子孫がこの地に移り、一円を支配する。村民も、その召仕の

者の子孫が多いとある。元和五年（一六一九）には、稟米《りんまい》（扶持米）をたまわって地士《じざむらい》になっている。杉谷山には、小松屋敷の跡や小宮三社そのほかの古跡があるという。

小松家がはたして平惟盛の子孫であるかどうかはわからないが、その小松家によって維持されてきた日光社の歴史をたどると、このような領家や地頭の筋とは異った、もう一つの権威が上湯川村の地にあったことを想定しなければならない。日光社に関しては、『高野山文書』巻五の中に三通の文書があることが知られている。「又続宝簡集」（五十六）一一二七号「阿氏河庄上村臥田注文」文永九年（一二七二）八月十三日にみえる。臥田《ふせた》に関する文書で、その中に、

二丁、建長八年日光山と中候神田、こ(故)御所よりよせさせ給て候。

とある。柳田國男も第二冊の第五十八葉9Sに、「〇ふせ田トイフモノ」としてこの文書を引いている。注記に、

△日光山、郡ノ南界ニ在リ。

とある。上湯川村を想定している。第四葉にも、『紀伊続風土記』巻五十七をあげたところに、

〇日光神社、山保田荘上湯川村ニ在リ

と記している。
この文書の日光山の記事で重要なのは、臥田になっていた日光山の神田が、建長八年（一二五六）に寄進されていたことである。日光社は、この年までには、成立していたにちがいない。この文書から十六年前のことになる。また同日の文永九年（一二七二）八月十三日の「阿氏河庄上村逃亡跡注進状」が『高野山文書』巻六、「又続宝簡集」（七十八）一四一八号にある。阿氏河荘上村で、耕作者が逃亡した田の状況の書き上げで、放置されている分十二箇所、地頭が処置するもの七箇所のほか、日光山に寄進のもの三箇所とある。このころ日光社が、阿弖河荘の中でみごとに機能していたことがわかる。また、『高野山文書』巻五、「又続宝簡集」（五十六）一一二三号「阿氏河庄出田配分注文」文永十年六月十二日にも、「日光山免二反」とある。日光山のための田である。柳田國男も第五十九葉9Tで、この文書をあげている。見出しに「〇出田（臥田除田ヲ併セテ出田トイフコト）」とある。

日光社は、標高九百メートルの山中にあった。その跡は上湯川九一九番地で、国有林の中にある。明治初年に廃社になり、同七年（一八七四）に清水の八幡神社に合祀されたという。明治の神社合祀は、共有林であった神社境内を国有地に没収する経済政策としての一面を強く持っていたそうである。明治初期の上地に関する文書によると、日光社の境内の台帳面積は、本来は三百町歩になんなんとしていた。まずは明治九年から始まった調査で二百六十四町六反歩を上地《あげち》とし、明治十九年にはさらに十三町九反六畝十五歩が上地処分になって、境内は三町六反七畝十七歩に減っている。

かつての日光社の規模は、寛政四年（一七九二）の上湯川村の『寺社御帳』にうかがうことができる。

往古は七堂伽藍の霊場にて、坊舎六院甍をならべ、阿帝川庄より石垣庄白岩まで敷地にて、毎年祭礼の料を捧、恒例の祭礼をいとなみ申候処、応永年中に失火仕、本社は造営仕候へ共、堂宇坊舎再興相成不申候、その節境内伽藍等絵図仕置、今に現在仕候

とある。その絵図が、小松家に伝来した「日光曼荼羅」である。紙本着色で、縦一四九cm、横一一七cmで、掛け軸に表装されている。箱書には「日光三社大権現三十八社御絵図入」とあり、蓋裏には「願主小松弥助長盛」とある。日光社の跡地に明和四年（一七六七）の銘を残した長盛である。この『寺社御帳』の記事にしたがえば、応永の火災のあと、寺堂再興の勧進のために用いた絵解き図かもしれない。社殿がはっきり描かれ、寺堂部分がややまとまりがないのは、再建できた社殿の実景写生と、焼失したままの寺堂の回想図とのちがいにもおもえる。

「日光曼荼羅」のような規模の日光社が実在したことは、昭和四十一年と四十二年の発掘調査で確認された。寺堂の遺構のほか、鎌倉時代から室町時代にかけての瓦器などが出土している。ただ寺堂の位置が「日光曼荼羅」とは逆になっている。それは、社殿を中心に描くために、宝塔を中心に寺堂を社殿の正面まで一八〇度回転させたとすれば、「日光曼荼羅」の寺院の部分も、実景の描写といえるという。社殿と寺堂の色づかいに差を感じるのも、もしかするとその図法を表現するものかもしれない。このように遺跡遺物からも日光社の姿が明確になると、日光社の歴史が鎌倉時代初期から平安時代末期にまでさかのぼるのではないかという推測も、現実味を帯びてくる。阿弖川荘で、日光社と小松家がどのよう

な役割を果していたかが、荘園史の重大な課題になる。日光社の江戸時代の氏子の広がりから、阿弖川荘の鎮守のような神社であったとみるのも至極当然である。

五、狩猟民の村

江戸時代の上湯川村の様子を、文化七年（一八一〇）の『山保田続風土記』「上湯川村」にみてみよう。昔は属する郡もなかった。慶長六年（一六〇一）の検地帳には、「郡之外上湯川村」と表書にあった。慶長年中（一五九六―一六一五）から元和五年（一六一九）まで、浅野紀伊守・同但馬守の時代は鹿皮五十枚を差しあげたが、元和六年からは、定米三十石のほかは請役御免地で、一円は小松弥助の支配地である。日光権現の山林は二十町四方である。その支配は小松弥助で、神主は上西甚太夫であるという。これでみると、上湯川村は、由来、小松家が支配する治外法権地で、日光権現の支配も小松家であるとすると、日光社の神領のような村であったかとおもえる。

日光社の北麓からは室川谷川《むろかわたにがわ》が流れ出し、上湯川村の小名室川の集落もあって、川は井谷村で有田川にそそぐが、『山保田続風土記』「井谷村」には、その高野街道のわきに鳥居の古跡があるという。上湯川村の日光権現の一ノ鳥居があったところであるとする。二百年ほど前までは建っていたが、いまは田畑に耕しているという。この井谷村には、日光宮の万端政事をおこなう日光政所である柚木九左衛門の屋敷もあると記す。近代の日光社の例祭は六月晦日であったが、神事は昼過ぎに小松弥助と日光政所があった井谷村の東田垣内の役員の到着を待って始めたというから、小松家と日光政所が日光社の支配者として続いていたことになる。小松弥助が、神前に供えた小麦酒を飲みくらべて品定めをおこない、参加者がお流れをいただいて神事を終ったという。小松弥助が日光社の神事の主人であるのは、古い伝統であろう。

室川は、上湯川村の内ではあるが、日光社のある山脈を隔てて、本村や近井とは北と南に分かれる集落である。『山保田続風土記』「上湯川村」には、室川と特定した記事がある。室川では、他所から牛を牽いて来ると落命し、釜鑵子《かまかんす》を求めると七日のうちにこわれるのは、日光権現の禁忌であるとみるとある。田地の耕しも牛を用いず、人が牛のかわりに犂《すき》を引くという。おそらく神が家畜や金物を忌むという習俗であろう。この室川には明神講があり、正月と日光神社の祭の翌日におこなったが、この祭の翌日を「なおらい」といった。日光神社の祭の後の宴の直会の意味であろう。

講の座の正面には戸板一枚ぐらいの曼荼羅を掛けた。図柄は小松家の「日光曼荼羅」によく似ていたが、小松家のものと異って、これには上段左右に日輪と月輪があり、社殿横に小さな末社が数多く描かれていたという。現物は昭和二十八年の有田川の洪水で流失したというが、その違いが、小松家の「日光曼荼羅」が天部約一〇cm、左右両端約五cmずつ切断されているらしいといわれる部分に相当するかもしれない。最上部左右に短冊形に墨で塗りつぶした跡があるが、そこには日輪月輪の尊名などが書かれていたとするとよくわかる。小松家の「日光曼荼羅」も、奈良の町々がおこなう春日大社の春日講の「春日曼荼羅」のように、日光社の講の本尊であったかもしれない。

このように上湯川村が小松家が支配する日光社の基盤をなす村であったとすると、その年貢が古くは鹿の皮五十枚であったということは見のがせないことである。定米三十石ではなく、野生の獣の毛皮五十枚ということは、上湯川村が狩猟民の村であった証拠であろう。かつて豊後国海部郡の海岸部で、漁民が農民化させられる具体的な事例に出会ったことがある。これも江戸時代初期の出来ごとである。日光社がどのような性格の神かは不明であるが、上湯川村を狩猟民の村とみると、中世以来狩猟信仰で知られる下野国の二荒山の日光権現が思い浮かぶ。延享三年（一七四六）十月成立の杉原泰茂の『南紀神社録』「在田郡」では上湯川村の「日光神社」の項に下野国の二荒山神社を引き、日光と二荒は音が近いことを指摘している。日光社が三社の形をとっているために、『紀伊続風土記』巻六十二「上湯川村」の日光神社の項をはじめ、一般には地元の熊野の三社権現とのかかわりが連想されているようであるが、日光権現も男体・女体・王子の三社からなる。日光社も神社と寺院が一体になった権現信仰で、二荒山の日光権現を勧請した神である可能性は小さくない。

そこで興味深いのは、江戸時代以来、東日本の狩猟民のあいだに伝わってきた由来談である。猟師を山立《やまだち》と称して、「山立由来記」などと名づけた文書である。猟師は狩りに出るとき、あたかも身分証明書のように、その由緒書きを身につけて行く習慣があった。ところが不思議なことに、この「山立由来記」には、まったく異った二つの系統があった。日光派などと称して二荒山の日光権現が狩猟の守護神であるとする文書と、高野山で弘法大師空海に出会って猟師が殺生の許しを得たとする高野派の文書とである。どちらも、特定の宗教的権威によって狩猟をすることが許されているという由来であるが、この二派にどのようなかかわりがあったかは明白ではない。しかし、この高野山の麓ともいえる上湯川村で、そこを神領にするかのごとく日光社をまつっていたことは、「山立由来記」、ひいては狩猟民と大きな社寺の信仰とのかかわりを解く上で、きわめて注目すべきことである。

この高野派の「山立由来記」のたいせつな特色は、高野山を舞台にする丹生大明神の信仰とかかわっていることである。高野山と丹生大明神の関係については、古くは『今昔物語集』巻十一に、第二十五「弘法大師始めて高野の山を建つる語《こと》」に見えている。ここには、それと共通する物語を収める、長承三年（一一三四）の成立とおもわれる『打聞集《うちぎきしゅう》』から引いておこう。

弘法大師が唐にいるとき、自分が入定して弥勒の世まですごす場所に落ちよといって、五鈷を日本に向けて投げた。落ちた場所を探しに大師が紀伊国の伊都郷の高野《たかの》の山に来ると、老人が白毛の馬に乗って鷹をつかい犬をつれている。老人に問われるまま五鈷が落ちたところを探しているというと、そこを自分は知っているという。ついて行くと、檜の林の中の大木のまたに五鈷が立っている。老人は、聖人がここに住めば自分が守ろうという。大師が老人にだれかと問うと、丹生《にぶ》の明神であるといって、二人ながら消えた。大師は弟子とともに寺を造った。坂を一二丁ほど下って、丹生《にぶ》と高野《たかの》と二つの明神が鳥居を並べてある。

『今昔物語集』とくらべると、「二人」のうちもう一人、犬飼いが高野の明神であるという部分が脱落している。

これはただの物語であるとしても、現に高野山ではこの丹生と高野の両所の明神を勧請して、伽藍擁護の神とあがめている（高野山金剛峯寺記念大法会事務局編『高野山千百年史』大正十三年十月）、信ずべき由来である。『打聞集』などに、坂を一二丁ほど下ってとあるのは、あきらかに山麓のかつらぎ町天野に鎮座する丹生都比売神社を想定している。これによれば、十二世紀には、丹生の神が地主神として空海に高野山の地を与えたという伝えがあったことは疑いない。高野山の信仰史は、空海以後とおもわれがちであるが、以前は丹生の神が領有する霊山であったことを考えてみなければならない。その丹生の神と高野の神が狩人の姿で出現していることも、きっと意味のあることであろう。高野派の「山立由来記」が、この挿話を吸収しているのも偶然ではあるまい。その高野派の一書「山達《やまだち》根本秘巻」には、狩犬をつれた狩人が、空海の投げた仏具が三五の松にかかっているのを見付けてくれたので、殺生を楽しむために、狩人に獅子（シシ。獣のこと）引導の作法をさずけて秘巻を与えたとある。空海直筆の秘巻は、高野山東谷の清浄心院に納めたとある。清浄心院の本尊の廿日《はつか》大師は、空海が入定の前日、みずからの姿を作り留めた尊像であるという（井村米太郎『高野のしをり』、高野山蔵版・明治二十八年三月）。この「山達根本秘巻」に信憑性があることを、保証するような伝えが清浄心院にはあった。

そういう高野派の由緒のある土地柄の上湯川村に日光社をまつったといえば、矛盾しているようにもみえるが、それが関東の二荒山の神であることにも、意味があったかもしれない。日光派にしても高野山派にしても、社寺の勢力と狩猟民との結びつきで生まれたもので、こんな日光と高野山の交錯から、そうした一つの時代相が解けるのではないかとも期待している。村の連合が進む荘園にあって、上湯川村が小松家の支配のもと、独立性が強く、しかも経済的にも狩猟民の村として維持されていたことは、きわめて特異なことである。それは丹生の神が狩猟民を保護していた、古い時代からの伝統を保っているのかもしれない。

六、平家落人の家格

荘園文書は支配者の制度は写しても、なかなか村に生きる人々には及んでいない。上湯川村は、有田川の本流からは離れた一地域である。荘園社会の中に、こういう特別な村があったことを、われわれはあらためて認識しなければなるまい。小松家は上湯川村ばかりではなく、山保田組周辺でも一領主以上で、平維盛の末裔たる小松の殿様としてあがめられてきたという。中世以来、村人にとって小松家は上様的な存在で、村人の小松家に対する献身ぶりは特別であったという。領家方と地頭方という支配体系が整っている荘園社会で、どうしてこういう地着きの土豪の権威が保たれたのか、行政組織による支配階層と社会の伝統にしたがう村の土着の勢力との質の違いであったように私にはおもえる。

小松家がいわば落人であるということが、荘園支配者との違いを示している。ここの小松家も、柳田國男がいう平家谷伝説の典型である。

通例小松といふ苗字の家が古くからあつて、小松だから重盛又は維盛の子孫だといふことになつて居る様だが、その小松のマツはマウチギミ、即ち神に仕へる者といふことをしか意味しなかつた。(『木思石語』三元社・昭和十七年十月、二六一頁)

この論理にしたがえば、小松家はまさに日光社につかえる神職である。

平家の落人であるという設定は、ちょうど阿弓川荘の支配者の変動期に重なっている。小松家には、維盛を初代とする「系譜」が伝わっている。第二十代の舊盛《もともり》（ふるもりとも）が書写したものを、第三十代の恒盛が写し直したという。舊盛は寛永十一年（一六三四）に五十四歳で没している。現存本は、大正十五年（一九二六）に五十二歳で亡くなったこの恒盛の書写本であろう。没年と法名を記した程度の系譜であるが、維盛にはややくわしい譜文があって、文覚とのかかわりもみえている。これは、小松家の初代を維盛とする、その歴史的背景をさぐる手掛りを暗示している。高雄上人の文覚（遠藤盛遠）は、阿弓川荘の下司職に就いている。『高野山文書』巻六、「又続宝簡集」（七十八）一三九四号「阿氏河庄地頭披陳状幷頼聖具書案」徳治二年（一三〇七）八月に添える、「聖頼《ママ》具書」の一つである。建久八年（一一九七）九月二十一日に、源頼朝は高雄上人を「紀伊国安世川下司職」に任じている。その背後にどのような事情があったかが問題であるが、すぐに文覚は、十月十三日には「安世川下司職」を七郎兵衛尉（湯浅宗光）に譲っている。

宗光の父湯浅宗重《むねしげ》は、かつて阿弓川荘が高野山領になったとき代官（下司）であった在地土豪三宝房《さんほうぼう》長安《ちょうあん》と弟の助光《じょこう》が、もとの領家寂楽寺が阿弓河荘を取りもどしたあとまで権力を行使しているのを排除している。そのいきさつは、『高野山文書』巻六、「又続宝簡集」（七十八）一三九二号「中原広元奉書案」文治二年（一一八六）二月二十四日、同巻四、「又続宝簡集」（十一）二八号「北条時政下文案」文治二年三月十七日、同巻八、「又続宝簡集」（百二十九）一九一三号「金剛峯寺衆徒愁状案」にみえる。文覚は日光社をまつる上湯川村の小松家の古来の権威を守り、その社会的な後楯として在来の武家湯浅家を擁立する役割を果していたのではないかと想像する。少くとも阿弓川荘初期に、小松家の地位が保障されていなければ、後世の上湯川村のような特権のある村は成立しなかったであろう。日本の村々は、支配者の行政ばかりではなく、村の伝統的な自治の力の意義も考慮しなければ、その生活史は見えてこないはずである。

高野山一帯の地主の神であったとおもわれる丹生の神は、本来呼称のとおり、水銀を産する土地の神であろう。丹生の語義については、天平十年（七三八）ごろ成立の『豊後国風土記』海部郡丹生郷が参考になる。昔の人は、この山の沙《すな》を取って朱沙《に》にあてたので、丹生郷というとある。「丹生」とは朱沙（辰砂）のとれる土地のことである。『続日本紀』大宝三年（七〇三）五月九日の条に、紀伊国の阿提・飯高・牟漏の三郡に銀を献上させたとある。紀伊半島の西南部の郡から銀を献上するというと、松田壽男『丹生の研究——歴史地理学から見た日本の水銀——』（早稲田大学出版部・昭和四十五年十一月）が指摘するとおり、水銀（硫化水銀）のことであろう。空海を高野山に迎えた丹生の神が狩人の姿をしていたというのも、単なる猟師ではなく、山を歩いて朱砂を採取する探鉱師の表現でもあったかもしれない。阿弖川荘の村々も、古来の村の暮しぶりをうけつぎながら、荘園の時代を迎えていたにちがいない。それが江戸時代から近代まで、どのように続いてきたか、村を知ろうとする者にとっては、重要な課題である。

平家の落人伝説は各地に多い。ただ先祖は戦いに敗れて落ちのびてきたというだけではなく、村でしかるべき家格を持っていたところに特色がある。平家の血を引く特別な家であると、主張するだけの事実がある。日本の村には、一般の村人とは異った家系の家が、村の指導者として居を構えているという、伝統が古くからあったとしかおもえない。社会を支配する組織が変わってくると、家格の意義を、時代に合わせて説明する必要も生じたにちがいない。ちょうど鎌倉幕府が成立する時代が、村にとっても大きな変動期であったかもしれない。それまで自治的に運営されてきた村の長に、支配階層の勢力に並ぶような格式が必要になったとすれば、平家の残党の家であるという主張は、ちょうどふさわしかった。上湯川村の小松家などは、そうした家の実例とみるのにふさわしい。

いわゆる平家谷が焼畑農耕をするような山村であることが少なくなかったということは、落人の子孫という家は、そういう山国に続いてきた支配者階層で、独自の歴史を築いてきていたとおもわれる。日本の山間僻地には、そうした土豪を中心に自治的に構成された村落共同体が、時代を越えて続いていたのであろう。村をまとめる家系は、それぞれの時期にふさわしい、新しい文明をうけいれていたにちがいない。律令時代から、山地に寺院が立ち、神をまつったのも、史料が生きている最初期の、土着した古い勢力の権威の発現であったかもしれない。平家の落人という格式も、幕府の時代を迎えるにあたっての、権威の再生であったとみることができる。平家谷の旧家の多くは、この枠組みの中に入るのではないかとみている。

柳田國男に「山人考」がある。大正六年十一月十八日の日本歴史地理学会第百回談話会記念大会での講演の手稿である（『定本柳田國男集』第四巻、筑摩書房・昭和三十八年四月）。『山の人生』（郷土研究社・大正十五年十一月）に収められて公表されている。「八九年以前から、内々山人の問題を考へて居る」ということで喜田貞吉に招かれたとあるから、関心の土台は明治四十年代の末ごろにある。ちょうど柳田國男の著書『後狩詞記《のちのかりのことばのき》』（明治四十二年三月・私家版）や『遠野物語』（聚精堂・明治四十三年六月）が出版された時期である。「大正六年やそこいらに、成績を発表する所存を以て、取掛つたものではありませぬ」というから問題の提示とみなければならないが、民俗学の諸分野の研究がさまざまに花開いた雑誌『郷土研究』刊行の四年間をうけての論考で、それなりの意義を考える必要がある。

山男・山女というと、とかく世間では単純に山で生活する人たちの怪異な体験と思われがちであるが、「山人考」は朝廷の儀礼に登場する「山人」など、社会的に実在する山人を基礎にした山人論である。平安時代後期の有識故実書『北山抄』や『江家次第』にみえる、宮内省にまつる園《その》神と韓《から》神の祭りに参加する「山人」を引いている。『高野山文書研究』にはかならずしも狩猟文化のことは見えていないが、「山人考」の出発時点が『高野山文書研究』と重なるのは目をひく。柳田國男が文献をとおして、村の生活史に向かう時期である。われわれが、現代の知識から『高野山文書』の世界を懐古するように、「山人考」もあらためてその源泉をたどってみなければならない。上湯川村の日光社はそのときの手掛りの一つであろうし、丹生の神と高野山の物語も、丹生都比売神社や金剛峯寺の歴史を踏まえて、「山人考」の資料に加える必要がある。

上湯川村の小松家には、平維盛の木像が伝わっていた。高さ一七cmの彩色座像である。「開かずの箱」に納められていたものであるが、文政（一八一八—一八三一）期の作品で、さまで古いものではない。平家谷では、しばしばその昔の遺物があったと伝えている。『清水町誌』の編さん係長を務め、第九編「郷土ゆかりの人々」で「小松家　平維盛伝承」の執筆を担当した林照雄は、柳田國男は、平家の残党はたいてい代々「開かずの箱」を伝えていたとするが、証拠となるものは大半は火事で焼失してしまっているという共通性があるといっていると紹介しながら、残っていてもこの程度であったと述べている。小松家も、何度も火災に遭っているというから、これは後世再興した「開かずの箱」であろう。平家の末流と称える家では、それなりの記念品を、世襲のしるしとして伝えていたにちがいない。それが日本の家の伝統の形であった。小松家の現実の村での存在観が、いかに重いものであったかを訴えている。

(『高野山文書研究』第二冊)

紀那賀三箇荘（和歌山県）

一、三箇荘への道

柳田國男の自筆草稿『高野山文書研究』全七冊のうち第三冊は、高野山金剛峯寺の荘園であった「三《さん》箇荘《かのしょう》」である。表紙の題簽には、墨書で、

高野山文書研究紀那賀郡三箇荘

とある。三箇荘が、紀伊国那賀《なが》郡の地にあったことを示している。この表題は、『高野山文書研究』の草稿を七冊に整理して製本したときに定めたものである。研究草稿の段階では、上・下二冊仕立てであったと推測できる。現在の表の扉と中の扉は、もとの表紙に相当するとおもわれる。扉にはかつて外表紙であった名残りらしいよごれがあり、補強のために重ね紙がしてある。中扉の前および巻末には、やはり裏表紙にふさわしく紙を二重にしてある。研究草稿の表紙にあたる扉には、それぞれ中央に「那賀

郡三箇荘記事／二冊ノ上」「那賀郡三箇荘記事／二冊ノ下」とあり、右側には上下とも「明治四十年一月七日成」と成稿日を記している。柳田國男の『高野山文書研究』は、ここでは明治三十九年（一九〇六）十一月刊の『高野山文書之七』までを用いている。

「三箇荘」とは「三つの荘」という呼称で、神野荘《こうののしょう》・真国荘《まくにのしょう》・猿川荘《さるかわのしょう》の三つの荘を一括した用語として用いられている。『高野山文書之二』「続宝簡集」十五、二五六号の寛元四年（一二四六）の「金剛峯寺調度文書目録中断簡」に、「神野等三箇郷田畠目録一通」が見える。柳田國男も本書第一八葉で「三箇郷トイフコト始テ見ユ」といっているように、これを初見として神野荘の内の一村であった猿川村が、領家である金剛峯寺から猿川荘という独立した荘園として把握されるようになったとする。それを具体的に見せているのが、『高野山文書之一』「宝簡集」三十八、四四七号、文永八年（一二七一）六月十七日の文書である。三箇荘の荘官が連署した起請文《きしょうもん》で、猿川・真国・神野の三つの荘それぞれの惣追捕使《そうついぶし》と公文《くもん》が署名している。

もともと神野荘と真国荘は、二荘一体の荘園として確立されたとする。現に「紀伊国神野真国御庄絵図」と題した、「康治二年五月廿五日立券」と割り書きのある絵図が京都の神護寺に伝来している。康治二年（一一四三）に神野真国荘を立てたときに作成した絵図である。荘園の境界を示す牓示《ぼうじ》（境界の目印としての立て札）が七箇所描かれ、その裏に荘園の統治にかかわる荘官の公文・下司《げし》や国使《くにのつかい》・院使《いんのつかい》などの署判がある。その前年の康治元年十二月十三日付の鳥羽院庁下文《くだしぶみ》案が、『高野山文書之七』「又続宝簡集」八十七「三箇荘文書」二、一六〇七号にあり、「神野真国山地弐箇所」を立券言上《りつけんごんじょう》することを命じている。同年十一月三日の寄文《よせぶみ》で、藤原成通が預所《あずかりどころ》（領家）職《しき》を留保して鳥羽院にこの所領を寄進

したのを受けてのことである。

柳田國男はこの文書の「山地」という表現について、本書の第初b葉で問題を提起している。「荒レタルガ為ニ山地トイフカ、地利米十斛トイフヲ見レバ、コレカラ開ク所トハ思ハレズ」という。絵図を見ると荘内には数箇村の村名が記され、「田」とあって井桁形の標《しる》しもある。してみると「神野真国山地」とは、「神野真国荘」ではなく、神野真国の「山地」という意識であろう。牓示を打って、はじめて山地が荘になるという認識にみえる。ムラ（集落）はあっても、山地に境界を定めなければ、荘として完成しない。山地に牓示が必要であったということは、山地はムラに固有のものではなく、地域の人々が自由に利用できる土地であるという感覚かもしれない。荘園とは、山地まで境域を定めた人工のムラになる。その山地とは、自由な自然村ではなく人工村の一部になる。荘園ではなにかにつけて境界を争っているが、それはいわば荘園制社会の宿命である。江戸時代まで村々が山地の村の境界線争いを繰り返していたのは、荘園制以来、山地から自由を奪った統制社会の悲しいさがである。

紀伊山地の荘園村落を見ていてことさらに思いを新たにするのは、一つの荘園が必要以上に川筋をたどって統合されていることである。『高野山文書研究』第一冊で扱った荒河荘もそうであった。大きな地図で見ると紀の川の南岸に沿った地域と感じるが、その実、貴志川に合流する柘榴《ざくろ》川を背骨にした集落群である。山地の谷を流れる川であるから、その流路はこまかく屈曲している。上流域ではきわめて深い谷にもなる。ただただ流れにしたがって村と村が行き来していたとも考えにくいほど、険しい川である。そういう川に沿って人々が住む習慣があって、川筋ごとに統合されていったとしか思えない形態である。それでいて上流の黒川では黒川峠（三二〇m）を境に、真国《まくに》川上流の鞆淵《ともぶち》と別れている。山と川と、日本の社会にはムラを構成する特別な原理が働いていたようである。

第二冊でたどった阿弖河《あてがわ》荘も、いわば同じである。荘園を貫くのは紀伊水道に注ぐ大河有田《ありだ》川であるが、阿弖河荘にほぼ相当する有田川町の旧清水町域では、川は深い渓谷をなしている。本流から離れた集落も、その支流を通じてつながっている。高野山の山麓になる有田川の上流の花園村は、『紀伊続風土記』の段階では花園荘の称もあるが、『高野山文書之五』の建治元年（一二七五）の文書などの地名を手がかりに考えると、花園村の地まで阿弖河荘であった可能性がある（第二冊）。有田川の川筋も、水源地の高野山の山麓から中流域まで、一つの村落の連合体ができていた。川はたいせつな交通路でもあったが、ただそれだけでもなさそうである。川筋を社会の大動脈とみる観念が、人々の心の底に潜んでいそうな気もする。紀伊山地はそんな想像をかきたてる魅力がある。

「紀伊国神野真国荘絵図」に描かれている神野真国荘も、集落はやはり川に沿っている。真国《まくに》河（真国川）との合流点から上流に向かって、神野《こうの》河（貴志《きし》川）にはまず右岸に「田」の標示があり、その上流方にも「田」があって、その上流の山裾に三棟の家屋が流れに沿う並び方で描かれる。中央の家屋の川寄りに「粟田村」と記す。その上流には山の鼻が川辺まで張り出し、その対岸の川に沿って上下に「田」が二箇所並ぶ。その中間の山寄りに「神野村」とあり、その山寄りとすぐ下手に並んで二棟の家屋があり、村名のすぐ上手に一棟の家がある。二つの「田」の山寄りにあたる。

それらのすぐ上手（東）の山寄りに、朱で鳥居と社殿かとおもわれる書きこみがある。その上手脇に「十三所大明神」と記す。その対岸のやや上手、山の鼻の上流内側の山裾に、やはり朱で鳥居とおぼしい図形が示され、その下に川岸に向かって「熊野新宮」と書く。その上手、「尾切峯」の鼻が川の右岸まで張り出す位置までの約三分の一ほど上方の山裾に「津河」とある。川からはかなり離れる。その川の対岸の山裾に二棟の家屋を斜に並べて描き、その川寄りにも「神野」と書く。その上流右岸、「尾切峯」と上手の「岫峯《くきみね》」の大きな鼻の間、川からかなり湾曲して山から離れた平地があり、そこの川沿いに「田」の標示がある。山裾には三棟の家を描き、その下手に「猿川村」と記す。対岸にも大きな平地があり、家屋一棟を描き「猿川」と記す。この「岫峯」から上流には「丹生社領毛《け》无原《なしはら》」とあって終る。

絵図でいうと、真国河には山地との間に、川に沿った袋状の平地が三箇所ある。合流点に近いいちばん下手は、山地を隔てて粟田村の北方にあたる。そこには川の右岸に沿って上下に二箇所の「田」の標しがあり、その下手の「田」の山寄りに斜めに重なるように家屋が二棟書かれ、その山裾の家屋の上手に並んでもう一棟家屋がある。この上手と下手に二棟並ぶ家屋の中間の川寄りに「志加野」と地名がある。次の上流の右岸の平地は「真国村」である。川寄りの下手と上手に「田」の標しがあり、その中間に村名を書き、そのすぐ山寄りとその下手に家屋の標しがある。いちばん上流の平地は「石走村《いしはしり》」である。まず右岸の平地の下手に、山寄りに斜めに家屋が三棟並ぶ。その中間の家屋の川寄りに「石走村」とある。また平地の上手の隅に一棟の家屋が描かれ「石走」と記す。「石走村」とある対岸の平地の中央の山寄りに家屋を一棟書き、その川寄りに「石走」とある。ここから上流は「八幡宮寺領鞆淵御薗」になる。これをまとめると、神野河筋には下流から粟田村、神野村、猿川村があり、真国河筋には下流から志加野、真国村、石走村となる。

柳田國男は『高野山文書研究』第三冊巻頭で、例によって『帝国行政区劃便覧』から神野真国荘の荘域にあたる地名を抜き出している。那賀郡の上神野村・下神野村・真国村・猿川村、それに鞆淵村《ともぶち》を添えている。それは荘園の時代の「村」の区画に近いが、天保十年（一八三九）成立の和歌山藩の地誌『紀伊続風土記』の村の単位は、いわば「絵図」にいうそれぞれの村の大字に相当して小さい。鞆淵村は「絵図」によれば神野真国荘の外であるが、神野荘と真国荘が一つの荘園として立券されたのにも、なにか必然性があったにちがいない。川筋をまとまった地域とする例にしたがうと、合流点からV字型に続く二つの荘は、本来一つの地域であったかもしれない。康治元年の文書の二荘の四至《しし》を見ても、その境界は「津河北峯」で牓示はない。同文書に「件ノ所領ハ当国ノ住人長依友先祖相伝ノ私領ナリ」というのは、そうした歴史を踏まえた伝えであろう。

「絵図」では神野荘の後の野中村の位置に、「十三所大明神」が描かれている。『高野山文書之七』「又続宝簡集」一五八四号、安貞二年（一二二八）四月の文書にも「庄内神社十三所、恒例ノ祭ヲ押シ止ラル事」とみえる。いかにも神野真国荘の鎮守神らしい扱い方である。この野中村と神野河（貴志川）を隔てた北岸に、かつての市場村（神野市場）がある。『高野山文書之四』永仁二年（一二九四）七月二十五日付の文書「又続宝簡集」三七一号に「神野市場に於て」とみえ、『高野山文書之一』正安二年（一三〇〇）八月付の文書「宝簡集」四四六号にも同文的にみえる。十三所大明神や神野市場のあったこの地域は、神野真国荘の中心地であろう。熊野新宮は「絵図」以外には痕跡がないそうであるが、この地の繁栄を基盤に熊野信仰の「新宮」が企画されたものであろう。

二、生石参りの習俗

三箇荘を描く和歌山県立博物館の図録『特別展「中世の村をあるく――紀美野町の歴史と文化――」』には、「コラム⑦」に藤井弘章「生石参り」がある。かつての神野荘の中心地とおもわれる紀美野町の野中、安井、神野市場あたりの人々の生石参《おいしまい》りの習俗の見聞で、二〇一一年八月に安井の人たちの生石参りに同行した体験記がくわしい。生石山《おいしやま》（八七〇ｍ）に登るというが、その山腹の有田川町楠本に鎮座する生石《しょうせき》神社に参り、境内にある樫の大木から枝を採って帰り、家の軒先に挿したり、田んぼに立てたりする。風除けの祈願であるといわれ、野中では「風の日待」と呼んでいる。

神野市場と安井では八月十五日、野中では十六日の行事になっている。神野市場では個人で山に登って樫の枝を採って来たといい、野中と安井はムラ（集落）の行事になっている。生石神社では風除けのお願いに般若心経を三巻ほどあげたという。そのあと若い衆が境内の山に入って樫の枝を採って来た。

社殿に登る階段の下の庭で樫の枝を参加者に分ける。歩いて山に登った時代には、帰りにススキやホウキグサなどを採ってきた。安井では、ススキは牛に食べさせると病気をしないといい、ホウキグサは束ねてホウキにして使ったという。ホウキグサは写真でみると、コウヤボウキであろう。持ち帰った樫の枝は、山に行かなかった家にも分ける。樫の枝は家の入口につる。草葺き屋根の軒に挿す家もあった。戸口に挿す家もある。枯れた前年の枝の上に新しい枝を挿した例もある。田のある家では、田にも樫の枝を立てる。一枚一枚の田に立てる家もあった。田には竹の筒が立ててあり、それに枝を挿すらしい。

野中では採って来た樫とススキの穂を束ねて木にくくりつけ、田の畔《くろ》に立てていた。それはノワキが吹かないようにという行事で、ホマチといったという。ノワキは野分きで、台風を指している。野中でもかつては、サカキとススキを採っていたが、樫の枝はサカキを採り尽した代用であると伝えている。

私も二〇一四年三月十九日に、野中の八十三歳になる松本好史さんたちから生石参りのことを聞いた。ここではショウセキマイリといっていた。現在は神社が生石《しょうせき》と称しているからであろう。八月十六日に有志が集まって神社に登った。風除けで平安を祈るためであるという。神社の帳面に名前などを書き、般若心経をあげた。採って来た樫の枝は家の入口の戸袋に挿した。田んぼでは竹筒のところに挿したという。

この風除けのために生石参りをして樫の枝を持ち帰るという習俗は、かつての真国荘に相当する真国宮にもあったと坂本亮太は報じている。してみると生石参りはいかにも三箇荘にかかわる行事にもみえるが、その目的地の生石神社がかつての阿弖河荘に属する有田川町、もとの清水町、八幡村の楠本にあったとなると、ことは単純ではない。事実、生石参りは、阿弖河荘の地域でも知られていた。古くは笠《かさ》松彬雄《まつよしお》著『紀州有田民俗誌』炉辺叢書（郷土研究社・昭和二年十月）にみえている。著者の出身地の有田郡八幡村を中心にした民俗誌であるから、生石神社の地元での伝えである。八月の二百十日の行事で、農家の厄日で心配するとして、生石神社のサカキの葉を取って来て、風の被害の甚だしいところへ立てて風除けにするという。紀美野町の野中で、もとは樫ではなくサカキであったと伝えていたのに符合する。古くは一般にサカキであった可能性がうかがえる。また『紀州有田民俗誌』には、生石山のサカキや大峯登山の杖を立てると暴風の被害がないともみえる。生石山のサカキに風除けの霊力があるとする信仰が、広くあったことがわかる。

『紀州有田民俗誌』を復刻した『日本民俗誌大系』第四巻「近畿」（角川書店・一九七五年五月）の「著者略歴」には「笠松彬雄」の項があり、くわしい履歴が紹介されている。また同書の付報「日本民俗誌大系月報」第九号［第四巻・近畿］には、笠松彬雄「『紀州有田民俗誌』の前と後」もある。『紀州有田民俗誌』の「自序」やこれらの文献によると、著者は明治二十九年九月生まれ、八幡村遠井《とい》の人で、大正六年に病没した十歳年長の兄が書き残した草稿をもとに自身の見聞を補ってまとめたのが本書で、「自序」の日付は大正十五年十月になっている。大正時代以前の生活誌である。笠松彬雄は、『清水町誌』の編さん委員会の委員長でもあった。

生石山のサカキとともに語られる大峰登山の杖とは、山岳信仰の拠点として有名な吉野の大峰山脈の主峰、大峰山寺のある山上ヶ《さんじょうが》岳（一七一九m）に登拝するときの杖であろう。『清水町誌』の「講」の項目には、代参講の一つとして「山上《さんじょう》（大峰）講」のことがくわしく記されている。大峰山の月参りは百人講といった。講員は二十人で、山開きの四月から閉山の九月までの六箇月、二人ずつ月参りをした。一般の人々も、「先達」にともなわれて山上（岳）参りを行った。この山上さま（大峰山）への参拝のすまない者は男の仲間に入れないとされ、若者は先達の後について登山したものであったという。山上ヶ岳に登ることは、この土地でも若者の成人儀礼であった。大峰山は村の生活の基盤をつくるかけがえのない霊山になっていた。一行が村に帰る日、出迎えの人々は村の入口の辻に寝転び、行を終えた人たちに跨いでもらった。無病息災のまじないという。広く一般に知られている坂迎えの作法の一例であるが、その形態と機能には特色がある。そのときの杖がどのように入手するものであったかは不明であるが、生石山のサカキと同じく霊山の霊力を持つものとして、風除けに用いられたのであろう。一般の山での生活のように、大峰山の現地で山に登るときにそこの木を切って杖にするのであったとすると、生石参りとまったく同じ意味になる。

かの和歌山藩の地誌『紀伊続風土記』巻六十二「在田郡」第六「楠本村」の条には「生石明神社」がみえているが、その記述は簡略である。村の六つに分かれた小名のうち西原の山上、生石嶺《おいしのみね》にある。神体は立岩で、高さおおよそ十六丈の奇石である。その石の下に社を建ててまつる。始めは石垣荘の本堂村の生石明神をここに勧請したという。その条にくわしいとある。もともと生石嶺の中腹の巨岩の下にまつった生石明神を本堂村に移したということになる。同書・巻六十一、「在田郡」第五「本堂村」の条には、中嶺村の南十町にあり、当村はもとは中嶺村の中で生石神社の領であったが、天正以来明神境内・神宮寺境内は残らず公地になり、慶長検地で分けて二村にしたとある。勢力のあった神社らしく当時でも十六箇村の氏神で、この辺の大社であるとする。

本堂村の生石明神を氏神とする村々を地図でみると、生石ヶ峰の南西側に集中した西方の地域である。『紀伊続風土記』がいう北石垣荘に相当する。もとの生石明神があった楠本村が生石ヶ峰の東にあたり、生石参りが現代まで続いていた紀美野町の安井・野中・神野市場・真国宮が東寄りの北方であったのと好対照をなしている。もしこの南西と北東の二つの境域が本来一つの生石明神の信仰圏であったとすれば、北東部も南西部と同じく、生石明神の氏子の村々であったかもしれない。本堂村の生石明神が楠本村の生石明神から移ったものであると伝えているのは、生石嶺の中腹の巨石を神体とする本来の生石明神から分かれた神社であることを示しているにちがいない。本堂村の生石明神を氏神とする村々が北石垣荘であったのをみると、一つの地理的領域を形成していたのであろう。その中の冬《ふゆ》村は『紀伊続風土記』同巻には、村の北の高嶽が生石嶺であるといい、楠本村に大石があり生石の社というとして、この嶺は那賀郡との境であって、そこまで坂道が二十五町であると記している。これはあきらかに北石垣荘の村々が生石嶺に参るための道筋の案内であって、かつては、楠本村の北東部だけではなく南西部の地域も、生石嶺の直接の信仰圏であったにちがいないとおもわれる。

三、山頂の巨岩の神

生石明神まで登って境内の木の枝をいただいて来るというと、一日だけの山岳信仰の縁のようにもみえるが、本堂村の生石明神が北石垣荘の村々の氏神であったごとく、生石の嶺の楠本村の生石明神が北東部の村々の氏神であったとすれば、そこにはもっと多様な信仰があったかと想定できる。現に地元での伝えを見ると、幅広い信仰の拠点であったことがうかがえる。たとえば地元では生石神社は安産の神さまとして知られているという。妊娠するとすぐに鈴の緒をいただいて身につけ、そのかわりに新しいものをお供えする習わしがあった。これはとてもよく効くと伝えている。生石神社は安産の神とされ、巌に生える白い苔を腹帯に縫いこむという習慣もあったが、いまはこの地域以外には知られなくなったともいう。もともとは生石神社を安産の神とする信仰も、広く行われていたということであろう。『紀州有田民俗誌』には、生石神社や子安の地蔵尊の鈴の紐を妊婦の腹帯にすると安産するとある。一般に地蔵にも子安信仰があるから、鈴の紐も生石神社に固有の習俗ではなかったかもしれないが、白い苔を用いるというのをみると、生石神社に子安神としての信仰があったことは疑うことはできない。

生石ヶ峰は高野山から有田市港町に続く、かつての郡境をなす長峰《ながみね》山脈の高峰である。山頂付近は一面に樹木のないなだらかな茅原で、生石《おいし》高原と称して昭和三十年二月に県立自然公園に指定されている。生石ヶ峰山頂の三角点は、以前の有田郡清水町、金屋町、海草《かいそう》郡野上町の三町の境界の接点であった。生石高原のほぼ中心あたりには、笠石と呼ぶ五十畳敷ほどの平らな露岩がある。空海が高野を開くにあたって護摩修行をした地とする。生石神社は生石ヶ峰三角点の東側四〇〇mほど、楠本字神出《じんで》一二六五番地の原生林に近い山の中にある。社殿の背後には石英片岩質の巨岩が屏風のように立つ。これが生石の神の神体であり、生石という呼称の原拠であるという。左側の霊石は社壇からの高さ三二m、右側は一八m、社殿からすこし離れた東方にも高さ約一二mの巨岩が続く。拝殿の右側には湧水もある。生石ヶ峰から高野山に至る尾根の道は、神野荘と阿弖河荘筋の両面からの山岳行者の修行の地と伝えている。

例の康治二年（一一四三）の「絵図」には、神野真国荘と阿弖河荘との境界になる山地に辰巳牓示と南境牓示が記されている。そこがこの長峰山脈である。荘園の集落は川筋に沿って連なるが、山地は境界をなし、聖地になり、遠方との交流の道になる。しかしそんな中でも、生石ヶ峰のような巨石のある地形が広い地域の信仰の拠点になっていたことを無視してはならない。荒河荘でも、荘の鎮守として宮座を伝えてきた三船神社はかつての神田村に鎮座しているが、本来は柘榴川上流の黒川村にあったという。『紀伊続風土記』巻三十八「那賀郡」安楽川荘下「黒川村」の条に「稲村明神社」とある。村の辰の方五町ばかりにある。そこの森の内にある八角の自然石は、高さ二間、周囲は八間ほどである。傍らに臥した牛のような大岩もある。この社が神田村の三船明神の古宮であるとする。この巨石は現在でもまつられており、立石を雄石、地面に埋まるように横たわるのを雌石といっている。この雄石雌石がいわば三船神社の奥宮になる。この地方には、地域を守る神として巨石をまつる信仰があったことになる。『清水町誌』にも生石参りが記されている。一つは風祈禱といっている。毎年秋口に、境内にある柏の木の枝葉を持ち帰り軒端に挿しておくという。カシワは樫の葉のことかもしれない。この行事を「夏会式」とも呼んでいるのは目をひく。山頂の神社に参拝した人はサカキや椿の葉を持ち帰り、軒先や田の畦に挿して風除けの守りにするという。「会式」とは寺院行事の呼称である。『紀州有田民俗誌』には、生石山の山頂を笠石といって巨岩に弘法大師をまつっており、三月二十一日は「会式」といって参詣人が多いとある。この地では田植えあがりも「夏至会式」と称しており、年中行事一般を寺院行事の様式で実施していたようである。それは荘園制の時代、生石山の信仰が寺僧に管理され、その影響が広い地域に及んでいた時代の名残りかとおもえる。生石参りにも、深い歴史があったかもしれない。

山岳信仰の拠点になっている神社から受けて来たお札を、嵐除け、二百十日の災害除けに村の辻や畑に立てる風習は関東地方にもあった。栃木県の榛名《はるな》山や埼玉県の秩父《ちちぶ》の三峰《みつみね》山の代参講の行事では、一mを越える長さの竹にお札をはさみ、その上部に傘のように杉の葉をさかさにつけて藁で結ぶ（横山輝一「嵐除」『民族文化』第三巻第十号、山岡書店・昭和十七年十月)。これは生石神社の地元で、大峰山の登拝に用いた杖を風除けに立てるのに通じる。藤井弘章が生石参りに類比した鹿児島県の屋久島の岳参りは、その習俗としての体系全体が共通している。各集落の若者組が屋久島山頂の栗生岳《くりおだけ》、宮之浦岳、永田岳の三岳に参り、シャクナゲの枝を持ち帰る行事であるが(屋久町誌編纂委員会編『屋久町誌』屋久町・昭和三十九年三月)、天保十四年(一八四三)編の鹿児島藩の地誌『三国名勝図会』巻五十「屋久島」の条をみると、島民が三岳に参るのは八、九月であり、宮之浦岳と永田岳では山頂の巨石を「笠石」と呼び、栗生岳にも山頂に平石があるという。生石ヶ峰と共通する山岳信仰の形態である。岳参りが若者組の主宰であったことは、旧清水町あたりで風除けに立てる杖が成人儀礼でもある大峰山参詣のときに用いるものであったことと、一致した基盤をみせている。

紀美野町の生石参りが盆が終わるころというのは、暦書にいう二百十日、二百二十日のころということであろう。台風の害を注意する日というが、それに当たる九月一日、十一日ごろは、かならずしも台風の集中時期ではない。旧暦八月朔日の八朔など、一般に祓えの行事が多い季節で、古く『日本書紀』天武天皇五年(六七六)には八月十六日に全国的な大祓えを行った記録がある。琉球諸島の沖縄本島北部の村で盆あけの亥の日に行うシヌグは、山に籠った若者が木の枝を持って村に下り、村のけがれを祓ってまわる行事である。これは生石参りや岳参りにきわめて近い性格を備えている。久高島《くだかじま》では八月十二日に、村の男たちが参加するティーラーガーミ(太陽神)という祓えの行事がある。かつて日本の社会では秋分を目途に祓えの神事があり、それが歳時習俗のもっとも重い折り目であったと私はみている。

そういうたいせつな行事であるだけに、その舞台の生石神社の境内や周囲には、不思議な言い伝えもある。たとえば神社の近くには洞窟や天狗岩と呼ばれる岩があり、明治時代の初めまではたくさんの天狗が住んでいたという。天狗の怪談もある。明治のころ境川の大工が生石神社に泊りこんで仕事をしていると、夜になると天狗がコツンコツンと大工のまねをしたという。神社の下近くにあった池には、天女が降って来たという伝えもある。狩人に羽衣を隠されて天に昇れなくなった天女は、池のずっと下にあった楠の根元を住家にして狩人の妻になる。子孫が栄えて村になり、楠本村と呼ばれる。天女は羽衣を返してもらって天に帰るが、村人は天女を弁財天女、狩人を生石神社の白髪明神とまつる。楠は年々大きくなり巨大な影を落として作物が稔らなくなり、村人は切り倒す。白髪明神は高野明神（狩場明神）であったとする。長峰山脈の尾根を通り、高野山の信仰が生きている。

生石ヶ峰は、かつて紀伊国の那賀《なが》・在田《ありだ》・名草《なぐさ》三郡の境界の接点であった。川の流れが集落を統合すれば、分水嶺の頂点は大きな境界の標識になる。生石ヶ峰はその独特の地形が、地域分割の指標にもなったのであろう。つまりは地域統合の焦点である。屋久島の三峰にも相当する山頂の巨石の神とは、人間と地勢とのかかわりを表わす象徴である。そこが麓の村々の信仰の拠点になっていたことは、大自然と人間とのかかわりを考える上で、きわめて重要な事実である。生石神社の本殿西側の自然林に、樫の巨木がある。地上約二mのところで幹が六本に分かれていたが現在は三本で、二本は風損か枯死した形跡がある。胸高の幹の周囲は五・四五mで、樹冠はおよそ二〇m四方に広がり、樹勢はきわめて旺盛である。紀美野町で生石参りのときに生石神社にある樫の大木から枝を切って来たというのは、この木かその仲間の木からであろう。この樫の古木は、生石参りの歴史の古さを保障しているようにみえる。

生石ヶ峰という地名は、古くいわゆる「御《お》手《て》印《いん》縁起」の注釈文書にみえている。「四方の高山」のうち「西の高山、応神山」に注して「謂ふこころは神野山、神匂谷および生石峰これなり」（以上、書き下し）とある。その「金剛峯寺根本縁起《こんぽんえんぎ》　後醍醐《ごだいご》天皇《てんのう》御手《おて》印《いん》並《ならびに》御《ご》跋《ばつ》」の日付は建武二年（一三三五）十二月二日である。「生石峰」の記述はそれ以前にさかのぼることは疑いないが、時代を特定することはむずかしい。しかしその段階で境域を示す山として「生石峰」が明記されていることは、やはり生石ヶ峰の重要性を知る上でたいせつなことである。「御手印縁起」は後世の荘園文書にも引用されており、その文字には無視できない意味と、その土地の事実があったにちがいない。三箇荘でいえば、生石ヶ峰の存在意義である。

（『高野山文書研究』第三冊）

紀名手荘（和歌山県）

一、水無川の激流

紀の川市には、平成十七年七月作成の『紀の川市管内図』（五万分の一）がある。山地・水系・道路などを色分けした彩色図で、北側に続く葛城山地（和泉山脈）から、その裾を東から西に流れる紀の川（吉野川）に至る台地上には、一面に水玉模様が広がっている。それが紀の川北岸一帯に数多く点在する、灌漑用の貯水池である。この地域の農業には、人工的な用水を確保することが必須条件であると、一般に信じられている。そのためには、さまざまな努力がなされた。これらの用水池の権利関係がどうなっているかも、現代なおさまざまな問題があって、その池の所有者がどこかなど、公示しにくいという。用水をめぐる複雑な歴史がしのばれる。名手荘《なてのしょう》では、そういう自然環境の中で人々は生きてきた。

柳田國男の『高野山文書研究』第四冊は、その名手荘の文書を読んだ「名手荘記事」である。明治四十年一月三十一日に、上・中・下三冊に製本してあったものを、一冊に合本している。本文は、例によって東京帝國大学編刊『大日本古文書』家わけ第一『高野山文書之一』（明治三十七年六月）から『高野

山文書之七』（明治三十九年十一月）までに収めた文書から名手荘関係の分を抜き出し、日付けを追って配列し、文書の本文を書き下して寸評を記している。他の荘と同じく、「名手荘記事」も、地理の案内に始まる。まず九世紀の実情を反映するという『和名類聚抄』の郡郷を紹介する。高山寺本に準拠していえば、紀伊国には伊都《いと》・那賀《なが》・名草《なぐさ》・海部《あま》・在田《ありだ》・日高《ひだか》・牟婁《むろ》の諸郡がある。この配列は、紀の川の上流から河口に至り、半島の西岸を南に下る道筋に沿う。郷名は、石手・橋門・那賀・荒川［アラカハ］・山崎・植崎［羽佐木］とある。『那賀町史』は、郷名は、紀の川の北岸と南岸を交互に記し、流れを下っているとみる。「石手」は当然「名手」の誤りになる。紀の川市に合併する前の那賀町から粉河町の長田地区までを含む地域で、中世の名手荘・粉河荘・さらに東屋荘に相当するかとみる。

　この名手荘の初見は、康平七年（一〇六四）である。この地を相伝していた藤原頼貞《ふじわらのよりさだ》が京都の石清水八幡宮に寄進することで成立、延久四年（一〇七二）に荘園整理令で停止されるが、嘉承二年（一一〇七）に高野山領として再建されたとする。この間のいきさつは、延久四年九月五日付の石清水八幡宮護国寺にあてた「太政官牒」（石清水田中家文書）にみえる。これは後三条天皇が発した延久の荘園整理令の実施を示す文書として著名な史料である。それによると、石清水八幡宮領の荘園三十四箇所のうち十三箇所が停止され、名手荘もその中に入っていた。その「名手荘」の条に康平七年十一月の「国符」が引かれている。石清水八幡の宮寺の七月七日の牒状にみえる藤原頼貞の寄文《よせぶみ》に、「件の処、寄宿の公民なく、所在の田畠すでに荒蕪となり、頼貞相伝の所領といへども私力なきにより、耕作すること能はず。よつて寄せたてまつる」とある。頼貞の言い分によれば、寄進はいわば田畠の耕作放棄であり、要は寛徳二年（一〇四五）以後の立荘であるため、停止を命じられている。

その後の高野山領の名手荘の立荘は、嘉承二年正月二十五日付である。「那賀郡河北名手村」を対象とする。それは、古来の那賀郡の紀の川の北にある名手村をさすにちがいない。この文書では、前年の注文にいうとして、伊都・那河の二郡では、公地として残る村は一二であるとする。名手村も当然、公地の時代の一村であろう。そうすると、九世紀の名手郷の本郷に相当する名手里の伝統を引き継いでいるのかもしれない。その名手荘の四至をみると、東は静河西岸、西は無水河、南は吉野河北岸、北は横峯とある。静河はいまの穴伏川、無水河は水無河で名手川のこと。吉野川は紀の川、横峯は国境の葛城山地、和泉山脈である。河川と山脈が境であるから、この規定で四至は安定しているかにみえる。

しかしこの名手荘の四至の記事をみて気になることがある。静河も吉野川も境界になる川の岸の左右が明記されているのに、無水河にはそれがない。故意なのかどうかに、私は興味を感じる。静河が元来、伊都郡と那賀郡との郡界であってみると、無水河の方はかつての名手郷の郷内の境にすぎなかったためのようにもおもえる。粉河寺領、すなわち粉河荘成立を示す根本官符とみられている正暦五年（九九四）十二月二十八日付の「太政官符」には、粉河寺所領鎌垣東西村の四至がみえる。鎌垣は粉河の古称である。鎌垣東西村は、最初に「那賀郡名手郷にあり」とあって、四至を記している。まず東の境は、水無河である。名手荘との荘界になる。北は名手荘と同じく横峯であるが、南は大河の南にある山峯を限るという。その山は、紀の川の南岸にある竜門山とみる。名手郷は紀の川を越えて南におよんでいたことになる。西の境は「風社」と「門河」とある。それぞれ粉河町島の風市《かざし》神社と松井川とする。名手村から鎌垣東西村あたりまでが、『和名類聚抄』時代の名手郷であったと推定できる。これでみるとまさに水無河は、名手郷を名手村と鎌垣東西村に分ける、郷の中の小さな境であった。

仁治元年（一二四〇）の記録に登場する名手荘と粉河荘丹生屋《にゅうのや》村のあいだの水無川をめぐる用水相論は、日本の中世における代表的な事例といわれる。山陰加春夫《やまかげかずお》編『きのくに荘園の世界』でも、「粉河荘東村」は独立した荘園として章立てをしながら、「名手荘」については「特論」として、「名手荘と丹生屋村の用水相論」というかたちで扱っている。柳田國男もこの「名手荘記事」で、この相論を重視してそれに関する文書を集約している。どちらも仁治二年七月付で「金剛峯寺衆徒陳状案」とある二通の文書、№30～35（四巻一一一四号）と№36～41（四巻一一一五号）とともに、「年不詳」の同見出しの文書、№42～46（四巻一一一三号）を合わせ取りあげて、№42の最初の部分で次のように述べている。

此ノ文書ハ後年ノ訴訟ノ為ニ認メシモノカトモ思ハルレド、仁治二年ノ事情ヲ知ルニ便アレバ、次テカ、グ。粉河ノ訴状ノ内容ハ、以上三ノ文書ニテ略明ニナレリ。

と、この三点の文書の意義をまとめている。

この仁治元年から二百年余りも続いたという名手荘と粉河荘丹生屋村の相論は、本質は灌漑用水を確保するための争いであるが、その初期における議論のねらいは、水無河がどちらの荘に属するかという点にあった。四巻一一三号文書は、「金剛峯寺与粉河寺庄堺相論事」と題している。名手村の西の境も鎌垣東西村の東の境も、ただ水無河・無水河とあるだけで、左岸とも右岸とも指定がなかった。それが問題になっている。この点に関して四巻『又続宝簡集』（二十）一一四号文書は、次のように述べている。柳田國男の書き下しで示しておこう（No.31）。

嘉承二年正月、牓示ヲ打チ四至ヲ堺シ所被立券庄号也。彼ノ庄号ノ時、嘉承ノ官符ニ偁ク、「限西水無河西岸文」ト。然ラバ則チ水無河ハ名手庄領タルノ条、官符ノ旨既ニ以テ明鏡ナリ。粉河寺ニ備フル所ノ正暦・延久両度ノ官符ニハ倶ニ以テ「限東水無河文」トアリ。是即チ嘉承官符ニ堺スル所、西岸ノ牓示ト符合スルナリ。所以如何トナラバ、正暦・延久ノ官符宣下ノ後数十年ヲ経テ、嘉承ノ官符ガ水無河ノ西岸ヲ堺スルノ時、粉河寺一言モ濫訴致サズ、片時モ亦異論ナシ、已ニ百五十余年ヲ送リ畢ヌ。

この金剛峯寺の衆徒の言い分の要点は、嘉承二年（一一〇七）正月の名手荘の立券文書には、西を限るのは水無河の西岸であるというにある。しかし柳田國男も注に指摘するように、嘉承の官符（四巻『又続宝簡集』〈二十〉一一一号）には、

西ヲ限ルハ水無河トノミアリテ西岸トハ無シ。（No.34）

である。そのあとは柳田國男が「（限東静河西岸）」と付記するのは、「東ヲ限ルハ静河ノ西岸」とある「西岸」との混同かという趣意かもしれない。いずれにせよ、粉河寺にある正暦五年（九九四）の官符には「東ヲ限ルハ水無河」とあって嘉承二年の官符に「西岸」とするのと符合するという主張は、まったく正しくない。現在知ることができるもっとも確かな典拠に、名手荘側も粉河荘側も、その境界には「水無河」と川の名だけを書いているのをみると、もともと一つの名手郷の中の二つの村の間を流れる川で、双方の村で利用する慣習が確立していたためではないかとおもいたくなる。

もう一つの論点は、水無河の上流にある椎尾山の帰属である。高野山側の主張はこうである（No.32）。

丹生屋ハ粉河寺ノ領、水無河以西ノ村ナリ。椎尾山ハ名手庄ノ内、水無河以東ノ山ナリ。件ノ椎尾ハ東西両方共ニ谷河アリ。東ハ小谷小河、西ハ大谷大河ナリ。延久ノ官符ニ載スル所ノ「水無河尋流」ハ椎尾以西ノ大谷是ナリ。両方共ニ源ニ於テハ水無河ノ名無シ。下流ニ至リテ其名アリ。就中彼ノ大谷以東ノ椎尾ヲ以テ香御薗ト号シ、名手ノ庄ノ領トシテ異論無キノ條、之ヲ以テ第一ノ証験ト為ス。其上庄号ノ昔ヨリ当時ニ至ル迄、件ノ椎尾山ノ課役トシテ、大塔五仏ノ供香ニ備フ、仍テ土俗之ヲ呼テ香御薗ト称ス。

その説明は、いとも明解である。丹生屋は粉河寺領で、水無河より西の村である。椎尾山は名手庄の内で、水無河より東の山である。この椎尾山は、東西に谷河がある。東は小谷小河、西は大谷大河である。双方ともに、源では水無河の名はない。それは下流での呼び名である。大谷より東の椎尾を「香御薗」と号し、嘉承二年の立券の当初から現在まで、この椎尾山の課役として、大塔五仏の供香にそなえる。それで荘民はこれを香御薗と呼ぶとある。文中に「延久ノ官符」に「水無河」が見えているとあるが、それが延久四年（一〇七二）の官符を指すとすれば、正しくない。川をめぐる境界争いでは、粉河寺側では当然椎尾山は自分の領内であるというにちがいない。建長二年（一二五〇）十二月二日付の裁決の官宣旨（一巻『宝簡集』〈三十〉三九六号、№70〜）では、水無河はどちらにも属さぬ公領となり、椎尾山は東谷が境界とされて粉河寺側に属することになっている。しかし史料を読んでいると、当時の荘園の権限や村の機能は、もっときめこまかく観察しなければならないのではないかと感じる。

柳田國男はこの文書の見出しに「〇粉河ノ勝訴」とつけている。名手荘の香御薗の主張さえ、椎尾山を領有するいわれをみないと否定された（№75・76）。しかし柳田國男は、「根本大塔香納帳等注進状案」（四巻『又続宝簡集』〈二十〉一一六号、№25〜27）をくわしく分析して、名手荘の人々の生活の跡をえがいている。それは「注進　高野山根本大塔香納帳幷返抄案文日記」で、嘉禄二年六月晦日付の「納　名手御庄香日記」や「貞永元年（一二三二）名手御庄香納日記」などを抄出する。そこには香を納めた「名」の称えが「是延名」のように記されているが、そこにある人名が建保二年（一二一四）二月二日付の「名手庄庄官等言上書案」（四巻『又続宝簡集』〈二十〉一一二号、№13・14）にも見えることから、主題となる「香御薗切山事」では、「切山」とは山を開き畠にすること、「香御薗」とは香の料を供すべき薗地のこと、「水上五十余町」とは切山の場所で、おそらくは荘の西の境である水無河の上流の山であろうとする。すなわち椎尾山になる。「香納帳」についても、建保二年に免許を受けて開墾した水上の香御薗の年貢であろうとする。「名」も開墾に従事し、請文《うけぶみ》を出した人が引請けた開墾地に自分の名をつけて、「──名」と称していたのであろうとみる。「名」という中世の土地制度の用語の性格を明らかにするかたちで、百姓の生活をいきいきと写している。

この水無河の境界争いには、琳宗などという人物がからんでいた。古く承安二年（一一七二）には、粉河寺は金剛峯寺に対して、名手荘の人々が粉河荘の住人である僧琳宗や源頼忠に加担することを禁止してほしいと要請している。二人は粉河寺の衆徒の命にそむいて合戦を企てた悪人であるという（那賀町・九五・五一一頁）。仁治二年（一二四一）の文書では椎尾山の地主を称していることもみえる（四巻一一五頁）。椎尾山は本来は入会山であったろうという。本質的にはそのとおりであろう。村の次元で見れば、用水も長い歴史につちかわれた利用法があったにちがいない。川の利用については、小山晴憲や服部英雄の現地に即した研究がある。それらを総合して村落社会とのかかわりで、あらためて考えてみたいものである。そのときにも、地域の水争いの文書が役に立つにちがいない。地道な百姓の精神がみえてくるとうれしい。平成二十七年三月十九日に名手川を尋ねたときには、前日から雨が続いていて、山寄りの名手川には、ごうごうと音を立てて流れる水が、激しい谷川のおもかげを見せていた。流れも速くて、この地では川の水は貯めて利用しなければならなかったこともよくわかった。地元の研究者、増田博の言葉をかりると、名手川は川底が浅く、川幅もせまいので水量は少なく、水無川と呼ばれてきたという。私の見たような名手川が、この地の人々の暮らしを支えてきたのであろう。

二、村の命を育てる力

「名手荘と丹生屋村の用水相論」を執筆している稲葉《いなば》継陽《つぐはる》は、そうした争いの母胎になっている荘園を論じながら、その土台にある村に注目している。それは人が生活の基盤としている村から歴史を見る立場からいえば、きわめて重要なことである。そこで稲葉継陽は中世の村の特質として、三つのことをあげる。第一は、山野や川・海を村の強い規制のもとに共同用益していること、第二に、村の成人男子が武装していること。第三に、もし山野や川・海が近隣の村によって侵されたならば、村として団結して実力行使で自分たちの権利を回復することであるという。この名手荘と粉河荘丹生屋村との相論は、そういう闘う村の一例である。相論とは、ただ文書などで主張しあうのではなく、武力で戦うことでもあった。

そうした武力を持った相論の方法の根底に、日本の村落社会のどのような伝統がはたらいているのかを、一つ一つの事例をたどりながら、考えてみたい。おそらくそれは、村に備わった古来の制度の中世的な表現ではなかったかと思う。たとえばまず、この四巻『又続宝簡集』(二十)一一三号文書でみてみよう。第一点は、椎尾山の帰属である。仁治二年(一二四一)五月のころの粉河寺の解状に、椎尾山は名手荘ではないのに地主の琳宗が制止を加えて鉞《まさかり》や斧《おの》を奪ったというが、金剛峯寺はこれに反駁して、地主の琳宗が制止を加えて鉞を取るとは、古老を尋ねてみるに、もってのほかの僻《ひが》ごとであるというとする(№42)。またかの解状に、名手荘の荘官たちが甲冑をつけ弓箭《きゅうせん》を持ってその畑に作る麦を刈り取ったというが、甲冑の軍勢ということは、いつわりの言い分だと金剛峯寺はいっている（№43）。

また同じく仁治二年六月二十七日の事件にも触れている。粉河寺の僧徒が数十人、兵具を持って百姓を引率して名手荘の一と二の井口に行き向かい、二つの井を落として、ともに樋をこわして溝を埋め、水がまったく通らないようにした。しかも井口を守護したので、翌二十八日に名手の荘民がその井口に向かったため、たがいに狼藉におよんだが、それは粉河寺の僧徒や丹生屋の百姓が前日に起こした争いで、双方の言い分は明瞭であるとある。荘園領主方の荘官や僧徒の武装といい、灌漑施設の破壊といい、どちらの主張が真実かは充分に考慮してみる必要もあるが、当時そういうことが起こり得ると思われていたことは確かであろう。つまり荘園同士の武力闘争である。

個人的な武闘を認めない近代の法理念には反するが、それが現実に起こる社会であったことが、日本の歴史を考える上でたいせつである。ただ単に荘官や僧徒が武装していたというだけではなく、村の中にもそれに加わる力があったことに目をそそぐ必要がある。稲葉継陽は、村には鍛冶の技術が必要な山道具や農具があることに着目し、村の武装態勢が若者を中心にしていることを指摘し、腰刀が自立した成人の証であったことに触れている。武力というものが、村の次元でどのような意義を持っていたかを考えてみなければならない。

平安時代の武家の台頭は、荘園の自己防衛の武力の拡大であるといわれている。この名手荘や粉河荘の抗争も、つまりは荘園が備える戦う力の表現である。いくつかの村が連合する荘園では、一つ一つの村が持つ軍防の制度を大きく統合して発揮できる。上代の律令制では、「軍防令《ぐんぼうりょう》」に兵事の規定があった。『養老令』ではその第三条に兵士の徴発のことがみえる。「それ点《さ》して軍《ぐん》に入るべくは、同戸の内に、三丁毎《ごと》に一丁を取れ」という。一戸の正丁（二十一歳以上六十歳以下の男子）のうち、三丁ごとに一丁をとることになる。本貫の近くにある軍団に配属させる。大宝二年（七〇二）の「御濃国山方郡三井田里戸籍」には十九歳・二十歳など少丁（中男）の兵士もみえている。そうした成年男子を兵士にする社会制度が、当時の村やその後の村のありかたとどうかかわっているかが興味深い。

そこで目をひくのが、「軍防令」にいう、兵士が備えなければならない「戎具《にゅうぐ》」の種類である。人ごとにでは、弓・弓弦《ゆづる》袋・副弦《そえつる》・征箭《そや》・胡簶《やなぐい》・大刀《たち》・刀子《かたな》など武器らしいものがあげられているが、十人一組の「火《か》」ごとには、鍬《くわ》・剉碓《くさきり》・斧・小斧《こおの》・鑿《のみ》・鎌・鉗《かなはし》があり、五十人ごとには手鋸《のこぎり》もある。これらは兵士が作業をするときの用具にもみえるが、武器にもなりかねない。ちょうど名手荘と丹生屋村の争いで、相手方が実力行使した方の鉞・斧や鍬・腰刀などを奪ったという品目と共通していることが気になる。それらは一見生活用具であるが、相論の中で用いればただの山道具や農具ではなく、「戎具」にもなる品々であった。この律令制のカタチがもともとの村にもあり、荘園制の時代まで生きていた可能性もある。

いわゆる文字のない社会の民族誌では、「戦争」と「武器」という項目は、必須なものになる。その部族の存立を保障する文化である。荘園時代の相論をみるまでもなく、日本の社会でも、そういう場合に対応する制度が村の中にあったはずである。それが村の生活を平穏にする力であった。しかしいち早くそうした私的な闘争が禁止され、それを鎮める役割りを公権力が荷うようになった日本では、民俗学でもそうした事項に触れることはあまりない。ただ荘園文書に現われる抗争をみていると、村落社会の体系の中で、「戦い」というものがどのように組織化されていたのかを、あらためて考えてみる必要があることを感じる。律令制における兵士と戎器は、大きな公の制度のためのものであるが、兵士は村の次元から徴発された成年男子であり、戎器も村の暮らしと深くかかわっている用具類である。「軍事」を村の次元で考えることは、日本の社会における武家の意味を知るためにも、見過ごすことのできない課題である。

日本の村には年齢階梯制の一段階として、若者組があった。村は家が構成する同族組織からなり、個人は村の生活では、年齢順に組みこまれる年齢集団に属した。若者組は一人前の村人を育て、村を支える世代の組織であったといってよい。村の兵士に相当する年代といえば、この若者組である。稲葉継陽がみた、若者を中心にした荘園の村の武装態勢のそれである。日本の村には、そういう力を生み出す伝統があったにちがいない。若者組では、家庭を離れ、仲間だけの合宿生活をして、村人として生きるための厳しい訓練を行なっていたことが知られている。現代でもときとして、過激な仕打ちで死に至った人のことが報道されることがある。荘園村落での実力行使などをみると、そうした若者組の任務は、この時代以前から続いていたとおもえてくる。「名手荘記事」は、そうした日本の村を探究するための貴重な史料でもある。

名手荘の相論といえば、その時代の社会の実相をさぐるための好個の課題である。しかしそうした時代の動きとともに、その時代を支えた村の人々の背後にある、社会の質にも目を向けてみたい。村人を生み出した村を築いた伝統がどのようなものであったか、その根源に向けての探求である。村は村人のものであった。相論の基底にあるものをじっくりと考えてみたい。柳田國男が「名手荘記事」でなにを学ぼうとしたか、深くおもんばかってみなければならない。それはそこに記された文字を通して、生きた人間の姿を求め、その背後にどのような大きな歴史が埋もれているかを明らかにしようとしている。それは人間が、いかに大地とじかに調和しながら生きてきたかの探求である。その中での戎器の使用といえば、村の組織の問題である。それは、武家の成立が村の若者組の拡大にあることを示唆している。

柳田國男は「名手荘記事」でも、複雑な経済や政治の文書が並ぶ中から、たんたんと、村人の生活のカタチを拾い出している。最初から見てみよう。No.2、『又続宝簡集』（二十）一一一号文書、例の嘉承二年（一一〇七）正月二十五日付の官宣旨では、まず冒頭にある、

那賀郡河北字名手村ノ田畠ノ地利ヲ以テ

に注目する。那賀郡の名手村が紀の川の北にあることを示す「河北」の語が入っている。地名の表現法への関心である。「田畠ノ地利」は、「大塔ノ仏聖燈油料ニ宛ツベキ」はその「地利」であるという指摘である。文書の後文にも、「件ノ村ノ田畠ノ地利ヲ以テ彼ノ科ニ宛ツベシ」とある。「田畠ノ地利」以外のことはどうなるかも気にかかる。

その「田畠」の面積は、文書に明記されている。「田」四十一町一段三十歩、「見作」三町一段三十歩、「荒田」八町、「田代」三十町、「畠」八十二町二段、「見作」十二町二段、「荒畠」十町、「畠代」六十町とある。「見作」「荒—」「—代」とみごとに並んでいて、「田」「畠」の利用法が歴然とわかる。それに注して、柳田國男は、

田代、畠代、其意味是ニテ明ナリ。ツマリ「墾地」ナリ。

という。「見作」は「現作」で耕作地、「荒―」は耕作放棄地、「―代」は開墾すれば田畠になる土地である。その面積の数字も、土地の利用度に合っている。「田」「畠」が反歩までくわしいのは、農地一枚一枚の数字が具体的であるからにちがいない。「荒―」や「―代」が町単位であるのは、概数を記しているためであろう。

柳田國男はちょうどこの一連の『高野山文書研究』をまとめていた時期に地名の研究に深入りして、「地名雑考」などと題して日本歴史地理学会の雑誌『歴史地理』第十五巻第二号（明治四十三年二月）以下に、多くの地名研究の論考を執筆している。それはその後も続いて、自分自身がかかわった民俗学の雑誌などにもいくつかの論考を発表している。そうした研究はその後、地理学者で民俗学にもすぐれた見識を示した山口貞夫の編集で『地名の研究』（古今書院・昭和十一年一月）として一冊にまとめられているが、この「田代」の語義については、『郷土研究』第二巻第十二号（郷土研究社・大正四年二月）に掲載の「田代と軽井沢」で触れている。筆者名は、安東危西《あんどうきせい》となっている。

そこで取りあげられているのは、天平十九年（七四七）成立の『大安寺伽藍縁起幷流記資財帳』である。天武天皇が歳次癸酉（六七三年）に賜った「墾田地」の記事で、伊勢国でいえば、員弁郡宿野原伍百町で、開田卅町、未開田代四百七十町のように、「開田」と「未開田代」を並べている。柳田國男はこの「墾田地」の条に続く「今請墾田地」の条から引くが、たとえば三重郡赤松原百町で、開八町、未開田代九十二町とあって、用法は同じである。「この未開田代はやがては田代と云ふ地名の起源であらうと思ふ」

という。また『国史大系』に収められた『続左丞抄』に収める建久六年（一一九五）の若狭の国富保《くにとみのほ》の文書に、田三十四町一反余の内訳に、見作二十五町三段余、田代八町八段余とあって、そのあとに同じ数字を再記して、「見作田何程荒何程」とある。耕作している田がどれだけか、荒れている田がどれだけかということで、田代は「開けば水田に成るべき地のことと考えられる」とする。「田代と軽井沢」には、直接は『高野山文書研究』の成果は見えていないが、事例としてはきわめてわかりやすい「田代」の用例である。この研究はことさらに紹介されたこともないが、柳田國男の学問にとって、多くの栄養になっているにちがいない。この田代論の史料に目が向いたのも、この文書を読んだときの体験が生きているようにおもえる。

この四巻の一一一号文書には、最後の部分には、金剛峯寺への仏聖燈油料になる「田畠ノ地利」と関連して「但シ」書きがある。

> 但シ毎年国司検注シ所当ヲ計リ用ヰヨテヘリ。同ジク国司ニ下知シ既ニ畢ヌ。寺宜シク承知スベシ、
> 宣ニ依テ之ヲ行ヘ

とある。ここであらためて、荘園制というものが国家の地方行政の形として存在したことを認識する。柳田國男はこの部分にも、注記をほどこしている。

△国司検注ノコト

一定ノ所当ヲ収入スル権ノミハ寺家ニ与へ、
下地進退ノ権ハマタ国司ニ在ルナルカ。

これによれば、国司が算定した所当を寺家に収める制度で、その趣意を国司にも寺家にも確認する文言である。相論もその判断は最終的には国家機関であり、人・家・村・荘園と重なる社会が、国家の制度の中で、どのように人間の尊厳を守って機能するかが、問題であった。

現在はすべて過去の集積である。現代を知るには、一つ前の時代が参考になると同時に、さらに多くの昔を知ることは有益にちがいない。「田代」一つにも、柳田國男は『高野山文書』と同時期の文献を引いて幅を持たせ、さらに七世紀の天武天皇時代が想起できる事例をあげた。記録でたどる以上は、これより古いことに出会うことはむずかしい。日本の社会の根底をなす村の軍防のありかたも、そうした過去の事例から読み解かなければならない。荘園時代のむたいともおもえる人々の闘争が、正常なのか異常なのか、またそれを生む社会の機構はどうなのか、静かな日常を求めるわれわれには、痛切な課題にみえる。『万葉集』などが伝える東国の「防人《さきもり》」が、大和政権以前、各地の豪族の国造《くにのみやつこ》に属した時代も推測してみたい。

文献に見える上代の「防人」が多く東国出身で、武家の地盤が東国であったと聞けば、武の力の背景が東日本にあったかと、だれもが思うにちがいない。埼玉県行田市にある埼玉古墳群の古墳の一つ稲荷山古墳から出土した刀剣が、その銘から、上祖オホヒコから累代、大王の近衛兵の長である杖刀人首《たちはきのおびと》としてつかえた八代目のヲワケの臣《おみ》が、シキの宮にあって天下をたすけ治めた事績を記すために作ったものであるとわかった。紀年には「辛亥」とあり、四七一年かと推断できる。大王のワカタケルは、『古事記』がいう、長谷《はつせ》の朝倉《あさくら》宮を宮殿とした大長谷若建《おおはつせのわかたける》の命とみてよかろう。ヲワケの臣は、武をもって大王を支える北武蔵の豪族であった。武力で古代史に名を残す安倍氏も、陸奥の「奥六郡」を支配する大族長であった。東国から道奥にかけて、兵士を育てる風土があったかにみえる。

その村落基盤をうかがうには、村人のための村を求めて、上代社会の民俗学を組み立ててみることになる。荘園文書は、その前段を築くかっこうの史料でなければならない。村には命があり、その命を守り育てる力が村に活力を生みだしていたはずである。若者組に相当する組織は、日本の社会には、もと男にも女にもあった。根の深い制度である。防人の伝統を持つ東国の荘園を支配する武士が、国造の時代以来の村の若者組の力を生かして領外の地域を攻めたのが、武家であったかもしれない。それは村の拡大であり、家の拡大であった。諏訪氏や阿蘇氏では、神社の組織から時代の要請にしたがって武家が生まれたのであろう。武家の統領とは、地域社会を統率する家であったにちがいない。

三、旅の記録

解題「中世の村への旅」も第四「名手荘」になり、紀伊半島北部への旅が重なって、その風土を尋ねるあこがれもますます深まった。

平成二十七年三月には、五日間ほどずつ二回の日程でくわしく歩いた。この度の案内も、紀の川市歴史民俗資料館の主任、山田知さんである。自家用車をご自分で運転してのご協力である。

十日は和歌山駅前のホテルで迎えていただき、有田川町に向かう。途中生石《おいし》高原に寄り、生石神社に参る。レストハウス「山の家おいし」では、生石山の大草原保存会の西川泰寿さんにお目にかかり、自然や遺跡のくわしい説明を聞く。清水の町に出て今日明日の泊り、旅館清心館に着く。すぐに立って、二沢久雄さんや林照雄さんに昨年教わった知識をたよりに、上湯川の小松為成家を尋ねる。雪が降りしきる天気で、自動車道路から細い道を通って、山を上った小松家のあたりは、雪が積もり始めていた。

小松家は、平維盛《たいらのこれもり》の子孫と伝え、上湯川村に三百町歩の土地を持っていた日光権現の主であった。寛政四年（一七九二）の『寺社覚帳』に、日光権現は阿弖川《あてがわ》荘から下流の石垣村白岩までが敷地で、応永年中（一三九四―一四二八）に失火で衰退するが、七堂伽藍の霊場であったとある。その日光権現の様子を描いたといわれる絵図が、小松家に伝来した「日光曼荼羅」である。現在は軸装され、和歌山県立博物館に寄託されている。

上湯川村のもっとも高い場所に屋敷を構えているといわれる小松家は、山上の尾根の平地に位置し、裏に山を背負い、前面には広々とした土地を見下す。屋敷のすぐ下には水田を開き農地が続く。一帯は山に囲われた広い世界に見える。降りしきる雪にかすんではいるが、明るい南斜面である。古い山間の村の豊かさを感じさせる風景である。維盛が土着して開いた村であるというが、それはいわば中興で、江戸時代初期まで鹿皮五十枚が年貢であったとすれば、古代から続く狩猟民の村であったかもしれない。

一年前、林照雄さんが道路が修理中で入れないからと、小松家が見えるところまで案内してくださったときの印象そのままであった。そこは山伝いの東側の高い山の中腹で、小松家がはるかに眼下に展望できる位置であった。南からの明るい日ざしが薄くかすむように当たっている、いかにも山懐ののどかな日だまりの村に見えた。この地形は、山の中に安住の地を定めるのに、もっともふさわしい場所におもえた。今日は逆に、小松家からその見晴らしのきく道の一点を見ている。そこは、大きな山の中腹を切り開いた道が山のひだをぬって、南から北に折れ曲がる角にあたる。

小松家では御当代の小松為成さんにお目にかかり、仏壇にまつられている維盛公の木像も拝んだ。為成さんは、維盛から数えて三十二代目と伝える。「日光曼荼羅」は、県立博物館に自分が電話をしておくから見てくださいという。代々の墓地のある薬王院への山道も登りかけたが、雪がどんどん積もってくるので途中から引き返した。それでも、山人の村の史実に大きく近づいた思いであった。

十一日には、三箇荘の資料を集めるために紀美野町役場を訪問。教育委員会の浦明裕主幹にお目にかかり、『美里町誌』『野上町史』を受贈。三箇荘の地誌を確認するために、真国川沿いから貴志川沿いをまわる。野上八幡宮から釜滝薬師、甌穴《おうけつ》、丹生神社、真国丹生神社、穴の妙見に至る。穴の妙見が、円明寺の村の宮座制で維持されていることを知る。カヤの木の善福寺を経て、国道三七〇号に出る。長谷丹生神社、丹生狩場神社から熊野神社を経て、美里の湯かじか荘で昼食。

神野市場では十三神社にまわり、野中の松本好史さんを訪ねる。生石参りのとき、生石神社で唱える言葉があるという。「般若心経」の「前経」というのを唱える。神さまには一回でよい。その本文は本にあるといって『真言宗おつとめ本』を見せてくれた。昭和十年十月十五日発行、昭和四十九年一月二十日重版とある。大八木興文堂の発行である。いまは手に入らない貴重な本であるという。村の生活には、こういう形で仏教教義などを根幹にすえた教義書の類が生きていた実例である。村の信仰史は、一方では体系宗教の民衆化の歴史でもあった。

この日、高野山にも参詣した。有田川の谷が深くなるあたりから、雪がはげしくなった。道が山肌を刻んで走るあたりで、自動車のタイヤにチェーンを装着する。眼下の深い谷川の両岸の石には、まっ白に雪が積もっている。高野の谷の雪景色である。山道を登りつめ、大門に着く。雪はさらさらと降っている。大門の屋根は、みごとな雪化粧である。車を降りて壇上伽藍をめぐる。雪をまとった山王院（拝殿）・御社《みやしろ》（山王院本殿）を拝む。空海が伽藍開創にあたって鎮守として勧請した、丹生明神と高野明神である。本社は、麓に鎮座する。大門の前に、町石道の入口の標石が立っているのを確認する。

高野山と、大和の野迫川《のせがわ》村の荒神ヶ岳の荒神さまには、一方だけに参るカタマイリをしてはならないという地元の言い伝えを守って、荒神社にも参詣する。標高一二六〇mという山頂からは、二〇〇〇mになんなんとする大峰山系の山々が展望できる。一般には、「タテリの荒神さま」と称して親しまれている。山頂の三角点のあるところを「古荒神《ふるこうじん》」と呼び、そこがもともとの神の地という。火を守る神として信仰され、荒神信仰の最古の拠点という。

この社の縁起によると、高野山を開くときに、壇場地鎮にあたり、伽藍完成・密教守護を祈願して、板に三宝荒神を描き「古荒神」の地に祀り、壇上の鬼門にも荒神を勧請して高野山の大伽藍が成ったと伝える。明治初年までは宝積《ほうしゃく》院と称し、高野山地蔵院末であったが、廃仏毀釈により宝積院を廃し、荒神社と称するに至った。高野山金剛峯寺を守護する霊山で、カタマイリを忌むわけもよくわかる。高野山では、山田知さんご縁の丹下博夫さんの「珠数屋佳兵衛」で、昼食を馳走になる。

高野山を下って麓の天野に向かう。丹生都比売神社に参詣する。丹生晃市宮司にもお目にかかる。境内には、かつての葛城《かつらぎ》修験ゆかりの遺跡や遺物も保存されている。空海の時代を越えた歴史を回想する。

悠久な、人々の想いの歩みがしのばれる。『高野山文書研究』第五年度目の「近木荘《こぎ》」ゆかりの神社でもある。日本の歴史の大きな柱の一つである。高野山をめぐる狩猟信仰を解くためにも、たいせつな位置を占める神である。

三箇荘にも丹生神社がいくつもあった。高野山金剛峯寺の信仰体系の中にも、丹生都比売の神がたびたび登場する。高野山麓の地域は、丹生都比売の神の領域である。九度山《くどやま》町の丹生官省符神社にも参詣し、町石道の出発点も見た。もちろん慈尊院のお堂も拝んだ。大きな乳房を形どった板絵馬は、じつに印象深い。空海の母のゆかりを伝える、日本の母性信仰の拠点である。有吉佐和子の小説『紀ノ川』の書き出しの意味が、ここに語られている。

後半はまず十七日に、和歌山県立博物館で「日光曼荼羅」を拝見する。山田知さんのほか考古学者の岩鶴敏治さんも同行、博物館での担当は、いつもお世話になっている美術史の大河内智之さんで、副館長の鈴木晴久さんも立ち合う。広げた曼荼羅に見入りながら、新しい分析を重ねて来た大河内さんの解説を聞く。社殿伽藍の再建に向けた勧進の絵解き曼荼羅であるという、本質の解釈は変らないという。この大きな現物を拝見すると、われわれでも再建への夢が燃えてくる。

この日、もう一度、丹生都比売神社に参った。葛城修験ゆかりの碑伝《ひで》などを確かめるためである。神社には、廃仏毀釈後にも、脇《わき》の宿と峰入りの碑伝が残されている。石造の碑伝は正応六年（一二九三）から延元元年（一三三六）の銘があり、脇の宿は葛城修験が出発するまで籠った建物である。位置は移動しているが、脇の宿の造りを外からながめ、その周囲をゆっくりと歩き、建物の備えた趣きを味わってみた。

山田知さんがいう。紀の川を渡って、橋本市吉原の丹生家は、空海が唐に留学するときに経済的支援をした家であるという。空海と丹生を名乗る家柄のゆかりが興味深かった。お寄りすると、お元気な当主夫人が在宅であった。美術家でもある丹生邦子さんである。空海が中国に行くのに必要な経費を貸したが、いまだに返してもらってないという。何百町歩もの山林を持つ旧家である。山の鼻にもとの家屋敷があり、いまはその下の平地に現代の造りの家を建てて暮らしている。

代々の譜文を張りこんだ家譜の複写を見せてくださった。その初代には、空海に金子《きんす》を用立てた旨の記載があるという。そのほかにも、いろいろな文書が伝わっているそうである。昔からの家には、そうした古い書きものがいろいろあるという。調べてみなさいとすすめる。私には、このような丹生都比売ゆかりの姓を持つ家が、根深く村に生きていることが尊い歴史に見える。

十八日は、名手荘の地、旧那賀町に向かう。初めて紀の川市役所に寄る。市長公室広報広聴課に寄り、亀若真人係長に挨拶、教育委員会では、ずっと世話になっている文化財担当の田村幸美さんにお目にかかる。名手荘のおもかげをしのんで、名手市場に行く。ちょうど三月十八日から二十二日まで「旧名手宿本陣」で紀の川流域文化遺産活用地域活性化協議会の展示会が開催中で、いろいろな資料をいただき、しかも展示解説のために会場につめていた専門家の方にもお目にかかれた。歴史地理学の長谷正紀さんと考古学の藤井保夫さんである。

会場になっている妹背《せのう》家は、昔の大和街道に面し、藩主が参勤交代や鷹狩りの折に本陣として宿泊した家である。その由緒は古く、中世以来、紀伊八庄司の一つにあげられた家柄で、往時は名手荘および丹生谷《にゅうや》を領した土豪であるという。元和五年（一六一九）に徳川頼宣《よりのぶ》が紀伊国に封じられた後、在地の由緒ある家筋を地士《じし》として処遇し、妹背家はその地士頭《じしがしら》になった。さらに寛永七年（一六三〇）からは、名手組の大庄屋を世襲した。

その妹背家がかつて名手荘と丹生谷を領したといえば、名手川をはさんだ東西の地域を一つにして治めていたということで、それこそ九世紀の名手郷のうち、粉河寺の領域を除いた、名手の本郷にもあたる名手里を治めていた領主ではないかと想像したくなる。荘園時代の名手川を境に東西で水争いをしたという歴史が、新しい勢力が東に延びたための争いではなかったかとさえ見えてくる。

名手川筋を一体とした村の組織の存在が、どれだけ古い記録で立証できるかは問題である。松田茂樹監修『那賀町史料』（那賀町教育委員会・昭和四十五年十一月）の「妹背家文書」にみえる天和四年（一六八四）正月の「妹背氏先祖書」が古い。それには、先祖は紀伊国八庄司のうちの妹背庄司で、その末子の名手新蔵人が名手荘と丹生谷一箇村を領有したとある（二八二頁）。子孫がそう信じて主張してきたことが、たいせつな事蹟である。

この日から二晩は、粉河寺大門前の丸浅旅館の泊りである。夕方、早速、粉河寺に参詣する。貫主は逸木盛修師である。境内をゆっくり散策したあと、本坊の御池坊を訪ねてみる。やはり柳田國男と親交のあった逸木盛照師のご子息であるという。父君はかの柳田國男の紀行『秋風帖』（梓書房・昭和七年十一月）の「序」に描かれた、「粉河の観音の御寺」の「上人」である。その柳田國男の『高野山文書研究』のための旅であると申しあげた。

十九日は朝からかなり強い雨が降っていたが、地元の歴史に精しい増田博さんが、名手川流域を案内してくださった。山田知さんの中学生時代の恩師という。西河原では、現地の北田義人さんも同行してくださった。雨の中で、名手川の灌漑施設の具体的な姿を教わったが、川の流れが激しいのが印象的であった。

二十日は、荒川荘の黒川に、阪中俊郎さんを訪ねた。薬師堂の行事について、さらにうかがう。黒川の村は、もとはいまの集落の上の山の中腹にあり、現在の川沿いの地は、水田をつくるだけであったという。川の谷をぬって開けた村には、思いがけない変動の歴史があったのであろう。また改めて、新しい事実を求める仕事が必要になる。

来年度は、大阪府貝塚市の近木《こぎ》荘である。それが丹生都比売神社と関係があるとなると、紀の川の流域をとおして、難波の海から吉野の山地まで、上代から大きな力が働いていたことをあらためて感じる。粉河寺の縁起を見ると、『日本霊異記』上巻の第五縁の物語を連想する。その部分は延暦六年（七八七）の成立である。大部屋栖野古連公《おおとものやすのこのむらじぎみ》の物語であるが、紀伊国名草郡宇治の大伴連たちの先祖で、その「本記」を引いている。和歌山市紀三井寺の宇治を本貫とする大伴氏の由緒書きとみられている。「粉河寺縁起」によれば、寺の開創は宝亀年中（七七〇―七八一）で、開基は猟師であった紀伊国那賀郡の大伴孔《おおとものく》子古《じこ》であるという。屋栖野古とは一族にみえる。

屋栖野古は、敏達天皇の時代、和泉の海に漂着した流木で、皇后（後の推古天皇）に願って仏像を造り、飛鳥の豊浦堂にまつったとあり、その像が後に用明天皇の時代に、吉野の「窃寺《ひそでら》」に安置されたとある。「窃寺」は奈良県吉野郡大淀町比曽にあった比蘇寺である。物部弓削守屋大連公《もののべのゆげのもりやのおおむらじのきみ》の廃仏運動のときに、稲の中にこの仏像を蔵《かく》したという、その由緒で「窃寺」と書くのであろう。日本最古の仏像の縁起である。

飛鳥経由であるとはいえ、和泉の海に寄った霊木で刻んだ仏像が吉野川の上流でまつられたとみると、この紀の川が上代文化の幹道であったことを思わずにはいられない。このあたり、南海道の古い道の遺跡が見つからないと聞くが、最古の南海道の道筋は、吉野川であり紀の川であったにちがいないと私は確信している。河船で下り、上りは曳き船もいとわなかったはずである。高野山金剛峯寺の成立、丹生都比売神社の鎮座、粉河寺の創立、すべてがこの川の流れの中にある。実は、修験道の源流も、この葛城山地が舞台であったはずである。紀の川筋は、上代宗教文化の揺り籃であった。

（『高野山文書研究』第四冊）

和泉近木荘（大阪府貝塚市）

一、丹生都比売神社と村々

高野山金剛峯寺の荘園になった近木《こぎ》荘は、現在の大阪府貝塚市の南西部、近木川の流域にあった。十三世紀後半にモンゴル（元）の襲来をおそれて、異国降伏の祈願をかけた高野山の守護神である丹生《にゅう》社の神慮に感謝する寄進であった。丹生社とは、いま和歌山県伊都郡かつらぎ町上天野に鎮座する丹生都《つ》比売《ひめ》神社のことである。『高野山文書之三』五一三号文書「金剛峯寺御影堂奉納文書新定目録下」七箱「近木庄」には、「為異国降伏奉送丹生将軍家告文」正応六年（一二九三）が見える。

柳田國男も『高野山文書研究』第五「近木荘」で、『高野山文書之一』の二二二号文書、正応五年八月四日付の「後深草院々宣」を取りあげ、頭注の「和泉国近木郷地頭職ヲ丹生社ニ寄附セラル」を踏まえて、「〇地頭職ヲ神社ニ寄附スルコト」という見出しをつけて論じている。荘園を神社に寄進するといえば、そのこと自体は法制上の問題であるが、その根底には、なぜ丹生社が異国降伏の効験を現わしたのか、またその恩賞になぜ近木荘があてられたのか、その背後にある歴史が興味深い。丹生社にも近

丹生都比売神社楼門（和歌山県伊都郡かつらぎ町）

木荘にも、それぞれを支える村々があり、村人の暮らしがあった。

　高野山の霊地は、弘法大師空海が金剛峯寺を開くにあたり、この地を領していた丹生都比売明神と御子の狩場明神が寄進したと伝え、現に壇上伽藍に御社《みやしろ》、明神社《みょうじんしゃ》と称してこの二神をまつっている。麓の上天野に鎮座するこの神社は、その本宮にあたる。それは歴史的にも重要な神社で、朝廷の史書『日本三代実録』にも叙位の記録がある。貞観元年（八五九）正月二十七日の条に、「紀伊国」の従五位下勲八等の丹生都比売神に従四位下を、元慶七年（八八三）十二月二十八日の条に、「紀伊国」の従四位下勲八等の丹生都比売神に従四位上を授けるとある。また延喜五年（九〇五）着手、延長五年（九二七）完成の「令」の実施細目を記した『延喜式』巻十「神名下」に、紀伊国伊都郡二座のうちに「丹生都比女神社」がある。「名神大、月次・新嘗」とあり、この国の神社としては二番目に格式が高い。

『日本書紀』の注釈書である卜部《うらべ》兼方《かねかた》の『釈日本紀』巻

十一に、『播磨国風土記』を引いて「爾保都比売命《にほつひめのみこと》」の記事がある。丹生都比売神の考究の資料として、神名が似ているので注目されている。残念ながら『釈日本紀』に引く本条と、巻八の「明石駅家、駒手御井」の条は現存本には欠けているが、巻五の「益気里」（印南《いなみ》郡）と巻十の「御方里」（宍禾《しさわ》郡）はそのままあるので、この二条も、本来は今では失われている巻頭部分などにあったことはまず疑いない。当時の播磨国の郡の配列では、現存する賀古郡以下の郡の前には、「明石郡」があったことになる。三条西家に伝来した巻子本のように、巻物の外側になる最初の部分が、次第に欠損したとみることができる。『播磨国風土記』逸文の「爾保都比売命」の条は、次のようである。息長帯日女命《おきながたらしひめのみこと》が新羅《しらぎ》の国を平定しようと西に下ったとき、多くの神に祈った。そのとき、国堅めをした大神の子どもの爾保都比売命《にほつひめのみこと》が、国造《くにのみやつこ》の石坂比売命《いわさかひめのみこと》に神がかりして、教えていう。「わが霊をいつくしみまつれば、われはここに善い験《しる》しを出して、ヒイラギのとても長い桙《ほこ》がはるかな底に付かない国（大地の奥深い国）、乙女の眉を引いたような国（地勢の美しい国）、美しい櫛入れのような富を得る国（富の豊かな国）、マコモの枕が高いように宝のある、コウヅの夜具の色のような（白《しら》の）新羅《しらぎ》の国を丹《に》（赤）の波で、平定してくださるであろう」。このようにお教えくださって、そこで赤い土を出してくださった。その土を天《あま》の逆鉾《さかほこ》に塗って神の舟の船尾と船首に建て、また息長帯日女命の舟の側板や軍隊の衣服を染めた。こうして海の水をかきまぜ濁らせてお渡りになるとき、海の底にもぐっている魚も空高く飛ぶ鳥も、行き来せず前もさえぎらない。このようにして新羅を平定しおわって、還り上った。すなわち、その神を紀伊の国の管川《つつかは》の藤代の峯に鎮めまつったとある。

この逸文「爾保都比売命」が『播磨国風土記』のどの郡に属したかは本文には明示されていないが、

藤代の峯まで来ると、赤石郡（明石郡）の一部であったことが具体的に推測できる。それは、天平三年（七三一）七月五日付の住吉大社の解文《げぶみ》、いわゆる『住吉大社神代記』が各地の住吉信仰の拠点をあげた一つに、「明石郡魚次浜《なすきのはま》一処」があることが典拠になる。そこには、垂仁天皇と神功皇后の二代に熊襲《くまそ》と新羅国を平定し終わって帰って来た大神を、木の国の藤代の嶺に鎮めまつったとある。そのとき神は、荒振る神を平定して鳴矢《かぶらや》を射立てて堺とし、自分は大屋《おおや》に向かうように、針間《はりま》の国に渡って住みたいと、大藤を切って海に浮かべ、この藤が流れ着いたところに鎮め祀れという。この海辺に流れ着いたので、そこを藤江というとある。それは九世紀を反映する『和名類聚抄』にいう、明石郡葛江《ふぢえ》郷に相当する。『万葉集』巻三にも、藤江浦とある（二五二番）。「魚次浜」はその四至（東は大久保尻、西は歌見江尻）から、今の明石市の魚住かとする。

そこで問題は、新羅を平定して紀伊国の藤代の峯に鎮まった神は、『播磨国風土記』逸文では爾保都比売命であるが、『住吉大社神代記』では「大神」であり、明らかに住吉大神を指していることである。二神の関係にどのような意味があるかである。重要なことは、息長帯日女命を加護するのに、爾保都比売命が「赤土」を与えていることである。それが赤色の顔料に用いられているのを見ると、上代の日本の社会で多用された「朱」であるとみてよかろう。そうなれば、「朱」を産する土を意味するかと思われる「丹生」という呼称を持つ丹生都比女神と、同格とみることもできる。明石郡葛江郷に還った住吉大神も、丹生都比女神と一類の神であるということになる。丹生都比女神の信仰には、根幹に、住吉大神の信仰という大きな背景があったことによる。

二つの神が鎮まった場所が「紀伊国管川藤代之峰」「木国藤代嶺」と一致しているのは、二つの史料の出所がきわめて近いことを思わせる。天保十年（一八三九）成立の和歌山藩の地誌『紀伊続風土記』巻五十一、伊都郡筒香荘上筒香村の条では、この記事を取りあげ、上筒香村と同郡富貴荘東富貴村と大和国吉野郡坂本村との境にある藤白峯にあてている。里老が「藤白の嶽」を伝えているという。ここは北西から南西に連なる富貴荘、筒香荘、摩尼《まに》荘の境界地で、東が富貴、西が摩尼、南が筒香という七霞峯の頂から望むと、大和の国中、天香具山、畝火《うねび》山、三輪、奈良の辺りがこまやかに望め、紀伊見峠を越えては、堺の海の浪の華まで見えるという。藤白の嶽から流れ出す川は、丹生川の源流である。この三荘を出て、北又郷・三尾川郷の川を合わせ、相賀荘を経て、紀の川に合流する。海は和歌の浦から紀伊水道を経て、堺の海・播磨の沖に達する。紀の川流域の東の山地から瀬戸内海まで、水の道が続いていた。いまわれわれが上代典籍からたどろうとする、爾保都比女命と住吉大神との交錯一体化は、それ以前から広く深くおこなわれていたにちがいない。

　住吉大社の本社は、『住吉大社神代記』にいうとおり、摂津職（摂津国）住吉《すみのえ》郡神戸《かんべ》里墨江《すみのえ》に鎮座する。現在の大阪市住吉区住吉町の住吉大社であるが、『住吉大社神代記』では、このほかにも住吉大社の重要な分社をあげている。まず大神の宮が九箇処にあると、本社のほかに八社を並べる。摂津に二社、播磨、長門、筑前、大唐国、新羅国と、西日本から大陸に至る地域が見えている中に、筑前のあとに紀伊国伊都郡として、「丹生《にふ》川上、天手力男《あめのたちからを》意《お》気《け》続々流《つづくる》住吉大神」がある。続く部類の神五社にも、紀伊国名草郡として「丹生咩姫神」を記す。「咩」は、「丹生都姫神」の「都」などの誤写であろう。こうしてみると、『住吉大社神代記』の段階で、「丹生」を冠する神が、住吉大神の一類の神になっていたことがはっきりと現われている。伊都郡の丹生川上といえば、爾保都比売命が鎮まった藤代の峯かと思えるが、

『住吉大社神代記』にはその由緒が記されていて、まったく次元が異なる。文忌寸《ふみのいみき》村満が、九つの国々が貢調《みつぎもの》を納めなくなったのを調伏しようとこの神をまつり、子孫に伝えて氏神にしたとある。文忌寸一族が丹生川上にある神の奉斎者になったということで、神々の物語に対する、新しい人間の時代の伝えに相当する。

逸文「爾保都比売命」の物語の特色は、比売命が国造に憑依《ひょうい》して託宣したとあり、「赤土」を出して、神功皇后の新羅征討を助けたという点にある。そこで鉾から船まで「朱」で塗ったというが、『万葉集』に多く詠まれているように、航海する船は「朱」で塗ってあった。ソホが赤土で、朱色の顔料になる。巻三に、旅にあって人恋しいときに、山下にあった「赤乃《あけの》曽《そ》保《ほ》船《ふね》」が沖をこいでいくのが見えたという歌がある（二七〇番）。赤い曽保を塗った海船である。巻十には、七月七日の七夕の天の河を渡る「具穂《そほ》船《ふね》」が、艫《とも》にも舳《へ》にも船装《ふなよそお》いをしたさまを詠んだ歌もある（二〇八九番）。逸文で、神功皇后の船が「赤土」で装っている情景をしのばせる。巻十三には、難波の埼を「赤曽朋《あけのそほ》舟《ふね》」に綱を取りかけて引き登ることを、難儀のたとえとした歌がある（三二〇〇番）。船に綱をつけて人間が引くことは、上代から近代まで、めずらしいことではなかった。ここでは、海船を内陸の川に引き入れているようである。

上代日本語のアカの顔料には、二種類あったという。水銀系の硫化水銀と、鉄系の酸化第二鉄で、鉄系はソホといって「赭」と書くが、水銀系はマソホといい、本物のソホであるとして「真赭」と表記したとする。『万葉集』巻十四の「丹生《にふ》の真朱《まそほ》」（三五六〇番）のニフは、天平十年（七三八）ごろ成立の『豊後国風土記』海部郡丹生郷に、山の沙を「朱沙」として「丹生」であるとするのに従うと、「丹生」は、「朱」のとれる土地という意味といえよう。「爾保都比売命」の「爾保」は、松田寿男が着目するように、「朱《に》秀《ほ》」の意味で、「朱」が露出しているということを示しているのかもしれないというのも一見識である。船や艤装に塗る「赤土」を与えるという爾保都比売命の役割は、航海安全の信仰の物語としても、具体的でわかりやすい。住吉大神の信仰と一体化した丹生の神の信仰は、その船を守る「丹」の神を意味していたにちがいない。この『播磨国風土記』逸文を咀嚼した『紀伊続風土記』は、巻四十八「天野荘」上天野村の条で、この故事にならって御祈願があったのであると記している。近木荘の寄進には、大きな歴史の流れがあったことを忘れてはならない。

二、紀の川が結ぶもの

丹生都比売神社にも、「異国降伏」の祈願の対象になるような、上代の典籍を越えた遠い時代からの信仰があったように、近木《こぎ》荘にも、紀の川左岸の山地の神にささげるべき、必然的な歴史があったのではないかという思いを深くしている。柳田國男は大正九年十月中旬から、紀行「秋風帖」を書いた東海地方の旅をしている。その十月下旬から十一月中旬にかけて『東京朝日新聞』に連載した文章を一冊にまとめた『秋風帖』（梓書房・昭和七年十一月）には、このときの紀行のあとまで続けた瀬戸内海に至る旅の案内を記した、くわしい「序」がある。それを見て興味深いのは、桑名からは汽車で伊賀・大和は素通りをして、紀の川の右岸に出ていることである。五条から西は私には生路《せいろ》であるとして、粉河の観音の寺や加太《かだ》の淡島の社に参り、現地に立っての新しい見聞の発見を、「秋風帖」の続編のように記している。いま目の前に『高野山文書研究』を置いてみると、この荘園文書を通して、柳田國男がなにを求めていたかが浮かんでくる。それは、それぞれの土地に刻まれた、人々の暮しの跡を具体的に見出して、大きな歴史の流れの中に組み込むことであったにちがいない。

柳田國男の旅の学問は、そこでさらにみごとに展開する。加太の現状を見て、「兎に角に湊は案外に早く忘れられるものだと思つた」といい、「そんなら今度は瀬戸内海の方はどうなつて居るか。序に見て置かうといふ気になつて」、大阪に出て汽車で広島に行き、宇品から船で島に渡っている。そこでも船の変遷と海の交通の推移から、海の人生について記している。尾道の浄土寺山に登っての展望にも触れているが、それは、かの丹生川上の源流の七霞《ななかすみ》峯からの実景を連想する。前代の人々にとっては、その見晴らしが自分の地図であった。生活圏の拡大は、眺望が手掛かりであった。旅も、川と海がたいせつな手段である。柳田國男の眼には、自然の中で生きた人々の心がこもっている。記録や遺物で具体的に立証される事実も、その意義は、はてしない大きな風土とのかかわりからしか生まれない。大地の中に歴史を読む判断力が必要になる。

紀伊半島は地図で見ると、子どもも心にも不思議な場所であった。本州の中央部に、ぶらさがるように、大きな半島が南に張り出している。ぐるっと海に囲われながら、平野らしい平野もなく、全体が高い山地の色で塗り分けられている。半島の海岸をめぐるはずの鉄道、紀勢線の黒と白の線路の印も、南の方は白ぬきの予定線である。私がこの紀伊半島の大きな歴史に気づいたのは、『日本書紀』神代第七段一書第二に、「日矛《ひほこ》」は紀伊国に鎮座する「日前《ひのくま》の神」であるとあり、大同二年（八〇七）成立の『古語拾遺』には、日の像《かたち》の鏡を鋳《い》たが、意に合わなかったので紀伊国の「日前の神」とし、次に鋳たのは立派だったので伊勢の神にしたとあるのを知ったときである。これは紀伊国の和歌山市秋月にある日前神宮と、伊勢国の三重県伊勢市にある伊勢神宮を一対にする発想である。ちょうど紀伊半島の首の根にあたるところの東と西に、太陽を象徴にする大きな神の社があったのは偶然とは思えない。それを必然にするような論理が、はたらいていたにちがいない。

日本では山深いところに、古くからの村がある。もし日本列島に文化の連続性があったとすれば、いわゆる縄文海進は、一つの時代の区切りであったはずである。低地の文化は高地に吸収され、やがて高地の文化が低地に広がった。紀伊半島一帯の縄文海進が三mほどに達したときには、この山地は、その時代に文化の拠点として発展したはずである。『古事記』『日本書紀』の古伝では、初代天皇は、瀬戸内海から半島の西南部をさらに回って、熊野川河口域から北に進み大和国に入っている。これは東西に結ぶ二つの海寄りの地の大神に対して、いわば中央山地に向かう南北の軸になる。紀伊半島山地には、縄文海進以前からの文化の歴史が、深く根を下ろしていた可能性がある。『古事記』『日本書紀』では、初代天皇は道筋で、さまざまな土着の人々に出会っている。それは、それぞれの土地の状況の印象を、ある程度反映していると私はみる。

初代天皇の道筋を逆にたどって半島北西端の加太瀬戸を越えると、大阪湾の和泉海岸に出る。その中ほどに近木荘のあった貝塚市がある。このあたりは難波の海の一角として、上代文化の痕跡の濃厚な土地である。九世紀を写す『和名類聚抄』和泉国には、日根《ひね》郡に近義《こぎ》郷が見え、近木荘の地域に相当するとみられている。近木川下流の両岸で、かつての南近義村・北近義村にあたるとする。南北近義村は、古代の近義郷以来、南西の海岸からさかのぼる近義川に沿って、北東の山地にまで続く細長いムラであったことになる。その周囲のムラは、そうした地形からして、同じようなムラのたたずまいをしていた

ようである。もしこの近義郷がさらにさかのぼって上代からこのような形態をとっていたとすれば、日本の村の立地の一つの見本になるかもしれない。海があり、川があり、平野があり、山地があり、水源までたどれるといえば、一つのまとまった人間生活の環境が揃っていることになる。長く単一な村落社会としてこの境域が維持されて来た理由は、その点にあったといえよう。日本の村は、できるだけ多くの自然の役割を包括して、一つの共同体を構成していたように思える。奈良盆地にも、沖縄の本部半島にも、そういう村があった。

このように古風な村であるから、大化の改新の詔に原型が見えるとする条里制の遺構があった。貝塚市域では、土地台帳の区画をもとにすると、第一は、岸和田市域低地部から続く部分で、半田・新井・福田・東・旧貝塚などを南限とし、津田川にほぼ平行する区域である。第二は比較的よく整い、鳥羽・海塚・脇浜を主とし、神前・畠中・加治にわたり、石才で方位が屈曲する区域、第三は整斉的ではないが沢・浦田・王子などに見られるもの、第四は比較的に整い、麻生中から奥へ三ツ松に至り、さらにやや屈曲して水間を含む区域である。これらは大別して、第一と第四は、貝塚市をほぼ二分する東側の『和名類聚抄』にいう木島郷にあたり、第二・第三が近義郷に相当するとみることができるという。『高野山文書』にあらわれる近木里・上古家田里・下古家田里は第二に、水江里は第三に属するとみる。

柳田國男は、この『高野山文書研究』でも、丹念に『高野山文書』に登場する地名を整理している。第一冊からみてきたように、地名は人間が大地に刻んだ歴史の足跡であるという、地名研究の発想の基本を貫いている。そこにはおのずと、村の組織も見えて来る。生活の基盤になる社会のあり方を示している。それが近木郷の時代には、条理区画の「里」名や「辺ノ坪」や「里外」という条里以外の関連地名も見えているが、近木荘の時代になると、それが四箇番に組織された。『貝塚市史』によると、近木里（近木町から海塚にわたる方六町の区画）・上下古家田里（貝塚高校・石才を含む区画、辺ノ坪として堤・橋本地区におよぶと推定）が「上番」、神前里・井里（沢地区か）および水江里の北西部が「神崎番」、水江里の東南部（王子地区）から白丹谷（千石堀方面か）出作を含めて「馬郡番」、蔭墓里がある中央部が「中番」と称されたという。四箇番の区域を的確に復元することはまったく不可能であるが、織豊時代に荘園に代る集落単位の村が設立された結果であるとする。

この「近木荘」で柳田國男が整理した「地名表」に抜き出した「四箇番」と「里名」を参考に、条里制を踏まえた村落が、どのようになっていたかたどることができる。一つ一つの「田地売券」では、条里制の呼称が、それぞれの田地の地番表示になっている。たとえば［六四葉］では、「一段六十歩者、在和泉国近木郷上番廿三坪内」とあり、その文書の「裏書」に、「ソツトノヽウリケム、ウメノツホ」

とある。柳田國男は、それに注して「古式ニ依リ「廿三坪」トイフモ、通例梅ノ坪トヨビシナルベシ」という。数字から変って、目に見える物の名をつけた「梅の坪」という地名が生まれる様子をかいまみせている。この田地は五年後にさらに転売されていて、その文書では「泉国近木荘上番近木里廿三坪内」と表記している。われわれは『高野山文書』を一通一通検証することによって、このように、当時の人々の生活を心を通して描くことができる。

近木荘が丹生社に寄進された背景には、いろいろな条件があったはずであるが、一つに自然条件として、地勢から見て、紀の川筋から葛城山を越えて水間に下る道があったことと、紀の川河口から船で寄ることができたことが、重要であったのではないかと想像する。土佐国から都に帰る船旅を映す紀貫之《きのつらゆき》の『土《と》佐《さ》日記《にっき》』に、和泉の海岸に停泊する場面があることに『貝塚市史』が関心を寄せることも興味深い。承平五年（九三五）正月三十日の夜、阿波水道を横ぎり、和泉灘に入る。箱の浦からは船を綱で引きながら進む。やがて風波が高くなり、停泊した泊りがどこかは確かではないが、近木川の川口にあった神前の船息《ふなすえ》であった可能性もあるという。近木荘の海岸が、引き船で航行する場所であったということは、この地の海による道の地位を重くしている。

三、「里山」が生きている

『貝塚市史』第二巻「各説」第一編「都市と人口」の第三章に「大字・小字名」がある。当時、貝塚市役所の土地台帳に登載されている小字を、旧町村別各大字ごとに、五十音順に配列したものであるという。その原形になる仕事に、大越勝秋の『貝塚市地名集』がある。小字の数は、一ページ約百八十例に及び、四十二ページにわたる。その呼称からも、土地一筆一筆に小字が及んでいるかと思えるほどの密度である。

その呼称も、地名というものがどのようなものかということを考える上で、きわめて興味深い。村の生活の反映の記録という、地名の魅力に満ち満ちている。その土地を土地台帳で特定し、その地名の背景にあった暮しを尋ねることができたら、民俗学の方法の極意が発揮できそうである。他地との比較でも、大きな成果が生まれるにちがいない。

そんなことを思いながらページを繰っていておどろいた。なんと「里山」という小字名がある。現代では、「里山」は「里地《さとち》里山《さとやま》」と拡大され、環境省の行政用語になり（環境省(1)(2)(3)）、自然環境局が担当し、自然環境計画課が業務を実施しているが、本来の日本の村々にあった「里山」は、一定の占有権の確立した、家に属する山林を呼ぶ法制用語であった。一般の村人の利用が比較的自由であった入会地《いりあいち》や、材木以外の採取が自由であった大きな山林などとは異なり、所有者に絶対的な利用権があり、他人がそこから物を採取してはならない山林で、私有権の確立した土地であった。所有者が日常的に利用するための山地で、いわば村の中にあり、家や農地に接していた例も多い（里山(1)(2)(3)）。

今日、村を訪れて、うっかりサトヤマなどといえば、現代語のサトヤマと混同されてしまうが、江戸時代以来の村の土地利用の様子をそのまま引き継いでいる、行政機関の土地台帳に記入されている小字名といえば、まずは江戸時代の生活の跡の引き継ぎである。「里山」以外の小字名も、近代化する前の村の暮しのにおいのするものばかりである。そうした貝塚市の数多くの小字名の中に、三箇所に「里山」

が集中して見えている。『貝塚市地名集』には、

⑴旧南近義村区域、大字王子《おうじ》（王子・王子新田の区域）に「里山」（各説・一三四頁）

⑵同、大字橋本《はしもと》に「里山」「里山西」（各説・一三七頁）

⑶旧木島村区域、大字名越《なごせ》に「里山」（各説・一四七頁）

とある。二つの旧村にわたり、三つの大字に「里山」という小字名があるということは、資料を見ただけでも、この貝塚市の地域に、「里山」という地名を生み出す社会の伝統があったことが推測できる。

そこでたいせつなのは、これらの「里山」の位置を地図で確かめ、現地を見ることである。ありがたいことに、貝塚市教育委員会の郷土資料室で、研究者用に作成された土地台帳の複製を閲覧することができた。それで見ると、小字名「里山」が点在しているのは、一万分の一の地図でいうと、JR阪和線の「いずみはしもと」駅の南東に、池の形がいくつも集中している場所があり、その南西（下側）に、貝塚市と熊取町と境界線が複雑に曲がりくねって続いている部分があるが、その池から境界線に続く一帯が、「里山」の集中地域になる。おそらく平地から一段高い山地にかかる場所で、山裾に池があり、その上の山地に「里山」があるという形をとっている。

この一帯は、熊取町の土地を含めて、大字が飛地の形で交錯している。おそらくそれぞれの大字に属している家が所有している「里山」が、その大字の土地になっているのであろう。私が閲覧した地図では、大字の境界はかならずしも明確ではないが、わかる範囲で大字名を示して、地番の数字を記す。「里山」とは異った表記の小字名は、（ ）の中にそれを具体的に記す。

［王子三宅池南方］橋本一六四八、一五九七、一五九〇、一四五七（里ヤマ）。王子一一七七、一一八〇、

一一八一、一三五六、一六一一、一四六五、一四三一、一四三九、一三九三（里ヤマ西）、一三九二（里山西）、一六一四、一三九一（里ヤマ西）。王子一二四八（サト山）、一二四九（同）。王子一二四〇（サトヤマ）、一二〇八、一二五四（サト山）。橋本一三八五（里山西）。王子一三〇八。橋本一四二二（里ヤマ）、一四三二（里ヤマ）、一四三五（里ヤマ）、一四四六、一四二一。王子一二五〇。橋本一四七二、一四七三。王子一二五三。

［清児新池南方］一四七八、一四八六、一四九〇（里ヤマ）、一五九一、一四二一、一四九四、一四二五、一六四二（里ヤマ）、一四一二（里ヤマ）、一四〇九、一四七九（里ヤマ）、一四九四。橋本一三九七（里山西）、一四〇二、一四〇七（里ヤマ）、一四〇〇、一四〇八（里ヤマ）、一五九〇、一五六三。

［柳池南方］橋本一四六六（里ヤマ）、一四九二、一五〇〇、一五一二（里ヤマ）、一五一三（サトヤマ）、一四九一（里ヤマ）、一五九五、一六六〇。王子一二五五（サト山）。名越一〇八二。橋本一六五七、一六二八。

［河池北方］橋本一四一七（里ヤマ）、一五六三。

これだけ多くの「里山」が一筆ずつになって分布しているからには、それが村の生活の中でどのような意味をもっていたか、わかることがたいせつである。「里山」は池のある周辺であると教わって、なにか手掛りになることに出会えないかと、池のあたりをまわってみた。そこは現代的な用途の建物がいろいろ建っている場所で、昔の農村の名残りのようなものは、なにもない。郷土資料室にもどって、この辺のことにくわしい古老をさがしていただいたが、都合のつく方はいない。この人ならと紹介していただいたのが、上岡兼千代《かみおかかねちよ》さんであった。昭和三年生まれであるが、貝塚市文化財保護審議会会長で、南大阪電子計算センター代表取締役社長という、現役の経済人である。明日朝、会社でお目にかかれるという。

三月十一日、あらためて会社にお訪ねした。すばらしいスーツを着こなした、かくしゃくとした古老である。戦後、大学を卒業して、新制中学校が地元にもできたときに、社会科の教師になった。そのとき校長であった東京大学出身の人に、社会科は、地域社会のことをよく知る必要があるので、半年間は授業を担当しなくてよいから、地元のことをよく勉強しろといわれて、この土地をくわしく歩いたそうである。そこで教壇に立つようになっても、まず生徒といっしょに「里山」のことを調べたという。「里山」の「里」というのは、古代の郡郷里制の「里」であるとする。つまりは、ムラの山という意味であるということであろう。

私は現代の「里山」の意識との混同をさけることを含めて、なぜ「里山」のことを知りたいのかという説明として、ずばり自分が少年時代から体験してきた、神奈川県愛甲郡愛川町半原の日常生活の中に生きていたサトヤマのことを申し上げた。家の続き、あるいは村の近くにある山は、山に生えているものはもとより、落ち葉のたぐいまで、所有者以外の者が採取してはならない習慣があって、その山をこの「里山」と同じく、サトヤマと呼ぶとお伝えした。じっと私の言葉に耳をかたむけていた上岡さんは、即座に、まったく同じですとおっしゃる。私が知っているサトヤマと共通するサトヤマの生活が、貝塚市にもあった確証を得たと思った。

上岡さんはさらに重ねていう。他所の家の「里山」からは、竹一本切っても、どろぼうになり警察だと、父親からきびしくいわれて育ったという。上岡さんの実家は、日根郡南近義村字橋本一九一番地で、出原姓である。父上の安太郎さんは明治三十五年十二月十日生まれである。地図にたくさんの「里山」という小字名を残した橋本の育ちである兼千代さんには、それなりの「里山」の体験があったはずである。橋本村では、そこはだれだれの「里山」であるという話は、よく聞いたそうである。あれが昔は自分の家の「里山」であったなどといった。上岡兼千代さんの記憶の中には、生きた「里山」があった。

　土地台帳にあれだけ多くの「里山」が記録されているからには、橋本村では一戸に一筆は「里山」があったことであろう。屋敷や農地と同じように、その家にとって必要な山の産物を得るための土地であったにちがいない。それが日本の村での土地利用の形の基本だったのであろう。「里山」の実態を知ることは、そうした日本の伝統的な村のあり方を具体的に知るためにも、きわめて重要なことである。「里山」という言葉を、社会的に意義のある専門用語に採用したのは林学者の四手井《しでい》綱英《つなひで》であるという。林学の世界でつかう「農用林」という語がわかりにくいので、自分が造語したと四手井は主張している。

　しかし、「農用林」にちょうど相当するような山林利用地を、日本の社会では、少くとも江戸時代前期から、法制用語として「里山」と呼んできた。私の育った村である愛甲郡愛川町半原と境をなす山を西に隔てた、愛甲郡清川村煤ケ谷、すなわち江戸時代の愛甲郡煤ケ谷村には、寛政十年（一七九八）以下の村明細帳類があって、百姓持ちの山を「里山」「遠山」「深山」の三種類に分けていて、その「里山」は、大正十五年生まれの煤ケ谷村の古老の現代の生活感覚では、「農用林」である（里山⑶・一―三頁）。公的に出版された書物では、岩手県岩手郡雫石《しづくいし》村の生活を描く田中喜多美『山村民俗誌』（一誠社・昭和八年）が古い。具体的な「里山」の定義などは見えないが、「遠山」「深山」に対する語で、現在地元でいう「里山」は、水田のふちにある小高い山で、個人の管理地であるという（里山⑶・三頁）。「里山・

遠山・深山」という区分が、煤ヶ谷村と一致することも無視できない。それが江戸時代にさかのぼる、法制語の用法であろう。

　これに貝塚市の「里山」を加えると、少くとも近畿地方から東北地方まで、「里山」という習俗があった可能性が見えてくる。あらためて、日本の社会における「里山」の機能を究明する機会にしてみたい。貝塚市が上代から続く村であってみると、そこに日本の村の古い伝統の姿が浮かんで来るかもしれない。農地だけではなく、山林からも、社会生活のあり方を明らかにする必要がある。それが日本の土地利用の法制史である。「里山」という語を有名にしたのは、写真家の今森光彦の写真集『里山物語』（新潮社・一九九五年）と自然観察記『里山の少年』（新潮社・一九九六年）である。「里山」の語は四手井綱英から学んだとしているが、用法は「村里一帯の自然環境」という意味あいが強い。その仕事が「里地・里山」という環境論を生み出した。これらの著書はすぐれた作品であり、それが新しい時代を切り開くことになったのはすばらしいことである。同時に、それ以前からの村の「里山」の存在にも、熱いまなざしをそそいでいただきたいものである。貝塚市の先祖が組み立てた「里山」の歴史が、あらためて解明されることを願っている。

『養老令』巻三十「雑令」第九［国内条］に、銅鉄を産するところ以外は、「禁処《きんじょ》」を除き、「山川藪沢《せんせんそうたく》の利は、公私共にせよ」とある。「禁処」とは「禁野《しめの》」のことで、天皇の遊猟のための原野である。「山川藪沢の利」は、未開発地の利用で、山野への入会利用に相当するとし、灌漑用水源の用益権を含むとみる。これを裏返すと、「公」は優先的な利用権を持っていたが、特定の場合を除いて、「私」も等しく利用権を持っていたことになる。ここでたいせつなのは、公私平等という大原則である。荘園図を見ると、山地の中に牓示《ぼうじ》を打ち、荘園の境界を明らかにしている。カコイコミ現象である。荘園領主が、「公」を主張していることになる。「里山」はその自由な原野の「私」のカコイコミである。

「里《さと》」とは、人家のあるところ、集落といってよかろう。『播磨国風土記』(七一三—七一五年ごろ)揖保《いぼ》郡伊勢野の条に「家々静安、遂得成里」(家々がおだやかに落ちついて、ついに「里」になることができた)とある。「里山」は、その家々の山である。上岡兼千代さんが到達した、その上代の「里」である。橋本村の「里山」のある一帯は、村の貯水池がある山地であった。このあたりが、「里」のカコイコミ地域であったのであろう。「里山」ともども、家屋敷など「私」のカコイコミがどのようにおこなわれたのか尋ねてみたいものである。

荒川荘では、はっきり集落をカイトと呼んでいた。『万葉集』巻一九に詠まれた「垣都《かきつ》の谷に」(四二〇七)のように、開発された田地や山谷を含んだ広い地域を指したのが、本来かもしれない。カキツ・カイトとは、ムラのカコイコミのことかもしれない。柳田國男は「垣内」に強い関心を抱いていた。日本の社会の基底を考える上で「垣内」が重要であることは、いまも変わらない。「私有財産の起源」ということが人類史にとって大きな課題であるとすれば、「令」制では自由を基本にする山地を、「公」の特例と同じく、「家」ごとに占有する「里山」の習俗は、きわめて重い意味を持つ。

(『高野山文書研究』第五冊)

紀南部荘（和歌山県日高郡）

一、南部川にたどる村々

『高野山文書』にあらわれる「南部荘《みなべ》」は、だいたい現在の和歌山県日高郡みなべ町の地域に相当する。ほぼ北から南に向かって流れる南部川に沿った土地で、上流そして東と西は山地にかこまれ、下流には平野が開けて水田が広がる。そこには「八丁田圃《はっちょうたんぼ》」とよばれる条理の区画のある水田が、百七十町あまり残っている。南部川が注ぐ南部湾は、東に森ノ鼻、西に目津崎という大きな岬があって、独立した海の世界をつくる。河口の南方約二㎞には、埴田村に属する鹿島がある。海上八町の沖で、人家はなく、明治四十二年（一九〇九）に本土に遷座するまでは、鹿島明神社をまつる島であった。現地に立ち、地図でたどってみると、南部荘の地は、なにか完結した地域社会を感じさせる土地柄である。荘園時代の歴史を精査し、一二四〇年の景観の再現を目ざし、その大地に「フィールドミュージアムみなべ」を設定することを試みた、この和歌山大学の海津一朗研究室の事業は、とても貴重な企てにみえる。

これだけ豊かな大自然であれば、先史時代から、多くの人々の活動の場であったにちがいないと想像して、『南部町史』をひもといてみた。南部荘の風土を知る参考になる。縄文時代の遺跡は、南部川流域では、気佐藤《けさとう》の高田・新庄、東吉田の田辺坪・上城・岡の段・小矢田梅田・大塚、芝の芝添・片山にある。現在の海岸線よりだいぶん奥まっているが、海岸部は、縄文時代草期から前期（六〇〇〇年前ごろ）にかけて、気温の温暖化にともなう「縄文海進」で、海に没していた。縄文時代中期（五〇〇〇年前ごろ）以後、海面の低下などで海岸に砂丘が形成され、東吉田・気佐藤地域が拡大し、「八丁田圃」は潟湖（ラグーン）から低湿地化し、南部川や古川の沖積作用で土砂の堆積がすすみ、平野が形成され、人々は高地から気佐藤・東吉田などの低地（高田・梅田・大塚など）や、その近くの丘陵地（上城・岡の段など）に住みつくようになったとみる。これによると、荘園時代の中核集落は、縄文時代中期ごろから形成されていたことになる。

　このころ、縄文時代中期から後期にかけて、古川は南部川とは別の川として、梅田遺跡の付近で海に注いでいたようである。梅田は河口の集落になる。また縄文時代後期ごろ（四〇〇〇年前ごろ）、新庄遺跡付近に南部川の河口があったとみられるという。八丁田圃の中にも南部川の蛇行のあとがあるとするが、それは条里区画以後のことで、その鎌倉時代の合流点の内側の角が、小字「大年」であったことは興味深いことである。それは高野山御影堂文書の「仁治元年（一二四〇）南部荘内検田取帳」の裏文書で、注記に「寛喜二（一二三〇）年内検之時帳」とある「仁治元年作田検注取帳」にいう、「大歳一里／一坪」とする、現在の大歳神社がまつられている場所に相当する。条里区画で、なぜこの地が一里一坪になるのか難解であるが、鎌倉時代の両河川の合流点の角であったとするとわかりよい。こうしてみると、八丁田圃の条里は、この時代に整備されている可能性がある。

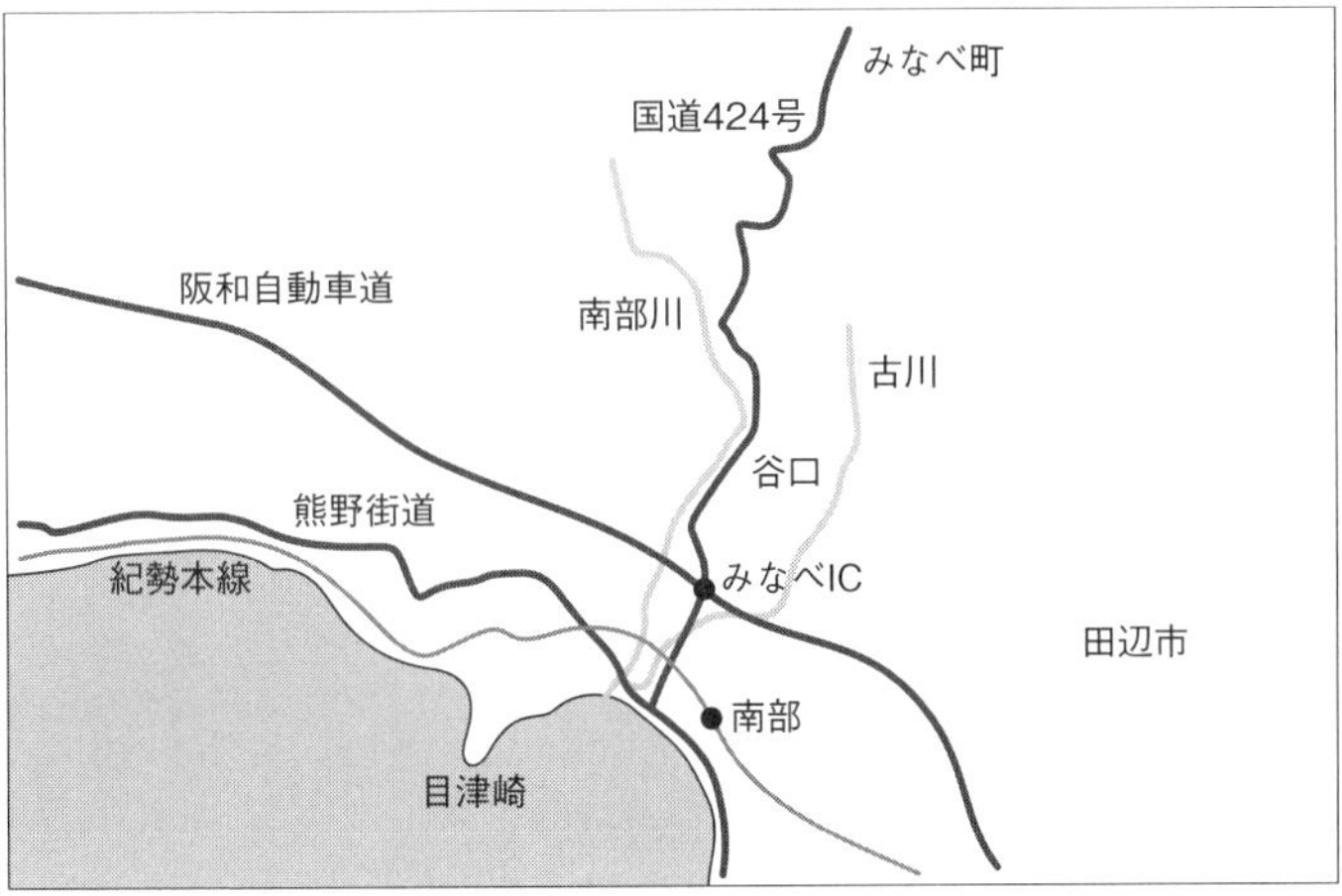

南部荘が登場する最初の記録は、公卿の中御門右大臣藤原宗忠《むねただ》の日記『中右記《ちゅうゆうき》』である。天仁二年（一一〇九）十月二十一日の条に、熊野詣での途中、「南陪《みなべ》山」を越え、王子社に詣でたあと、「南陪庄」の内「亥の野」の村人の家に宿《と》まったとある。この「庄」が土地制度の「荘」の反映であるとすれば、南部荘の歴史は、十二世紀初頭以前にさかのぼることになる。東大寺領などの荘園は奈良時代にさかのぼる例があり、しかも土地は条里区画で整理されている。「八丁田圃」が、そういう古い荘園の形態を踏んでいる可能性もある。

中世的な荘園としての南部荘は、高野山とのかかわりで見えてくる。それは柳田國男の『高野山文書研究』第六冊「南部荘」の巻頭の文書から始まる。承安五年（一一七五）六月二十四日付の前齋院庁の下文（一巻二七九番文書）である。すみやかに高野山の蓮華乗院に当御荘内の山内村の田十町を寄進すべきこととある。蓮華乗院は故《な》き鳥羽院の菩提のために建立させたもので、この村の所当地の利で、かの仏性灯油人供などにあてるために寄進せしめるものであるという。柳田國男は、前齋院が五辻斎院頌子《いつつじさいいんうたこ》であると注にあるとして、このとき南部荘はこの齋院の領であったとみえるとする。

これに続いて「五辻齋院御寄文」（一巻二八〇番文書）がある。この文書の案、有快《ゆうかい》の直筆の訳文（一巻四三五番文書）には、端書に「御自筆」なりとある。柳田國男は、原文に漢字をあてている。それにならいつつ整理しよう。「高野ノ蓮花乗院ニ、南部ノ荘永ク進ラセツ、伝ハリ来タル文ドモ皆取リ具シ進ラス、末ノ世迄、露ノ煩ヒアルベカラズ、鳥羽ノ院、又此荘伝ヘサセ給ヒタル故宮ノ御料ニモ、必ズ御功徳ニナルベシ、細《コマ》カナル事ハ、アノ御方ニ書キテ具セサセ給ヘト申シツ、其ママニタガハズアルベキナリ」とある。南部荘を蓮華乗院へ寄進する意志を表わした文章である。年月日はないが、次の文書との関連で、柳田國男は「安元三年（一一七七）中ノモノナルベシ」とする。

かくて本格的な南部荘の成立を宣言する、「春日局《かすがのつぼね》消息」（一巻二八一番文書）がある。これにも消息を読み解いた「春日局消息案」（二巻四三六番文書）がある。その「端書」にいう。「蓮花乗院　安元三年六月日」とあり、やや大きな字で「春日殿御文」とあり、割り書きで「自筆也、齋院御母也、於齋院御前、書之」として、「南部庄寄文」とある。また「奥書」があり、「有快私書之」として、「齋院の御よせ文に、あの御かたとあるハ、春日殿の御事なり、大本房の聖とあるハ、西行なり、円位大本房といふなり」として、この「案」の成り立ちについて記す。「春日殿御状なり、齋院の御母儀なり、この御状よミにくゝして、左右なくよミひらかず、仍両三人より合て、様々よミときてうつすなり、これもてしるべとしてよむべし／応永十五年（一四〇八）戊子九月廿二日　右学頭有快（花押）」とある。母親の春日局が、娘の五辻斎院頌子に、南部荘一円の寄進の決断をうながすものであろう。

この「春日局消息」によって、南部荘の基本的情況が明確になる。まず「みなべの本さう・新さう、からやのれん花ぜう院に、まいらせさせおハします」とある。高野山の蓮華乗院に寄進された土地が「本さう」と「新さう」であるという。後世の地名の東本荘村・西本荘村、それに気佐藤《けさとう》村のうち独立地域のようになっている新庄区が遺称地であろう。西本荘村には、山内・気佐藤二村も含む十五箇村でまった祇園御霊社があり、『紀伊続風土記』巻六十八では、荘中の大社であると記している。八丁田圃の北にあたる地域で、南部荘の母胎になった地域であろう。新荘は、鎌倉時代の南部川と古川の合流点の内側に大歳《おおとし》神社がある村で、ただ単に新開地とみることはできない。寛喜二年（一二三〇）以前は、そこが条里割の一里一坪であったとすると、その坪付けはむしろ八丁田圃を含む地域の呼称であったかもしれない。大歳神社の地に新庄という呼び名が生きていたのも、ここが新荘の核であったからであろう。

承安五年（一一七五）の「前齋院庁下文」に、南部御荘の内、山内村の田拾町を高野山の蓮華乗院に寄進するとあるのが、南部荘の初見であったが、文治二年（一一八六）八月廿一日の「前齋院庁下文」（一巻二八四番文書）で、水田十町を免じ、最初の目的のように、蓮華乗院の仏聖灯油、幷びに談義僧供料にあてるように荘官たちに通達している。柳田國男も、この荘が先年一円に寄進されたのに、なおそのうちの十町だけ、免田として別に切り渡す必要があったのかと疑問をなげかけているが、最初にこの山内村の水田十町を寄進したのには、理由があったのかもしれない。山内村は新庄地区を含む気佐藤村と、南部川をはさんで向きあった村で、川の右岸を含んだ下流域が、南部新荘であったかもしれない。海に臨み、山地も擁した地形は、先史時代から人々の活動の場であった。

最初に寄進したのが山内村の田十町であったことは、村落としての南部荘を知る上で興味深い。南部荘は、八丁田圃をはじめ、多くの集落は南部川の左岸であるが、山内村は右岸にあり、しかも海沿いにある。『紀伊続風土記』巻六十八「山内村」の条によると、宝永四年（一七〇七）の大津浪で人家は残らず流失したとある。山内村の呼称は、三面を山が包むので起こったというが、集落は低い土地にあったのであろう。目津崎から西、千里の浜に広がる海岸は、熊野古道で唯一海浜を歩く場所で、『伊勢物語』以下、多くの文学に描かれている。山内村でも目津の歴史は古く、縄文時代最末期（二三〇〇年前ごろ）の土器に始まり、弥生時代から平安時代に大規模な製塩がおこなわれた。平城宮跡の西隣の西隆寺跡からは、土地の産物を税として納めた「調」として「塩三斗」を送ったときの木札が出土している。神護景雲二年（七六八）のもので、地名も「紀伊国日高郡南部郷」と明記されている。

南部荘の領家職について、柳田國男も『高野山文書』の「又続宝簡集」九十六「蓮華乗院一」に収める文書、建久五年（一一九四）四月の「蓮華乗院仏事用途相折帳」（七巻一六六三番文書）、承元二年（一二〇八）九月の「蓮華乗院仏事相折帳」（七巻一六六四番文書）を参照して、系譜を追っている。領家は、後三条天皇から三宮輔仁《すけひと》親王、源有仁《ありひと》と代々続き、その同母妹、伏見《ふしみ》斎宮守子《もりこ》女王と、その妹の比丘《びく》尼妙《にみょう》恵《え》（仁子女王）の子どもである春日局《かすがのつぼね》が生んだ鳥羽天皇の皇女の五辻齋宮頌子が、明確に登場する。本荘・新荘というのは、荘園として立券した順序であるから、新荘を単純に新開地とみることはできない。山内村や新庄地区のある気佐藤村は、かえって独自の生活力があって、当初、南部荘の外側にあったかもしれない。山内村の水田十町にこだわるのにも、理由がありそうである。

「春日局消息」によると、南部荘の本荘・新荘の寄進の手続きは、「大本房の聖の御房」（西行法師）の計らいで処理されたようである。宥快の応永十五年（一四〇八）九月の「春日局消息案」（一巻四三六番文書）では、奥書で、「大本房の聖とあるは西行なり、円位大本房といふなり」と明言している。このような事実によって具体的に推測できるのは、西行法師が約三十年にわたって高野山と深い関係を持っていたのも、この種の社会のつながりを円滑にするためであったのではないかということである。「春日局消息」には、そうした円位大本房に寄せる思いが、如実に記されている。世の中をより良い方向に進める努力をする調停者が、いつの時代でも必要であった。『高野山文書』の周辺に見え隠れする文覚や上覚・明恵なども、そうした任務を負っていたようにみえる。それが修行をする寺僧の権威であった。西行も文覚も、北面の武士でもあった。

二、一里一坪の大歳神

現存する「八丁田圃」の南の端近く、阪和自動車道の南部《みなべ》インターチェンジの南西側に、「大歳神社」がある。解説によると、大字気佐藤《けさとう》の新庄《しんじょう》地区の氏神で、オミハンとかオオトッサンとか呼ばれているとあり、鎌倉時代からこの地域の聖地・鎮守の森であったとある。大歳神社という社名に心ひかれて、尋ねてみた。

われわれが神社に到着すると、ちょうど氏子とおぼしい人たちが六人ほど、なにかの神事の直会を終えたあとのかたづけを、済ませたところである。声を掛けて訪問の趣旨を伝え、挨拶をする。この日は大歳神社の五十年に一度のご遷宮の日で、一年前から神座を移して社殿を改修した、その工事が完了して神を社に迎えた、儀式を終えた祝いの席の後であるという。みなさんの顔にはお神酒の色が現われ、手にはお供物のみやげがある。

新庄の区長の新井徳弘、副区長の森要一、前区長の森本晃のお三人は、五十年に一度の祝いの日に、来訪者に行き合ったことを、ことのほか喜んでくださった。私にも、ことさらに大蔵神社との御縁が深くなったように思えて、嬉しかった。後日いただいた当日の写真によると、社殿から鳥居までの参道に、ゴザなどを敷き、人々が向き合って座っての直会のあとであった。

私には、神社の前に立ててある、みなべ町教育委員会の「大蔵神社」の案内板に、「高野山文書」の仁治元年（一二四〇）の『南部御荘作田検注取帳』に「大蔵一里一坪森　小（一二〇歩）」とみえるという紹介が気になった。条里の区画のある「八丁田圃」である。「一里一坪」という坪付けは、水田の区画の第一の番号に思える。そこに大蔵神社があったということは、それだけで、この神社の存在意義の重さがうかがえる。

○

仁治元年『南部御荘作田検注取帳』は、高野山御影堂文書、影八号、仁治元年『南部荘内検田取帳』の紙背の裏文書である。表文書には、朱筆で「十二里」の項に、「此ハ先日ニ取、大蔵坪一丁二反内」とあり、これに続く部分は「十一里」の「廿二日」をうけて「二日」とあるから、それ以前ということであろう。裏文書には、表題の墨筆「南部御庄」のあとの「注進　仁治元年作田検注取帳事」と記した右脇に、朱筆小字で「但寛喜二年内検之時帳也、仁治元年九月廿日始之」とある。裏文書では、寛喜二年（一二三〇）の古帳を墨筆で示し、朱筆は仁治元年九月の検注であろう。裏文書は、古帳を土台に、新たに書き加えた野帳で、その反故の紙背に別途書き改めたのが、表文書の『南部御荘内検田取帳』らしい。

このように裏文書が、寛喜二年の「内検之時帳」を墨筆で示しているとすると、表文書では「十二里」になっている「大歳坪」が、巻頭に「大歳一里　一坪」と墨筆で記されていることは、寛喜二年の古風であり、それ以前からの伝統であった可能性を示している。表文書にいう「十二里／大歳坪」は、新しい改訂であることになる。耕作者の名前は、裏文書も朱筆であるから、仁治元年九月の分で、表文書と共通する。問題は、なぜ坪付けが、「大歳一里」から「十二里」に変わったかである。大歳一里に、仁治元年当時、神田があり、森があったことは疑いない。裏文書では、一坪に、朱筆で「神田一反」「森小」とあり（中世・右八〇頁下）、表文書にも、朱筆で一坪に、「神田一反」「森小」などとある。表文書の十一里三坪の上欄に「神田／一反」とあり、十二里一坪と同じく尾張太郎の名があるのが目をひく。

大歳神社は、現在は大字気佐藤の新庄地区の集落の神としてまつられている。その鎮座地が今日なお「大年」という小字名になっているように、裏文書の仁治元年の『南部御荘作田検注取帳』に墨筆でいう、「大歳一里」「一坪」そのものの地にちがいない。そこに欄外に「神田一反」と朱筆があるのは、つまりは大歳神社の神田であろう。表文書の仁治元年『南部荘内検田取帳』の朱筆部分に、「十二里」の最初に、「一坪」に傍書で「大歳坪一丁二反内」とあり、「一坪」の項に、「〇／森小」「《森半》」「〇神田大才」「〇神田／＼一反」とかあるのも、大歳神社の「森」「神田」ということにちがいない。「大才」は「大歳」の略字表記であろう。十二里一坪の大歳坪には、神をまつる森があり、神田一反があったことになる。それは裏文書がいう寛喜二年の「大歳一里」「一坪」以来のことに思える。

表文書の「十二里」には、一坪の「大歳坪」に並んで、五坪の注に「大才上」とある。「大歳上」である。現代の「通称地名」にも、小字名や神社名のほかに、「オオトシ」と呼ぶ水田があった。大歳神社の側、地番四一三である。表文書にいう、「大歳坪一丁二反内」であろう。大歳神社は、地元では、一般にオオトッサン、オミハンと呼んだという。オオトッサンは「大歳さん」に相当する口言葉で、現在でもふつうに用いているが、オミハンは私が大歳神社で出会った世代の人たちは、聞いたこともないとのことであった。和歌山中世荘園調査会の調査に参加した和歌山県立博物館学芸員の坂本亮太によると、南部荘で土地の人たちの知識を採訪したときに、現地で採集した言葉であるという。大歳神社がオミハンと呼ばれていたとすれば、貴重な事実であると私は感じた。

○

大歳神というと、古典では『古事記』にスサノヲの命の系譜に、「大年の神」が登場する。スサノヲの命が大山津見《おおやまつみ》の神の女、神大市比売《かむおおちひめ》を妻にして生んだのが、大年《おおとし》の神と宇迦之御魂《うかのみたま》の神であるという。オオトシは、穀物の稔り、稲の稔りを意味する。ウカノミタマは、『古事記』神代に「宇迦之御魂《うかのみたま》神」、『日本書紀』神代上に「倉稲魂《うかのみたま》（宇介能美𤘴磨《うかのみたま》）」とある。稲倉にまつる神を示すかとおもえる表記である。オオトシもウカも、稲の稔りを表わす兄弟の神格であろう。大歳神社は、八丁田圃の稲の稔りを守る神であったことになる。寛喜二年以前からそこが一里一坪であったということは、大歳神社が、八丁田圃でもっともたいせつな場所になっていたということであろう。八丁田圃の、稲作の拠点であるということになる。

ウカノミタマの神にゆかりのある大歳神社が、オミハンと呼ばれていたと聞くと、尊い印璽という意味の言葉ではないかと思えてくる。千葉県香取の香取神宮のことを記した、天保四年（一八三三）三月刊の小林重規の『香取志』上巻に、神宮から坤方《ひつじさる》二町余にある「押手の社」のことがみえ、倉稲魂命をまつるとある。神宮の「御正印《みしょういん》」を納める「璽《おしての》社」は別に大宮司の宅地にあって、神宝もそこに納めてあるというが、「押手社」の押手も、「印」のことにちがいない。ここで興味深いのは、正月の御鍬《みくわ》入《い》れの神事はこの押手の社の前で行うことである。五穀をその艮《うしとら》の隅に埋めるという。一年の穀物の豊作を祈る儀式で、この行事の前には、神地神戸をはじめ近隣の人たちは、農具を手に取らないという。ウカノミタマをまつる新年の鍬入れの神事で、五穀の種を埋めるとは、穀物栽培民族に広く見られる初種子儀礼である。

　印璽と稲の神霊との結びつきというと、一見異和感があるが、稲を管理する倉を想定すると、オシテも重要な意味を持ってきそうである。上代からウカノミタマに「倉稲魂」の文字をあてた事実を振り返ると、オシテにかけがえのない役割があったのかもしれない。オシテが、もし古風に掌に朱墨をぬって押したものであるとすれば、稲を納める倉の出し入れの手続きであった可能性もある。琉球諸島の八重山群島の村では、収穫した稲は家の前などに稲の穂積みとして公示し、それを首里王府の収納奉行と呼ぶ役人が点検して課税したという。個人の利用が許されるのはそのあとで、この行事を漢語では、「豊年祭」と称していた。そのとき点検済みのしるしにオシテが出されるとすると、ウカノミタマの社がオシテ社であったことも納得できる。「倉稲魂」の社は、そのオシテの神事を行う舞台であったことになる。

　香取神宮の押手社や鑰《やく》社に相当する、印鑑や鍵を管理する社の例は、中世以降、国衙《こくが》の印鑰《いんやく》社として知られている。しかし香取神宮のように上代からの存在の確かな大社で、末社の農耕儀礼の形で押手社の神事が生きており、荘園としての組織が明確な南部荘の八丁田圃という条里水田にまつる大歳神社に、オミハンという通称が失われずに伝わっていたのをみると、農耕儀礼と行政制度が表裏一体になっている、本来の社会のあり方が、そこには浮き上がってくるようにみえる。政治史だけでは、同じ一つの事実も真意が見えてこないという、重要な例示である。

京都の下賀茂の賀茂御祖《みおや》神社には、印鑰社に相当する霊璽《おしての》社があった。印神または神主亭大明神と呼ばれ、その垂迹《すいじゃく》は倉稲魂命《うかのみたま》とされた。中世以降は、毎年拝賀ののち、神主は庁屋で、別当が執筆する、年中の神事である日供《にっく》をまかなうための加賀国金津荘の米所検納に関する書状に捺印し、その後、初の祭儀をおこなうのを恒例としたという。ここも香取神宮と同じくオシテの社であり、ウカノミタマであったことは、現存する日本最古の神社どうしで共通する思想であり、新しい成立の伝えであるとしても、その根底にきわめて古い信仰の一致があることは疑いない。事実は荘園時代の制度であっても、それを生んだ社会の伝統の古さは無視できない。

南部荘の八丁田圃の一里一坪の大歳の神社も、同じ経緯の成果である。賀茂御祖神社の霊璽社の行事も同時代の事例であるが、それが米をめぐるオシテであってみると、大歳神社の存在と軌を一にする信仰であろう。大歳神社は、オホトシの神ないしはウカノミタマとして稲の成育を守り、収穫した稲の保全をはかる務めを持っていたのであろう。奈良の東大寺の新年行事である修二会では、二月朔日からの十四日間のうち、後半の八日からは、境内の上司《かんつかさ》にあった印蔵《いんぞう》に納めてある小観音を二月堂の須弥壇に迎えて、法会をおこなった。それは、保延六年（一一四〇）見聞の『七大寺巡礼私記』にうかがえる。印蔵は寺印や重要文書を収める蔵であった。オシテとは、霊的な権威の最高の象徴だったのであろう。大歳神社は、それが稲をめぐって発揮されていたにちがいない。オシテという言葉の発見は、これだけの歴史の可能性をよみがえらせてくれた。

三、里神をまつる里

紀州藩の地誌『紀伊続風土記』には、村ごとにこまかく、村でまつる神社の類を記述している。一国の全体調査として、われわれにとって、学ぶことがきわめて多い。いま地誌を読みすすむだけでも、その舞台になっている村々の土地の人たちの暮しが、いかに奥深いものであったかをしみじみと感じる。たとえば、牟婁《むろ》郡栗栖川《くるすがわ》荘の西谷《にしたに》村なども、興味ある一例である。そこは、栗栖川に添う熊野古道に村居する真砂《まさご》村の、西の枝谷にある枝郷である。家数は六十二軒、人数は百六十人といい、本村より大きい。川端に、一村の氏神という山神森がある。社地は周り百三十六間といい、境内には石灯籠があるが社はない。社を建てると、祟りがあるという。

そこで概説にいう。すべて熊野の山中には、大樹あるいは古木を神体とし、その境内にはさまざまな木がうっそうとして、周囲数町におよぶものが多い。その祭日には供物を木葉に盛り、あるいは木葉を供えることがある。通して木葉《このは》祭りという。山中風俗の一端というべしとある。周参見《すさみ》荘の太間川《たいまがわ》村には、その類例がいくつかある。太間川に沿う、一村一谷の村である。家数は四十軒、人数は百七人とある。日生《ひおう》矢倉明神森が一村の産土神《うぶすながみ》である。上村の奥にある。境内の森山は、周りが九十六間ある。小祠は五社とあり、狼森は狼を埋めた地といい、社地は周り三町で、社はなく木ノ根を神体にする。他の四社は社地は森山で、そのうち若宮は森の周囲八十四間で、社はなく、木を神体とする。

そうした『紀伊続風土記』の村の神社の記述にあって、「日高郡」には、「里神社」という村の神社の記述が目立つ。サトといえば、ムラ（集落）のことである。里神というと、なにか村落の基本を示す神格のようにも思える。地域社会を理解する鍵にもなりそうな言葉である。しかも日高郡には広く見られるのに、南部荘には、少くとも『紀伊続風土記』ではまったく記されていない。なにか南部荘の歴史とかかわっているとすれば、きわめて興味深い課題である。以下、『紀伊続風土記』の「日高郡」の記述を追って、里神を拾ってみたい。

まず高家《たいえ》荘である。原谷《はらだに》村に里神社がある。熊野往還に沿った村で、鍵掛王子社や馬留王子社があるほか、小祠四社がある。村が五つに別れていて、それぞれに一社ずつある。下組に今熊野神社、山口組に信田社、中村に氏神社、中組に雨師《うし》社があり、尾崎原にある里神社が、一村の氏神であるという。この里神社には、永禄（一五五八―一五七〇）、元亀（一五七〇―一五七二）の棟札があるというから、古い神社である。里神社と鍵掛神社の慶長（一五九六―一六一五）の棟札には、本願政所内原喜左衛門尉とある。村内にある内原氏は、その子孫であろう。政所は、この地方では神社の事務所をさすことがある。

萩原《はぎわら》村では、里神社は小祠四社の一つである。もと熊野古道にあったものを移したという槌王子社があり、高家村との境にある若一《にゃくいち》王子社は、高家王子あるいは東光寺王子といい、萩原・高家・池田・荊《いばら》木《き》・原谷五箇村の産神《うぶがみ》であるという。これは高家荘五箇村の総産神という意味であろう。この村には、このほかにも、八幡宮もある。

荊木村では、村の西端にある若宮明神社が、一村の氏神になっている。村人の伝えに、昔この村に堀の内・溝の内という二人の人がいた。聖護院宮が熊野詣のとき、両家の門前を乗り打ちしたと山臥《やまぶし》（山伏）

と口論になり、殺害した。その霊が祟るので、宅地に若宮としてまつった。またそのときの山臥の頭巾《ときん》が飛んだところに塚を築いて、頭巾塚というと伝え、塚は萩原村にあると記す。来訪者を殺し、祟りをおそれて神にまつったという伝えは、各地にある縁起譚の型で、その比較研究のための貴重な資料になるが、この村では、それが村全体の神になっていることがたいせつである。若宮とは新たに現われた神の呼称で、若宮信仰自体、日本の神の信仰史で、一つの典型をなすものである。

この社には古い棟札があって、その歴史は、それなりにはっきりしている。永享四年（一四三二）の棟札には「若宮大明神高家本社の惣社」とあるというから、中世にさかのぼる村の若宮の古社である。永禄四年（一五六一）の棟札にも、「本願公文順成神宮寺周棟」などの名があり、慶長十五年（一六一〇）の棟札もあるという。そういう独自の由緒を伝える神社が村全体の神になり、里神は小祠二社の一つになっている。里神森といい、社地は周り九十間とあり、森だけであるという。呼称のとおり、里神の森そのものが社になっている。村の西端にあるというから、若宮明神社の近くにあったのかもしれない。もう一つは、石郡《こおり》明神社である。小名産所の西三町ばかりにあり、石高林とも書くといい、祭神は不明とする。荊木村は由緒のある社が村の神になり、素朴な森だけの神が里神として生きていたのが興味深い。

高家村は村が四つに別れていて、一つの字に一社ずつある。天満には、天神社がある。永正十八年（一五二一）と永禄七年の棟札があるというから、古く天満宮を勧進した神社であろう。中村には、日前宮《にちぜんぐう》をまつる。和歌山にある日前国懸《ひのくまくにかかす》神宮の日前宮を勧請した神にちがいない。慶長十年の棟札には大森の宮とあり、村人は今も大森と称しているとある。当時は本社方一間と社殿を記すが、大森と呼ぶからには、森に神をまつっていたのが古い姿かもしれない。小祠二社は、天満と西窪の境に神木森、三叉に里神森とあり、四つの小名それぞれに社があったかにみえる。小祠は二社とも森と称し、里神森には社はないという。高家村の四社は、この地域の神社の変遷の各段階を、うかがわせているように見える。森だけの里神に小祠ができ、外部の神を迎えても大森と呼び、有名な神をまつってその名を名乗るようになる。池田《いけだ》村には、虚空蔵社がある。

富安《とみやす》荘の四箇村では、上富安《かみとみやす》村だけに里神社がある。小祠四社の一つである。志賀《しが》荘の六箇村では、中志賀《なかしが》村にある。御大《おおんだいし》神社という社が南山手にあるほか小祠四社があり、一社だけ森を称する里神森がある。

三尾《みお》荘の九箇村では、里神社は、五箇村に一社ずつある。片杭《かたくい》村では、小祠二社で、八王子森は社はなく、ほかに里神社がある。小《お》浦では、一間四方の御霊宮があり、末社に里神がある。津久野《つくの》浦も方二間の牛頭天王《ごずてんのう》社の末社に、里神社と衣比須《えびす》社がある。この二村は、もともとまつる里神社の境内に、外部の社を勧請したかと推測したくなる。比井《ひい》浦の若一王子社は、宝暦七年（一七五七）に、境内にあった経塚を発掘している。焼物の壺の中の唐金の筒の中に「保元三年（一一五八）戊寅十月廿三日奉埋王子之上」と奥書に記す「法華経」八巻があったという。熊野の王子社の一つであろう。小祠二社のうち、里神森は村の東山の森をいい、社はないという。海村なので浜ぎわに衣比須社があるが、やはり里神森が村の神にみえる。小坂《おさか》村では、一村の産土神に辨財天社があるが、小祠二社に、里神社と八王子社がある。産湯《うぶゆ》浦には、誉田《ほむた》皇子（応神天皇）の産湯の井戸の伝説があり、八幡宮をまつるが、一村の産土神としては御霊社があり、小祠二社には里神社と辨財天社がある。阿尾《あお》浦には一村の氏神に白髭明神社があり、小祠三社は、辨財天社、里神社、浜にある衣比須社である。三尾荘でも、里神社が本来の村の神のようにみえる。

小池《おいけ》荘の四箇村のうち、三つの村に里神社がある。小池《おいけ》村には若一王子社があり、小祠が四社あるが、里神社、氏神社のほか、辨財天社は社なし、犬神森は榊一本を神体とするという。やはり古風をしのばせる。和田《わだ》浦では、一村の産土神という御埼大明神社は、『日本三代実録』貞観十七年（八七五）十月十日の条に、従五位下を授かったとみえる紀伊国の三前《みさき》神であるとされる名神であるが、数社ある摂社の一つに里神社がある。ここにも大きな神と、村の里神とのかかわりをみることができる。和田浦の枝郷である入山《にうやま》村でも、慶長十八年（一六一三）の棟札を伝える若一王子社のほかに、森だけという里神森がある。

財部《たからべ》荘の三箇村では、財部村に一村の氏神の王子権現社のほかに小祠三社があり、塞《さいの》神社、氏神社とともに里神社が見える。薗《その》荘の三箇村には、里神は記されていない。矢田《やた》荘の六箇村では、吉田《よしだ》村に、永禄三年（一五六〇）の棟札のある、一村の氏神の八幡宮や、熊野街道の九海士《くはま》王子社などがあるが、小祠二社に、天神社と里神社がある。土夫《はふ》村には、正平十三年（一三五八）の棟札以下、古い由緒を伝える八幡宮があるが、小祠四社があり、里神森もある。村端の山手にあるという。土生村枝郷の小熊《こぐま》村は社祠は小祠四社だけで、里神は土生境にあるという。

川上《かわかみ》荘は、五十二箇村ある。若野《わかの》村では小祠二社だけで、権現社と里神社があり、下江川《しもえかわ》村も小祠二社だけで、里神社と真妻明神社がある。入野《にうの》村は、本来は丹生野であると伝える。丹生明神縁りの地といい、大山権現社は、その由緒を説く。小祠は四社で、里神社もある。中津川《なかつがわ》村は小祠三社で、里神社もある。早藤《はやくず》村には、古い由緒があるかという大宮と称する小祠もあるが、小祠二社には、氏神社と里神社がある。松瀬《まつせ》村は小祠二社だけで、里神社と西京《さいきょう》明神社がある。伊藤川《いとがわ》村も小祠二社で、里神社と小滝森社である。岡本《おかもと》村も小祠五社で、里神もある。滝本《たきもと》村では氏神社を小祠二社とは別に先に出し、舟津村の中の旧社であると述べ、里神ともいうとする。これは小祠の中で氏神社と述べられてきた社が、里神社と同性質の社である可能性を示していて、注目される。日高郡の資料では、一村で里神社が重複していることはなく、里神社と氏神社が並んでることがあることは重要である。両社とも村を象徴する神で、その点では同質であるが、氏神のウジは村人を、里神のサトは地域を表わす言葉なのかもしれない。

日高郡でも川上荘のあたりまで来ると、山が深く、自分たちが持っている昔からの生活の知識も、外部からの新しい影響を受けることが少かったのかもしれない。里神やそれと並ぶ小祠には、社がないという例がかなり目立つ。森と唱して森を社地にしているかと思える例も少くなかった。琉球諸島の村々で、聖地を御嶽《おたけ》と唱し、森《もり》と呼んでいたのと同じ姿である。木の茂みの中に神をまつっていた。西原《にしはら》村では、小祠六社のうち山神社のほかの五社は、御神森のように、社ではなくて森であった。

高津尾《たかつお》村には、小祠五社に、里神天神社がある。今まで見てきたとおり、ほかの神名を負った里神はない。天神社が里神に習合した例にちがいない。小原長滝《こはらながたき》村では、小祠二社に里神妙見社がある。妙見社が里神になっている。家数三軒だけの村であるから、村に里神が必要であった様子がうかがえる。中木《ちゅうき》村は家数十四軒の高津尾村の枝郷であるが、小祠二社に里神山神社がある。枝郷として独立するにあたって、山神社を里神社にしたのかもしれない。高津尾川村も高津尾村の枝郷で、家数は八軒、神社は里神社だけである。これで、里神の役割の一端が見えてくる。ここに、ただ里神とだけ唱える神があったのは、これが本来の高津尾村全体の里神であったかともみえる。田尻《たじり》村でも、小祠三社には、特別な信仰があるとおもわれる三佐村境にある大将軍社や、社なしという御霊森のほか、村中に里神社がある。寒川《そうがわ》荘十四箇村では、滝頭《たきがしら》村だけに里神社がある。村中にありという。家数十九軒という村であるから、里神がこの村の存在を表わしているのであろう。山地《やまじ》荘の十四箇村には、里神は見えない。

日高川下流の南岸にあたる岩内《いわうち》荘・山田《やまだ》荘・上野《うえの》荘では、里神という呼称はあまり目立たない。岩内荘の四箇村にはない。山田荘九箇村では二村にある。北塩屋《きたしおや》浦では、塩屋王子に相当する美人《びじん》王子社があり、ほかには里神社が一社だけある。里神が村を代表する社である一例に見える。南塩屋《みなみしおや》浦の枝郷である森岡《もりおか》村にある武塔天神社は、明神川《みょうじんがわ》、南谷《みなみだに》、南・北塩屋、天田《あまだ》、猪野々《いのの》、森岡の七箇村の産土神で、正月十五日の祭りを、「御当《おとう》」と呼ぶ。七箇村、村ごとに十五歳以下の男子を一人出して儀式をおこなう、村の連合体でまつる頭屋《とうや》制で、柳田國男も、「御当」に赤い印をつけている。その地元の森岡村は、家数三十九軒の南塩屋浦の枝郷で、そこにいう里神は、まさに森岡村という土地を象徴する神であろう。同じくこの祭りに参加する北塩屋浦の枝郷の天田《あまだ》村に、小祠二社に西氏神社と東氏神社があるが、この氏神は里神と同質である氏神の例であろう。南谷村で小祠二社に、竜王社という、機能を表わすかにみえる神のほかに氏神社があるのも、里神と同じ役割にみえる。上野荘の四箇村には、里神も氏神もない。

これに東に続く、印南《いなみ》荘の六箇村と切目《きりめ》荘の二十一箇村には、里神という表現を見ない。それぞれ印南川と切目川に沿う村々の荘である。ただ上樮川《かみほくそかわ》村と下樮川《しもほくそかわ》村には氏神社がある。切目川から分かれた流れの一つの谷の上下にある村で、上に上氏神社、下に下氏神社がある。それぞれの村の氏神ということであろう。下櫛川村の柳曽には、上下二箇村の産土神の真妻明神社がある。下氏神社は、やはり柳曽にあり、村を草創するときからの神と伝える。氏神は村の成り立ちとともにある神であり、真妻明神は上下を連合する村の神であろう。氏神は、つまりは、村そのものの存立を表わす神で、里神ということのようである。

最後の岩城《いわしろ》荘二箇村では、西岩代村に、里神小社が見えている。ここには岩代王子社のなかに、一村の産土神という八幡宮があるが、東岩代村の一村の氏神であるという八幡宮を勧請したものであるといい、東西二村の成り立ちともかかわる、複雑な歴史がありそうである。幸に、この岩城荘の地は、南部町に属していたので、くわしい歴史が調べられていて、里神とは何かを考える、たいせつな手掛りになる。『紀伊続風土記』では里神社は、西岩代村に里神小社があるだけであるが、『南部町史』には、東岩代村にも里神社があることを記録している。しかも両村の里神社には棟札が伝来していて、古さの上限を知ることもできる。この地方の里神論は、このような現地調査の成果をとおして、さらに進展するにちがいない。

ここには、その『南部町史』の要点を紹介しておこう。祭神は伊邪那岐命《いざなき》・伊邪奈美命《いざなみ》で、土地を開いた神として西岩代・東岩代でまつっているとある。この祭神名は、天文十二年（一五四三）から天明元年（一七八一）まで六点の棟札にはみえない。おそらく土地を開いた神という地元の理解で、後にこの古典の神名をあてたものであろう。それは今まで『紀伊続風土記』でみてきた里神の用例にも、合致している。『紀伊続風土記』に、西岩代村の八幡宮は、東岩代村の八幡宮から勧請したとあるが、たしかに東の八幡宮の最古の棟札は、正平二十二年（一三六七）で、東の里神社にも天文十二年の棟札があった。岩城荘は、東岩代村の神々が古そうである。

そうした中、『紀伊続風土記』の南部荘二十八箇村に、なぜ里神社と明記した社がなかったのかも興味をひかれる。なにか荘園としての歴史がかかわっているのかもしれない。南部荘では、気佐藤村の大歳神社がオミハンと呼ばれ、寛喜二年（一二三〇）以前には、一里一坪にあった。印南荘六箇村にも、偶然かどうか、里神社がなく、大歳明神社が、二村にあった。東山口《ひがしやまぐち》村は五十七軒の村で、小祠二社の一つが大歳明神社である。また二百四十六軒の印南原村には、一村の氏神という大歳明神社がある。大歳神は農耕を守る神であり、一里一坪にまつられていたように、土地の鎮めでもあった。集落を守る里神の神格を、吸収していたのかもしれない。

（『高野山文書研究』第六冊）

備後大田荘（広島県世羅郡）

一、高野山の根本大塔に

柳田國男の『高野山文書研究』第七冊は、現在の広島県世羅郡世羅町の地にあった「大田荘」である。平成十六年（二〇〇四）の大合併で、一つの世羅町になる前の旧甲山町が発行した『甲山町史』資料編Iに、その大田荘初期の荘園文書が『高野山文書』を含めて集録されていて、その荘園成立の事情を具体的にうかがうことができる。

まず第一は、高野山の鎮守である山麓の天野《あまの》に鎮座する天野社、すなわち丹生都比売《にうつひめ》神社の丹生惣神主（一の祝）家に伝来した、永万二年（一一六六）正月十日付の「後白河院庁下文案」である。この地は、平清盛の五男である尾張守平朝臣重衡《しげひら》の所領であったが、荒野を開発するために、後白河院の御領に寄進した。重衡は年貢として六丈白布百端を院庁に納めることと、預所職は重衡の子孫が相伝して知行することを条件に認められた。

この後白河上皇の院庁からの下文に対応する国庁の動きは、『高野山文書之一』「宝簡集」（七）に、七八・七九・八〇号文書として収められ、柳田國男は「第七冊」の巻頭で、大田荘の立券（荘園を官に届け出て取得・売買・譲渡を作成する手続き）に触れている、永万二年の文書である。

正月「院庁御下文」ニ基キ、「国司」ハ「庁宣」ヲ「留守所」ニ下シ、「院使」「国使」ノ立合ヲ以テ、新ニ大田荘ヲ立テ、之ヲ「院ノ御荘」ト為サシム。
二月御郷?桑原郷宇賀村ハ「無主ノ荒野地」ナルヲ以テ、之ヲモ新荘ノ中ニ加ヘシム。
「留守所」ハ、命ヲ世良東条ニ伝ヘテ、之ヲ執行ス。

大田郷も桑原郷も、すでに『和名類聚抄』に見える地名であることを注記し、宇賀村が、現今の世羅郡広定村大字宇賀で、郡の東北隅であると、その歴史の舞台装置を描いている。

大田荘の立券文書そのものは『高野山文書』には入っていないが、「高野山御影堂文書」として伝来していて、『甲山町史』史料編Ⅰに収められている。「大田荘立券文写」である。荘園として認可を得るために、その土地の田畠、在家、四至、牓示など、その状況を具体的に記し、後白河上皇の院庁の御使、備後国使、下司《げし》・公文《くもん》など荘園の役人が署名した、院庁に差し出す解文《げぶみ》である。永万二年二月付である。租税収取の台帳でもあり、そこで土地を利用する一人一人の姿が写されている。当時の大田荘の行政上の生々しい姿を伝えている。

仁安二年（一一六七）七月と同三年十一月の「宝簡集」（七）の八一・八二号文書には、戸張保（世羅郡大見村字戸張）は大田荘の最中にあるので、荘領にすべきであるという備後国司の庁宣をうけて、留

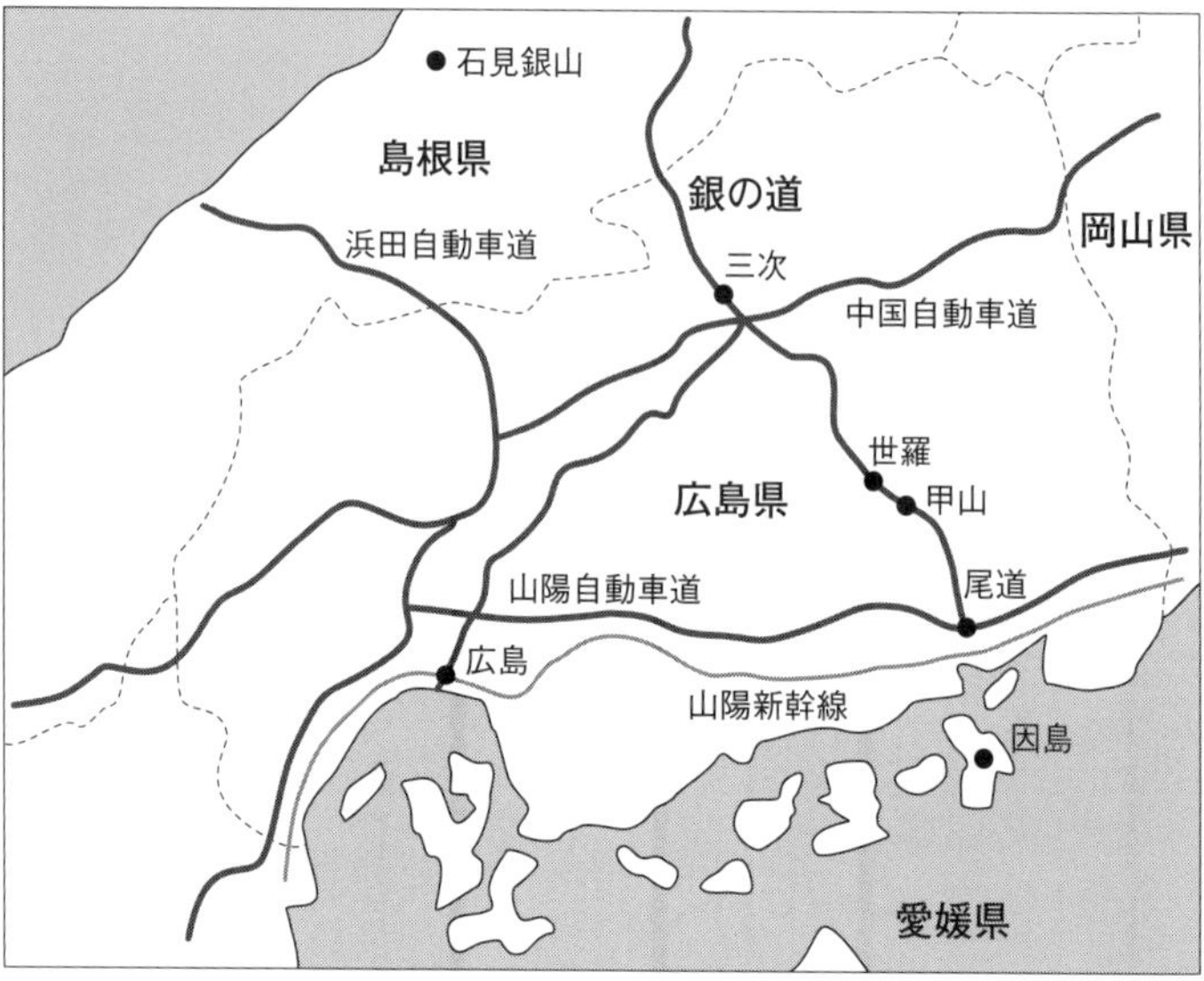

守所がそれを執行したとある。戸張保は宇賀村の西南に接しているから、これを見ると、もとの大田郷の区域より、大いに拡張していると柳田國男は指摘し、荘を新たに立てたのは、「閑地」が多いためであろうかと推測する。当初の平重衡の寄文に「開発せしめんがため」とある立券の趣意を、みごとに見抜いたかたちで、柳田國男の荘園の農政学が、いかに透徹したものであったかを、あらためて認識する。

瀬戸内海に臨む港湾都市として知られる尾道が海の交通の要衝になったのは、この大田荘の年貢を運ぶための積み出し港にするためであった。仁安三年十月付の「宝簡集」（七）三七号文書にいう。荘の「下司」と「沙汰人《さたにん》」、すなわち荘園の現地で荘務を執行する役人が請うことには、大田荘は「倉敷地」がないから年貢米の運上のとき不便なので、隣郡の御調《みつき》郡尾道村に、田二丁・畠三丁、合わせて五町を区画して、倉庫の敷地として免除してほしいという。国司がこれを許して、留守所に下して執行させたとある。柳田國男は、尾道村が今の尾道市であろうと推定し、大田荘の本郷から陸路で十二三里もあることに注目する。遠い港地まで荘園に入れた判断への関心である。

ついで荘園初期の開発について、問題を処理した文書「宝簡集」（七）三八号が登場する。先に戸張保を大田荘の内に入れるとき、八一号文書で「本古作田」の「所当」だけは数にしたがって円宗寺に弁済させると国宣があったが、仁安三年十一月の三八号文書で、大田荘の沙汰人たちが国司に解文で訴えて、本は九町三段であったが、今は実検するに十五町余段になっているとおり、円宗寺の「御封米」を弁済することを国司が許して、留守所に下命したとある。ことこまかな荘園形成の跡がたどれる。

そのあとも、戸張郷や尾道倉敷に関する仁安四年の文書が見える。「宝簡集」（七）八三号である。四月二十二日付の備後国衙《こくが》の留守所の下文で、「国使散位清原有時」を遣わして、戸張郷と尾道倉敷の四至に堺し、牓示を打ち定めたとある。本荘では立荘したときに処理した手続きで、追加により大田荘になった地域も、遅れてそれを済ませたということになる。これで、大田の地に置かれる荘園の版図は確立する。

そこでさらに、大田荘の立券文書に次いで、それに加えて大田荘の一部になった地域の確認を求める、預所職に就いた平重衡の請いに答えて、嘉応元年（一一六九）十一月二十三日付で、後白河院の院庁が備後国の在庁官人たちに下した文書がある。「宝簡集」（一）の一号である。御領は山河に接し海辺に隔たっているので、尾道村の田畠五町を御領の船津の倉敷にあて、兼ねて斗（戸）張郷と尾道村の「無主の荒野」を「開発」したのは、公益を存し、御年貢を加増するためであったといい、御領の「本色年貢」

六丈布百端のほかに五拾端を増進するとある。

　柳田國男はこの文書を紹介して、荘園はこのようにして生長するものであろうと記している。尾道は十数里を隔てているのに、なお大田荘の中になっているようであると、荘園の版図が、機能的に定まっていることにも注目する。素地の占有権はいかにして生じたものか、つねにこのような院の下文のようなものを要したのか、土地の開発、占有権がどのようなものであったかと、土地制度の根源的な課題に触れている。柳田國男の荘園文書の研究は、大地と人間とのかかわりを考えるものになっている。

　こまかくは、倉敷地になった田二丁・畠三丁の五町の地は、三調《みつき》南条の内であったという。大田荘の沙汰人の実次からの嘉応元年十二月付のうかがいもあったが、すでに院庁の下文で、下知されていることであると国庁は応じている。この「宝簡集」（九）一一九号文書については、柳田國男の記述は「荘沙汰人実次、国司ニ申請スラク」と一行だけ記して空白のままである。おそらく、その手続きのあり方を分析してみようと保留にしたままに、終ったのであろう。

　かくて『高野山文書』では、大田荘に関する文書に、大きな空白が生じる。次は「宝簡集」（一）の三〜五号文書である。文治二年（一一八六）五月付である。これを柳田國男は要約していう。後白河法皇の院庁が備後国在庁官人等に下文して、大田荘をもって金剛峯寺根本大塔領とする。これはその寺の沙門の鑁阿《ばんま》（?〜一二〇七。平安末・鎌倉初期・真言宗の僧）の五月三日付の請いによるもので、もって長日不断金剛胎蔵両部大法の用途料にするためである。太政官符（四号文書、五月十日付）を下し、院庁の下文を執行させ、かつ大小の国役・課役を免除することを伝えた。これもまた鑁阿の請いによるものである。同時に（五号文書）、この旨をもって、牒送するという。大塔の法事は、平家の亡霊追善のためであると結ぶ。

大田荘を高野山の根本大塔領にすることが、金剛峯寺の沙門の鑁阿の請いであることは、院庁の下文に引く五月三日付の解文に明らかである。「近年以降、逆乱かたがた起こり、華夷閑かならず、存者は朝朝暮暮の怖畏を抱え、亡者は生生世世の苦果を招く」とある。『高野春秋編年輯録』巻七にも、文治二年四月二十二日の条には、平氏の怨霊追薦の大法事を大塔で執行とあり、これは院宣によるとして、その本文を引いている。「平氏の一類滅亡せしむところ、自己の逆心のためといへども、かつは遺恨を含むか。その怨霊をなだめるため、高野山において、御弔の法事を執行すべし」という。これによれば、五月三日の先の鑁阿の解状は、この院宣を受けてのものであったことが推測できる。

『吾妻鏡』文治二年七月廿四日の条にも、高野山の大塔での供養のことが記されている。仙洞の御願として、平家の怨霊を宥めるために、高野山に大塔を建立する。去る五月一日より、厳密の御仏事を行う。供料所は備後国大田荘をもって、御手印を加え、今日寄せたてまつったとある。かくて大田荘は高野山の根本大塔領として、平家の怨霊を鎮めるための料になることになる。

二、平清盛と根本大塔の縁

『平家物語』巻三に、「大塔建立」という章がある。大塔とは、弘仁十年（八一九）に空海が高野山に建立した高さ十六丈の多宝塔で、久安五年（一一四九）五月十二日にふたたび雷火で焼失したあと、安芸守であった平清盛に、安芸国からの収益で大塔を修理するようにと命令が下ったことを描く。このとき

高野山根本大塔

のいきさつは、『高野春秋編年輯録』巻六に、くわしく見えている。それによると、すぐに大塔造営の宣旨《せんじ》があり、七月九日に工事を始めた。奉行は播磨守平忠盛で、太宰大弐平清盛が父を扶けて山に登ってつかえた。仁平元年（一一五一）三月十九日に大塔上棟、十月十三日に大塔本尊五仏の造刻の事業が始まるが、仁平三年正月十五日に平忠盛は卒去、曹子の清盛がかわって大塔造営の余業を監察した。途中、久寿二年（一一五五）三月七日に大塔の心柱が倒れ、死者八十九人という事故もあったが、翌保元元年（一一五六）四月には、落慶法要があり、清盛も列席している。根本大塔は、忠盛・清盛と続く、平家全盛の時代の遺跡であった。

文治二年（一一八六）四月二十二日に、滅亡した平氏一類の怨霊をしずめる法事を、高野山の大塔で行ったのも、ただそこがすぐれた霊場であったからではあるまい。平家代々一族の思いがこもっている聖地であったからにちがいない。しかも怨霊をしずめるといえば、なみたいていのことではない。金剛峯寺沙門の鑁阿が、高野山の根本大塔で、昼夜不断に金剛胎蔵両界供養法を勤修《ごんじゅ》すべきであるとして、大田荘を施入することを願って院庁に認められたということは、平家を供養することが、この時代いかに重いことであったか、思いみるべきである。

大田荘を立券したとき、大田荘の地の領主は、平清盛の五男の重衡であった。つまりは平家の領地であった。かの立券文書「後白河院庁下文案」には、端書に「進正文兵部卿罷了」とある。『公卿補任』によれば、この永万二年（一一六六）には、平清盛が兵部卿であった。この年十一月十一日に、内大臣になる直前である。立券文書の正文を清盛に送ったとすれば、平家の直轄地であろう。それを後白河院に寄進している。清盛の出世の基盤がそこにもみえる。鑁阿が、平家の怨霊をまつる根本大塔のために、大田荘を寄進するというのも、きわめて理にかなっている。

『高野春秋編年輯録』巻七には、文治三年五月一日に大曼荼羅供を執行したとある。導師は検校理賢、職衆百四十四人とある。後白河法皇、御法諱は行真の御願である。院の使は権中納言の藤原頼実で、御起請の宸翰をもたらして着座した。証文集の起請の文の摘要を五条記している。この「後白河院宣御手印」は、「宝簡集」（三四）に四三三号文書としてみえている。高野山の大塔での長日不断の両界供養法の定めで、そのために御領の備後国大田荘を高野山に寄付するという。この五条の見出しと日付の行の上に、それぞれ院の御手印がある。みずから勤修の法規まで定めた。後白河院の願いとして、戦乱の怨霊を鎮めたいという鑁阿の思いのままに、高野山の根本大塔で供養が行われることになった。

かくて金剛峯寺の沙門の鑁阿の高野山領大田荘の支配が始まる。文治三年九月十日付の後白河院々宣（「宝簡集」（一）六号文書）をもって、大田荘に関する文書に目録を副えて、高野法華房（鑁阿）につかわしている。建久五年（一一九四）七月七日付の「僧鑁阿起請相折帳」（「宝簡集」（三五）四三四号文書）には、その後の鑁阿の動向が具体的に見えている。この文書は、大田荘の荘務の執行を寺家に付けることを目的にしている。

文書にいう。文治二年の夏、高野山の根本大塔で、長日不断の金剛胎蔵両部の大法の用途に寄進された。荘務の職は、鑁阿の門跡が師々相伝してもよいが、鑁阿はもともといやしくも遁世の身として、寺家に付けるとする。かの行法は文治三年五月一日に百四十四人の供僧を率いて御使の右中弁棟範（そのときは左衛門権佐）が奉行として始め、その後、八箇年を経て、少しもとどこおることはないと、その荘務は寺家に付けようと思うという。この文書の主文のあとの行の上には、鑁阿の手印があり、末尾の署名「勧進砂《(沙)》門鑁阿」の六字も、自著であろうという。

そこで大田荘の歴史では、一般に金剛峯寺の勧進聖の法華房鑁阿が、約八年間、預所として大田荘の直接支配にあったとする。大田荘立券以前から行政の拠点であった小世良《おぜら》に、大田荘をまとめる拠点として今高野山を置き、そこに政所を置いて強力な在地支配をしたといわれる。今高野山は、現在も愛染院龍華寺《りゅうげじ》として法燈を継いでおり、境内地は広島県の指定史跡として保護されている。

江戸時代の今高野山については、文政八年（一八二五）成立の広島藩の地誌『芸藩通志《げいはんつうし》』巻百七「寺院」の項に見えている。見出しに「今高野山」とある。真言宗で、甲山町にかかり、愛染院龍華寺と呼ぶとある。伝えに、弘仁十三年（八二二）、僧空海の開基で、もと七堂十二院があり、天正（一五七三—一五九二）のころ八院を廃し、今、四院を存すという。金剛寺、安楽寺、成道院、福智院がそれで、愛染院龍華寺もその八院の一つであったが、いまは一山の総称になっている。七堂もとくに廃し、求聞持堂、層塔楼門の跡だけがある。

応永（一三九四—一四二八）の後、四たび火災を経て、旧記什物は多く亡んだ。金鈴一口、仏像一軀は、空海が唐土から持って来たもので、空海の自画の肖像や五鈷・三鈷の類がある。伝えに、文治三年に、後白河法皇の御願で、高野山の大塔の修法僧の料にこの大田荘を布施したところ、当寺の僧徒たちが年々の貢物を妨げたので、紀州の高野から、怒って宝物などをみな奪った。それでかの地の宝蔵には、「今高野」「龍華寺」と款したものがあるということであるという。

荘園時代には、ありそうな争いの伝えである。ことに、後白河院の所領で平重衡が支配していた土地が、亡んだ平家の怨霊を鎮める金剛峯寺の根本大塔の所領になって、その土地の産物が供料として運び出されるといえば、それを妨害する勢力が現われ、領主側がそれを鎮圧する行動に出るとは、ありそうなことである。ただそこで興味深いのは、ここにも、「大田荘は、高野の所領たるによりて、此寺を建て、高野に擬せしなるべし」という推測が生きていることである。

金剛峯寺の勧進沙門である鑁阿の時代の今高野山の姿は、具体的にはほとんどわからない。かの鑁阿が署名する建久五年（一一九四）の「僧鑁阿起請相折帳」の一節に、「源平騒動の間、荘内損亡して、ほとんど荒野のごとし」とある。これは直接は田畑のことをいっているにちがいないが、大田荘の地が、混乱していたことは想像に難くない。享保十二年（一七二七）開板の『備後国世羅郡大田之荘今高野山龍華寺畧縁起』は、『芸藩通志』より百年ほど古いためか、やや具体的な縁起を記している。

それによると、〝今高野山の開基は弘仁十三年八月、弘法大師が九州に御下向のついでに、大田の荘の東神傍村の沙弥行圓の庵室に宿った夜、東の方の甲山の峯から光明に連って、慈視衆生の響きがある。

よじ登って御覧になると、十一面観世音の尊像が岩屋のうちにおわします。歓喜のあまり同じ十一面の尊像一体を彫刻して二体を金堂の本尊とし、精舎あまた造立して、自画の御影一幅をすぐに与えた。それが大師堂の本尊である〟という。これは今高野山に伝わっていた、古い仏像や弘法大師画像を創建当時のものとする由来談である。

もちろんこれが歴史の真実であるとはいえないが、これらの仏像や絵像が現在まで龍華寺に伝来していれば、それらの品々が江戸時代以前から今高野山にあったものである蓋然性は、きわめて高くなる。この十一面観音立像二体は、今高野山龍華寺の観音堂の本尊として伝存している。一体はセンダン材の一木造りで、彫眼彩色で像高は一・八m。修理のときに背ぐり部分から、麻布と和紙に包まれた「延喜通宝」が発見されている。もう一体はケヤキ材の一木造り、彫眼素地で像高一・七m。どちらも平安時代初期の秀作とされ、国の重要文化財の指定を受けている。また弘法大師像は龍華寺の御影堂の本尊で、絹本着色像で、広島県の重要文化財になっている。鎌倉時代初期の作である（以上、『世羅町の文化財』）。

仏像も画像も、本質的には出入り自由な物である。しかしそれが、それなりの歴史を負っている寺堂の本尊として伝来しているとすれば、そうそう移動があったとも思えない。金堂の本尊といえば、なにがしか寺院の歴史と相生いにみえる。そうすると十一面観音立像は、今高野山の歴史が、平安時代中期以前にさかのぼることを語ろうとしていることになる。今高野山から北東方向の赤屋《あかや》にも、古い報恩寺の仏像が伝わっている。十一面観音立像は、像高一・四七mのカヤ材の一木造りで、天衣や裳に残る彫刻の様式が、平安時代初期の特徴を表わしているという。国の重要文化財の指定を受ける。聖観音立像は、ヒノキ材の寄木造りで、像高一・三六m、衣文の彫りが浅くて繊細で、平安時代後期の特徴を持つ。

今高野山は、金剛峯寺の歴史にせまろうとしている。

大田荘の地は、おそらく荘園時代以前から、山陰地方と瀬戸内海域を結ぶ交通の要衝で、文化の交叉点だったのであろう。金剛峯寺の沙門鑁阿が、大田荘を平家の怨霊を鎮める供養をする料に高野山の根本大塔に寄進するように後白河法皇に申し入れたというのも、大田荘が、その役割を荷うのにふさわしい素地を備えていたからではなかったかと思いたくなる。大田荘が後白河法皇領の荘園として立券したときに、この地を寄進したのは平重衡であり、その文書の正文をあてたのは、兵部卿であった平清盛である。この地の影の主権者は、平家の総帥であった。平家の鎮魂をするのに、もっともふさわしい場所であった。

三、鑁阿と『平家物語』の形成

平家一族の亡霊を鎮める文学といえば、『平家物語』である。『平家物語』を「平曲」として語り継いだ琵琶法師は、怨霊をまつる鎮魂の師である。平家の勢いが頂点に達した時期の舞台になる荘園を所領する後白河法皇に、平家の統領の忠盛・清盛の思いを積み上げた高野山の根本大塔に対して、その一族の魂を清める法要をするとしてその土地を寄進させた鑁阿とは、なに者であろうか。『平家物語』を生み出す基盤を醸成した、仕掛け人ではなかったか。ここまで来ると、大田荘と高野山との結びつきこそ、『平家物語』成立の土台ではなかったかと思える。

高野山の勧進聖《かんじんひじり》とされる鑁阿は、公卿の日記にも登場する。かの九条兼実《かねざね》の日記『玉葉《ぎよくよう》』巻四十、元暦元年（一一八四）四月廿日の条にも、鑁阿が登場している。「盲目聖人鑁阿来、法印相共謁レ之、所レ示之事等、皆天下之至要也、可レ帰々々」とあり、翌廿一日の条には、「今日、仏舎利一粒賜ニ鑁阿聖人一、所望之上為ニ結縁一也」とある。当時、兼実は右大臣の地位にあり、朝廷の権力者であった。そこへ聖人鑁阿が訪れて、世間の状勢を批判したにちがいない。兼実はそれを聞いて、鑁阿が指摘することは、すべて世の中にとって、きわめてたいせつなことであるとして、そうならなければならないと記している。翌日は、仏舎利一粒を鑁阿に与えて、頼んで結縁したとある。右大臣と聖人が、仏法のもと、世情を安定させる努力をするように、堅い約束を交わしたようにみえる。

文治二年（一一八六）四月に、鑁阿の願いで、平家の死者の霊を供養する行事が高野山の大塔で始まることになるが、それ以前にも、鑁阿は、このような法要の実現を願ったことを、『丹生都比売神社史』にかかわった高木徳郎は指摘している。『高野山文書之四』に収める「又続宝簡集」（一）一号文書「大塔領左辨官案」に見える。左弁官が紀伊国高野山に下した、寿永二年（一一八三）十月廿二日の文書にいう。鑁阿は、後白河法皇に、高野山の大塔の宝前で、長日不断之供養法を行うことを願っている。法皇はみずから、蓮華王院の経蔵に納める弘法大師真筆の曼荼羅を取り出してたまわり、播磨国揖東郡の福井荘の所当《しょとう》を、それにあてるとしている。同時にいろいろな法事を企画するなかに、高野山の鎮守である天野社でも、さまざまな法要の予定を立てている。鑁阿の願いは、一言でいえば、「国土不静」をおさめるためであった。このときの思いを鑁阿は兼実に語っていたのであろう。

こんなさなか、『玉葉』寿永二年十月に、目をひく記事がある。九日の条に、頼朝、本位に復するのよし仰せ下さるといふ。

とあり、十日の条に、日吉の神々に神階を加えるという。

伝へ聞く、去る夜、日吉諸社、一階を加へらるといふ。

として、諸社の名を、二宮、八王子、客人宮《まろうどぐう》、十禅子《じゅうぜんじ》、大行事、牛御子《うしのみこ》、下八王子、早尾と列挙したあとに、

また、紀伊国の丹生・高野社等、各一階を加ふといふ。

とある。日吉諸社は、慈円のかかわりであり、丹生・高野は、直接に鑁阿の世界である。天野社を舞台に、『平家物語』形成への思想が、一歩進展していた背景に見える。『百錬抄』にも、同月九日の条に、

前兵衛佐頼朝、本位に復す。

に続けて、

また紀伊国の丹生高野神、一階を加へたてまつるといふ。

とある。この丹生・高野の神は、天野社のことにちがいない。鑁阿の戦後は、『平家物語』の大成に向かって、歩み始めていたとしか思えない。

この鑁阿の決断と後白河法皇の支援は、かの闘諍の時代を安らかに納めるための方策であった。『百錬抄』巻九、寿永二年十月十四日の条にいう。〝東海・東山諸国の年貢は、神社仏寺ならびに王臣家領の荘園は、元のごとく領家にしたがうべきのよし、宣旨下さる、頼朝の申し行うによる〟とある。また兼実の『玉葉』も同十三日の条にいう。〝大夫史の隆職が来る。世上のことなど談る。院庁の官の官史生の泰貞［先日、御使として頼朝の許に向かう。去るころ帰洛］重ねて御使となって坂東に赴くべしという〟。件の男が隆職の許に来て、頼朝の仔細を語るという。記すにいとまあらずとある。

『平家物語』巻八「征夷将軍院宣」では、この『百錬抄』が伝える、頼朝の申請によって坂東の社寺・諸家の荘園の年貢は領家にしたがうようになったとある寿永二年十月という日付が、建久三年（一一九二）七月十二日付とする『吾妻鏡』の征夷大将軍になったときのことと、混同されている。『吾妻鏡』では、その月の廿六日の条に記す。この日に征夷大将軍の除書を持った勅使庁官が参り着いたとある。それは、『平家物語』の形成期には、この寿永二年十月に頼朝の申請で宣旨が下ったことで、頼朝の行政権が朝廷で公認されたという認識が、一般に生まれていたということであろうか。『玉葉』寿永二年十月九日の条には、「頼朝、本位に復すの由、仰せ下さるといふ」ともあった。とすると、鎌倉幕府の成立時期についての一説になる寿永二年十月の宣旨で、頼朝に東国の国衙《こくが》在庁《ざいちょう》指揮権が認められたことを指しているといえよう。すなわち、この宣旨をもって、鑁阿は、平家の時代の終焉とみていたのである。

鑁阿は、右大臣の九条兼実を訪問していた。兼実の弟の慈円は『愚管抄』の巻五を執筆するときに、『平家物語』延慶本の祖本と思われる資料を参照していることは、まず疑いないと赤松俊秀はみる。鑁阿があれほど亡びゆく平家一門の運命に思いをかけ、世の中がおだやかになることに心を寄せていたとすると、なんらかの形で、『平家物語』の成立にもかかわっていたのではないかと考えたくなる。「宝簡集」(二一七号文書、承元二年(一二〇八)七月十四日付の「後鳥羽院々宣」には、「鑁阿上人一期の後は」という一節があり、承元元年九月廿七日からこの日までの間に、寂したようであるという。

延慶本第一本、六「八人ノ娘達之事」に、近衛基通のことを「近衛入道殿下」と記しているのは、成立年時が承元二年にまでさかのぼり得る証拠とされる。また延慶本第一本、八「主上々皇御中不快之事、付二代ノ后ニ立給事」にも、ほぼ同一の本文がある。そうした延慶本や長門本など、広本系統の『平家物語』の本文に類する資料が『愚管抄』の素材になっているとしか考えられないという事実は、『平家物語』の世界に強い関心を持っていた鑁阿と、兼実そして慈円といった当時の知識人たちとの結びつきが、大きな意味を持っていた可能性をうかがわせている。

ここまでくると、『平家物語』が盲目の琵琶法師の語り物として発展した事実にも、鑁阿がかかわっていたのではないかと思えてくる。鑁阿は目が不自由であったという記録がある。一つは「又続宝簡集」(二四二)一九四一号文書である。建久四年十二月付で、「僧鑁阿荒野免除下文案」である。本文の後の注記に、「はんま上人ハ、めくらにてわし候けるあいた、一の御弟子のはんをくして候也」と、鑁阿は盲目なので、一の弟子の判をすえるとある。先の『玉葉』元暦元年(一一八四)四月廿日の記事にも「盲目聖人鑁阿」とあり、供の法印といっしょに、九条兼実に遇っている。あの兼実の対応には、一人の聖人としての十分な格式を感じる。鑁阿は、『平家物語』なるものを、最初に琵琶法師に教えた人にふさわしい。

平曲の秘事「堂供養」は、『平家物語』の長門本や『源平盛衰記』とともに延慶本にもあるが、本文には繁簡、大きな差がある。この章を丁寧に扱かった高橋貞一も冨倉徳次郎も、秘事として、単独に創作されたものであるとする。それは平曲の語りの詞章が、どのように構成されていったかという根本問題にかかわる。延慶本のように、鎌倉時代の語法が生きているといわれる本文の性格を、分析してみる必要があろう。『看聞日記』には、永享四年（一四三二）十月二十八日と、同八年閏五月一日の条に、城竹検校が「平家の秘事」の「得長寿院供養」を語ったと見える。琵琶法師には、『平家物語』の詞章を、平曲に表現する力があったのである。鑁阿が、平曲の世界を平曲として表現する指導者であったかもしれない。その背後には、高野山と宮廷社会があった。

四、堂供養の願い

天台座主になった慈円（一一五五—一二二五）の著書『愚管抄』には、『平家物語』の本文に、きわめて近い記述があることが知られている。それは『愚管抄』巻五と、『平家物語』延慶本第一本、八「主上々皇御中不快之事、付二代ノ后ニ立給事」にある。今井弘済・内藤貞顕考訂『参考源平盛衰記《さんこうげんぺいじょうすいき》』巻二には、この部分に『平家物語』長門本を引いて、「愚管抄と符合す」と注記している。

そこで興味深いのは、ここに蓮華王院、俗称三十三間堂の建立のことが見えていることである。『愚管抄』で見ると、

サテ後白河院ハ多年ノ御宿願ニテ、千手観音千体ノ御堂ヲツクラントオボシケルヲバ、清盛奉《うけたまは》リテ備前国ニテツクリテマイラセケレバ、長寛二年(一一六四)十二月十七日ニ供養アリケルニ、……コノ御堂ヲバ蓮《れん》華《げ》王《わう》院《ゐん》トツケラレタリ。

とある。『平家物語』延慶本も、行文はほぼ同一である。

又法皇多年御宿願にて、千手観音千体御堂を造らむと思食《おぼしめし》、清盛に仰て備前国をもて被レ造けり。長寛二年十二月十七日御供養あり。……此堂を蓮華王院とぞ名付られける。

「清盛奉リテ備前国ニテツクリテマイラセケレバ」とは、備前国にその費用を課することであるが、蓮華王院の造営当時、備前国を知行していたものは不明であるとする。平氏一門で備前守に任ぜられたものも見あたらないという。

このころの清盛の姿は、『愚管抄』のこの蓮華王院建立の段のすぐ前に見えている。二条天皇が応保二年(一一六二)三月二十八日に新造の里内裏に遷幸すると、清盛の一家の者は、ことごとくそのあたりに宿直するところをつくって、朝に夕につかえた。清盛は天皇にも院にも気づかいをした。それで自

分の妻の時子の妹の小弁の殿は、院の寵愛をうけて皇子を生んだ。それも心の中で願うことであったであろうという。

そうした後白河院とのつながりで蓮華王院の建立を清盛が受けたとすると、永万二年（一一六六）一月に、清盛の五男重衡の寄進で後白河院の荘園として立券された大田荘の院庁の下文の正文が、兵部卿である清盛にとどけられているということと、かかわることにちがいない。大田荘は備後国であるが、『愚管抄』や同文的な『平家物語』延慶本が伝える「備前国」は、「備後国」の誤記ではなかったかと思いたくなる。大田荘の地を重衡が支配していたということは、清盛の勢力圏であったことを意味している。『平家物語』巻三「大塔建立」によれば、高野山の大塔の修理は、清盛が安芸守であったときに、安芸国をもって行っている。『公卿補任』によれば、清盛が安芸守であったのは、久安二年（一一四六）二月二日から保元元年（一一五六）七月十一日であった。

後白河法皇が千手観音千体堂を建てる願いを抱いたのは、父の鳥羽法皇が得長寿院を建て、千一体の聖観音像を安置したことにならったのであろう。『今鏡』第三「すべらぎ」の「内宴」にいう。

［後白河法皇が］千体の千手観音の御堂造らせ給ひて、天竜八部衆など、生きてはたらくと申すばかりにぞ侍る。鳥羽院の千体の観音をだにありがたく聞《きこ》え侍りしに、千手の御堂こそおぼろげの事とも聞え侍らね。

後白河法皇の蓮華王院が、父の鳥羽法皇の得長寿院の再演であるとすれば、それを造り進らせた平家の忠盛・清盛も、親子二代の寄進になる。

この得長寿院の造営のことは、『平家物語』巻一、巻頭の「祇園精舎」の段に続く「殿上闇討」の最初の部分に、忠盛を紹介する文言のかたちで見えている。

然るに忠盛朝臣いまだ備前守たりし時、鳥羽院の御願、得長寿院《とくぢやうじゆゐん》を造進して、三十三間の御堂をたて、一千一体の御仏をすゑ奉る。供養は天承元年三月十三日なり。

『愚管抄』などに、蓮華王院を「清盛奉リテ備前国ニテツクリ」とあるが、それは、この得長寿院の場合との混乱で、備後国の後の大田荘などを領有していた清盛の寄進であったこととの、「備後」と「備前」の錯誤であろうとする私の見方が、正しい蓋然性が高まる。

この「殿上闇討」冒頭の得長寿院造進の部分は、「堂供養」と題する独立した一句としても伝来している。一方流《いちかたりゆう》の琵琶法師が伝えた『平家物語』の中には、この「堂供養」の章を加えた伝本もあり、「平家秘事」とした古写本にも収められている。ここで注目されるのは、この「堂供養」が、『源平盛衰記』では、第一巻の冒頭に「平家繁昌幷得長寿院導師事」として、『平家物語』巻一の巻頭「祇園精舎」に「堂供養」を続けた形で収められていることである。すなわち「祇園精舎」を序論にした「堂供養」こそ、平家一門の怨霊を鎮める物語の発端にふさわしかったのであろう。忠盛が殿上を許されたということは、平家にとって重大な時代区分であったことになる。

右大臣藤原宗忠の日記『中右記《ちゆうゆうき》』長承元年（一一三二）三月十三日の条に、「今日、千体観音堂供養行

なはるべきなり」として、くわしく供養の次第を記している。「得長寿院」という額名を撰び書いたとか、この日は「甲辰」の日にあたるが、甲辰日が堂供養の例で、法成寺や宇治の平等院もその例であるなど、こまごまと見えている。最後の方には、忠盛のことにも触れている。「国司忠盛、遷任の宣旨下さる。また内昇殿を聴さる。封戸百烟取り寄す」とある。『平家物語』巻一の「殿上闇討」の書き初めの部分にあたる。『中右記』には、堂供養の日以前にも、千体観音堂についての記載がある。二月十五日には、「来月十三日、千体観音堂供養密儀の由」とか、「千体観音堂は［希］代の勝事なり」、「千体観音堂古今有りがたき御願」などと見え、二十八日には「白河院御願千体観音居ゑたてまつる」ともある。

また三月九日には、「今日、白河千体観音堂供養、習礼」とある。「堂の中央の間に丈六正観音像を安置し、その左右に等身正観音像、各五百体を立てまつる。像中に千体の予（小ヵ）仏を奉納すといふ。御仏院庁沙汰して造立したてまつるなり」と、御堂の内部の様子の描写がある。この日の記事の本文の最初に見える「堂」の字には割り注があって、「備前権守の造営なり」とある。十三日の堂供養の日の記事にも、忠盛に対する勧賞《けんじょう》のことが見えたが、ここにいう「備前権守」は、忠盛のことにちがいない。堂供養が終ったあと、三月廿二日の条には、「備前守忠盛朝臣、入来と云ふ。内の昇殿を聴《ゆる》されての後、今日、初めて御膳を供ふなり。この人の昇殿なほ未曾有のことなり」とある。その宮廷社会の反発が具体化したのが、「殿上闇討」の出来事である。『平家物語』は巻頭から、かなり史料を具体的に踏まえているかに見える。

五、備後の海から杵築大社へ

文政八年（一八二五）八月成立の広島藩の地誌『芸藩通志』巻百三「備後国世羅郡」一上の「世羅郡全図」には、郡域の東側に、南から北に向かって、破線で「石見路」が描かれている。平成二十九年（二〇一七）に世界遺産に登録された、かつての石見銀山から産出した銀を、積み出し港の尾道の蔵にまで運んだ、「銀の道」に相当する。その「銀の道」を描く『銀の道探訪マップ』は、国土交通省中国地方整備局三次河川国道事務所の制作（二〇〇六年四月）で、くわしい地図に、写真と解説を添えて、カラー版で見ることができる。

「世羅郡全図」でたどると、「石見路」は、南から小世良《こぜら》村に入り、甲山町を抜けて大田川を渡り、西上原村を経て、赤屋《あかや》村、別迫《べつさこ》村、小童《ひち》村、宇賀村とたどって、三谿《みたに》郡に出る。これを見ていて、目をひいたのは、宇賀村を北に抜けた「石見路」が、戸張村から北に流れる戸張川に近づくことである。現代の道路でいうと、一八四号線が銀の道に合流していることになる。一八四号線は、尾道から甲山町まで銀の道と同じ道筋をとりながら、甲山町で分かれている。こまかい道の位置は場所により違いもあろうが、大筋では、これが尾道から甲山町に入る幹線道路であろう。それが甲山町で銀の道から分かれて、戸張村に抜けるもう一本の南北の道を開いていた。

銀の道では、途中、赤屋村には古刹の報恩寺があった。『高野山文書之一』「宝簡集」（八）一一四号文書「大田荘桑原方領家地頭所務和与状」の「荘内寺社事」の項目に、「今高野《いまこうや》社」とともに「赤屋報《あかやほう》恩寺《おんじ》」がみえる。正安三年（一三〇一）六月付の文書である。しかも、ここの報恩寺には、国の重要文化財に指定されている、木造十一面観音立像と木造聖観音立像が伝来している。前者は、平安時代初期の様式の特徴を示しているといわれ、後者は平安時代後期の特徴を持つという。このいまの「銀の道」は、奈良時代の一種の官道にさかのぼる古い交通路かもしれない。

『銀の道探訪マップ』⑨を見ると、尾道市の海寄りの中央通には、今も「出雲大社道」の起点の碑がある。現在の尾道市東土堂《ひがしつちどう》町には、かつての「出雲屋敷」も残っている。出雲藩積み出しの米の大部分は、尾道で売りさばいていたという。「銀の道」も、備後国からは、出雲国を経て石見国に至っている。世羅町でも、石見道とともに、出雲道という呼び名がいまも聞かれる。世羅町域から日本海側に抜ける道は、赤名《あかな》峠を越えていたにちがいない。

この江戸時代の「銀の道」は、尾道の遺跡にしたがえば、松江藩の公式の米積み出しの道であり、かつ他国の人にとっては、出雲大社参詣の道であった。この道が奈良時代の官道にさかのぼる可能性があるかないかは、さらに『出雲国風土記』（七三三年成立）の通い道の記事との照応関係で、検証してみることができるはずである。

『出雲国風土記』で備後国への道をたどってみよう。出雲の国庁のあった黒田《くろだ》駅から、大原郡家《ぐうけ》に至り、南西道を経て三刀屋《みとや》川沿いに溯行して飯石《いいし》郡家に至る。そこから南西に八十里進むと三坂剗《みさかのせき》に着く。この標高五八〇ｍの赤名峠を越えると備後国である。この道は、現代の国道五四号線とも、道筋は変わりがない。それが自然の地形の力であり、歴史の必然性の積み重ねであった。

『出雲国風土記』の記事を地図にして道路をたどると、海寄りの低地を東から西に走る幹線道路の山陰道から玉作《たまつくり》（造）の街《ちまた》で分かれた道は、大原郡・飯石郡の郡家を通って、ずっと南の三坂で備後国に入る。地図で見ると、山陰道に匹敵する大きな道筋である。玉作の街から少し東に進むと国庁のある黒田駅に至り、そこから北に進むと、隠岐《おき》の島に渡る千酌駅《ちくみのうまや》に至る。この三坂から千酌駅に至る一本道は、上代以来の備後国の瀬戸内海岸から隠岐国に至る、幹線道路ではなかったかと思える。

主要な道路が隣の国に越えるところには「剗《せき》」があったことが、『出雲国風土記』にはくわしく見えている。意宇《おう》郡の通い道には、国の東の堺の手間《てま》の剗がある。常に置く剗である。隣は伯耆《ほうき》国相見《あいみ》郡になる。嶋根郡には戸江《とのえ》の剗がある。伯耆国の夜見《よみ》島に向きあう。神門《かんど》郡では、石見《いわみの》国安濃《あの》郡との堺にある多岐々《たきき》山には常の剗がある。同じく安濃郡の川相《かわい》郷に行く道には、「政」のあるときに剗を権《かり》に置く。飯石郡では、備後国の恵宗《えそ》郡との堺の荒鹿《あらか》の坂と、同国の三次《みよし》郡との堺の三坂《みさか》には常に剗がある。また波多径《はたみち》と須佐《すさ》径と志都美《しづみ》径の三つの径には、「政」があるときだけ、剗を置く。仁多《にた》郡では、伯耆国日野郡との堺にある阿志毗縁《あしびえ》山に行く道にはいつも剗がある。備後国恵宗《えそ》郡との堺にある遊託《ゆた》山に行く道にも、いつも剗がある。同じ恵宗郡との堺にある比市山に行く道には、「政」があるときに剗を置くとある。『出雲国風土記』巻末記事の「道度」で、「正南の道」「南西の道」が、中国山地を越えて瀬戸内海側に通じているのは、上代の出雲国や吉備国の発展のほどをしのばせる。

この「南西の道」の国境の三坂からは、ほぼ真北に、出雲郡の杵築《きづき》大社（出雲大社）がある。意宇郡の熊野大社を本拠にするかに見える出雲国造家が、いわば出雲国の最西端ともいえる出雲郡杵築郷に鎮座する杵築大社のもとにあって、仕えてきているという歴史の背後には、備後国、すなわち吉備国に通じる峠が真南にあることが、大きな意味を持っていたのではないかということも推測されてくる。出雲郡の南は、神門《かんど》郡である。『出雲国風土記』神門郡の総記には、「神門」となづけたのは、神門臣《かむどのおみ》伊加曾《いかそ》然《ね》のとき、神門《かむど》を負う（「神門負」）たので神門というとある。「神門負」とは、神門を守る責任を負ったということであろう。かつて私は、「神門」に「神領への入り口のこと」と注したことがある（『風土記』角川文庫、八八頁）。「神門」が飯石郡三屋郷や仁多郡御坂山にも見え、広い神聖な場所への出入り口と考えたからである。

『出雲国風土記』には、神門《かんど》川の描写がある。飯石郡の琴引《ことひき》山を源に北に流れ、来島《きじま》、波多、須佐の三郷を経て、神門郡余戸《あまりべ》里の門立《とたち》村に出て、神戸《かんべ》、朝山《あさやま》、古志《こし》の三郷を経て水海《みずうみ》に入る。飯石郡須佐川の条にも神門川の上流として見え、神門郡門立村に入るとある。門立村が神門郡の入口であることがうかがえ、門立村に神門が立ててあったかと想像できる。また「南西の道」の大原郡との境界に近い三屋郷には、天《あめ》の下造《したつく》らしし大神《おおかみ》の御門《みと》があるので、「三刀矢《みとや》」といったとある。ここにも杵築大社の神門があったことがわかる。ちょうど門立村と東西に緯度が一致するような位置で、やはり神領への入口にあたるような場所である。そこから北西、郡境を越えた神門郡朝山郷には、天の下造らしし大神の御用品に見立てられた山が集中している。御屋《みや》、稲積、御陰《みかげ》（髪飾り）、御稲《みしね》、御鉾《みほこ》、御冠《みかがふり》という、宇比多伎山、稲積山、陰山、稲山、桙山、冠山である。また郡の西南部にある吉栗《よしくり》山は、大神の宮材《みやき》を取る山であったという。檜・杉があると記す。まさに神門郡は神領の郡であり、出雲郡は神地の郡になる。

神門郡との境に、飯石郡には与曾紀《よそき》村がある。地理的な広がりから推測すれば、神門郡の門立村に接する、須佐郷の三つの里の一つかとみえる。須佐郷は、『出雲国風土記』に、その由来が記されている。神須佐能袁《かむすさのお》の命が、小さい国だがよい国どころであると、自分の御魂を鎮め置いて、大須佐田・小須佐田を定めたとある。ここには神祇官社に須佐の社があるから、その神田であろう。この郷には正倉も置かれているから、中国山地によく見る、山の中の盆地に開けた水田地帯であろう。オホナムチの命の神領の神門郡に接して、大須佐田・小須佐田があったということは、興味深い。スサノヲは、オホナムチのすぐ外側にまつるべき神であったかもしれない。神領に接する飯石郡の村が与曽紀村であったのは、神領を出はずれたことを示す柵《き》などがある「外柵村《よそき》」の意にも見える。

もう一つ門立村・与曽紀村と続く地域で、『出雲国風土記』には興味深い課題がある。飯石郡の通い道の項にいう、「波多の径」「須佐の径」「志都美《しづみ》の径」である。この三つの径は、常には剗はなく、「政」があるときだけ権《かり》に置くという。みな備後国に通うとある。この三つの径については、出雲国の地誌にくわしい関和彦は、与曽紀村を始点として須佐郷を通る須佐径、波多郷を通る波多径、現在の飯南《いいなん》町志津見あたりを通って南に向かう道が一本につながって、来島郷内で南西道に合流するのであろうと推測する。それぞれの郷ごと里ごとの道が、備後国への通い道として扱われているのが目をひく。この道は、与曽紀村から北は神門郡で、門立村からは神門川の水路を利用したのであろうか。もっとも西によった道で、杵築大社と備後国を結ぶ、最短コースのようにも見える。江戸時代の出雲大社参詣の習俗は、上代にさかのぼるのではないかと思えてくる。

このように出雲国と備後国との交通路をたどっていると、永万二年（一一六六）に大田荘が立券されたときに、尾道浦の一部と戸張郷が、ことさらに大田荘に組み入れられていることが気になる。「宝簡集」（四）三七号文書「大田荘下司幷沙汰人等愁状」にいう。仁安三年（一一六八）十月の文書である。大田荘の「下司」と「沙汰人」が請うことには、大田荘には「倉敷地」がないので、年貢米運上のとき不便なので、隣郡御調《みつき》郡尾道村に田二町と畠三町、合わせて五町を区画して倉敷地として免除してほしいと願い、国司が許し、留守所に下して執行させたという。尾道村に倉敷地を持たない大田荘がそれを認められたということで、尾道村が年貢米運上に便利な港町であることが大前提になっている。新たに五町の土地が倉敷地になったことは一つの発展ではあるが、むしろここには、それ以前からの賑いの様子もうかがえる。

　この立券のとき、大田荘の北方の隣接地も、新荘の中に加えている。「宝簡集」（七）七九・八〇号文書「備後国司庁宣」「備後国衙留守所下文」である。仁安三年七月と十一月廿二日付である。桑原郡の宇賀村は、「無主の荒野地」なので、院の御使と国の使が堺の四至の牓示を打ち立券するとある。桑原郷は『和名類聚抄』に、備後国の郷名として大田郷とともに見える地名で、世羅郡の東北の隅にあたる。甲奴《こうの》町宇賀は、「銀の道」が笠岡ルートと尾道ルートに分岐するところにあたっている。その少し手前に「郷地《ごうじ》蔵《ぞう》さん」と呼ばれている辻堂がある。荒野地なので開発するために、大田荘に編入したようにも思えるが、この宇賀村の位置をみると、街道の道筋の村を荘内に確保するためであったようにみえる。

　同じときに、もう一箇所、大田荘に組み入れた村がある。前にも見た「宝簡集」（七）八一・八二号文書である、仁安二年七月「備後国司庁宣」と、仁安三年十一月廿二日「備後国衙留守所下文」である。国司が留守所に庁宣することには、戸張保は大田の最中にあるので荘領にせよ、ただし「本古作田」の「所当」だけは数にしたがって、円宗寺に弁済せしめ、その他の無数の荒野の地、山河藪沢は、「大田郷内」にせよという。翌年、留守所が執行したとある。戸張保は旧世羅郡大見村戸張で、甲山から「銀の道」が別かれて西寄りに北進する一八四号線に沿った、世羅町北寄りの地域である。その道は馬《ば》洗《せん》川沿いに行き、「銀の道」に沿って進む。この戸張の道は、本質的には、「銀の道」の脇道になる。

　このようにみてくると、平重衡が後白河法皇に寄進した大田荘を立券するとき、尾道村や宇賀村、戸張保を荘内に入れたのは、結局は、大田荘の交通の便を確保することにあったのではないかと思える。これが若い重衡の案でないとすれば、父の平清盛の政策であったことになろう。「銀の道」をたどり『出雲国風土記』の「通り道」の記事にうかがったように、出雲国それも杵築大社から備後国の尾道などの瀬戸内海を結ぶためであったとすれば、中世の大田荘の役割に、交通の要衝ということが浮かんで来る。それは、日本列島という社会のありかたを考える上でも、一つの課題になる。

六、千年百姓の家

　昭和二十六年（一九五一）、入学した高等学校の図書室で、小野武夫著『日本村落史考』と題した書物に出会った。興味にぴったり合った表題にひかれて、早速借り出して読んでみた。思ったとおり、日本の農村社会史の論考を集めた一書である。村の生活の中から農村の暮しぶりを、制度とのからみも含めて描いた、自分が思いを掛けてきた世界が語られている。いま住む屋敷に、草葺きの大きな家が建っていたときであった。通学のための片道一時間ほどのバスの中で、読みふけった。終戦直後の書物で、ザラ紙にボール紙を芯にした紙表紙の装幀であったが、とてもいとおしく感じた。

　そこで印象深く読んで、後々まで記憶に生きていた言葉が、「千年百姓」である。山口県の長門の萩の旧家で、天平時代の東大寺の大仏殿造営のとき、牛を牽いて参加した農民の子孫の家が、そのまま続いているという。われわれが周囲の家々で知ることができるのは、せいぜい先祖が戦国時代の武将であったというくらいの由緒である。それが千二百年からの古さで、村の家として続いているという。そういう上代から村に土着して住み続けているような家を、「千年百姓」と呼んでいる。日本の社会には、天皇家があり、宮廷社会を構成した由緒ある家々が続いている。出雲《いづも》大社や日前国懸《ひのくまくにかかす》神宮の宮司家のように、律令制以前の出雲国造《くにのみやつこ》・紀伊国造の家系を継ぐ家々もある。諏訪《すわ》大社や阿蘇《あそ》神宮の神職家のように、中古に武家を出したような家々も、さかのぼれば国造時代からの家系を引いているはずである。垂仁天皇の時代に、皇室がまつる天照大神を迎え、伊勢神宮をまつって神職として仕えてきた宇治土公《うじのつちぎみ》家（現在は、ウジトコとよむ）のような家柄もある。全国には、千年百姓の家も、いろいろあるにちがいない。

日本の社会には、もともと千年百姓の子孫の人たちが、たくさんいたはずである。しかし、それが「家」という形では続いてこなかった。イエとは自然な家族であると同時に、社会組織の上での単位でもある。したがって、社会の組織や制度の影響で、千年百姓の由緒が存在感を失うことがある。「歴史」の研究というと、その時代時代の権威の存在を明らかにするだけで、その権威の影で隠れてしまった古い由緒には、多くの配慮をはらっていない。日本の村々には、千年百姓の伝統的なエネルギーが、みなぎっていたのではないか。そういう日本の「家」というものが、日本の社会の底辺として、いかにたいせつであったかということを考えてみなければならない。「村」とは「家」の連合体であるが、それは家族が複数、一つの地域で生活するための組織で、模式的にいえば大家族制が基本である。それが時代時代の社会制度や権力関係がどのように影響するかで、「村」を変えてきた。

柳田國男の『高野山文書研究』の解題を担当するにあたって、私は、一つ一つの荘園を、「村」の角度から見てみたいと思った。高野山領の荘園時代は、いわゆる中世である。荘園の村を把えることができれば、それ以前の平安時代や奈良時代が展望できるかもしれない。当然、それ以後の鎌倉時代から戦国時代を経て、江戸時代、近代へと続く、現代の「村」も展望できるはずである。私の神奈川県での体験では、荘園村落が江戸時代の「村」の基盤になっており、現代の「村」を知る基本的な知識になる。とくに高野山領になる和歌山県北部の村々では、荘園時代の村落機能が村の伝統として生きている。私自身、これらの村を歩いてみて、日本の「村」の中世を体感し、現代からたどることのできる、日本の社会の根元の「家」と「村」を学びたいと願った。

そんな思いで臨んだ作業で、第一冊「荒河荘」について学び始めたとき、山陰加春夫編『きのくに荘園の世界』上巻を開いてみた。村田弘執筆の「荒川荘を歩く」という文章がある。荒川荘域の案内である。読むと、荒川荘の地元の荘官である「下司」であった平野家の屋敷跡がわかる。荘園文書に「公文」として見える奥家の屋敷が、昔の建物のまま、いまも健在であるという。中世の荒川荘の在地の荘官の家々が、生きている荘園であることがわかった。荘園村落の景観を夢見て、すぐにでも現地に行ってみたいと願った。思いきって、早速なにもわからないまま、地図をたよりに紀の川市に出掛けた。和歌山線下井坂駅の近くに、紀の川市歴史民俗資料館がある。ここを尋ねれば荒川荘の概要もわかるかもしれないと思いながら訪ねた。館の主任の山田《やまだ》知《さとる》さんの配慮で、来合せていた鉄羽可奈子《てつばかなこ》さんの車で三船《みふね》神社まで送っていただき、有井《あるい》久善宮司の夫人の車で、紀の川市文化財保護委員の竹中佳子《たけなかよしこ》さんの家を訪問、竹中先生を道案内に、有井夫人の車で平野家と奥家を訪ねた。

一〇m二〇mと登ったような台地の縁に、平野家の屋敷の跡はある。村田弘が記すとおり、荒川荘の中心地であったかと思われる、三船神社が鎮座する神田地区（旧上田村）や元地区（旧小路村・賀和村）を眼下に見下す段丘の端である。荘園を現地で支配する下司の平野家の家屋敷にふさわしい地形である。屋敷の周囲と思われるところには、土壁の跡かと見えるような痕も残っている。崖いっぱいに屋敷構えがあった様子がうかがえる。新しい民家が三棟建っていて、敷地の広さもそれなりによくわかる。その片隅に、平野家でまつっていた祠の類かと思える跡が、いまもそのまま残っていた。なにか土地の神であろうかとみえた。荘官といえば荘園の役人であるから、荘園時代に、どこからか移住して来た家柄かと思えるが、高野山領の荘園の村々を訪ねながら、千年百姓の家々は、どうなったのであろうかといつも考え続けて来た。

奥家の家屋敷には、荘園時代の村の指導者層の家のおもかげが、みごとに生きていた。地元での呼称オキドンは、「奥殿」の方言発音であろう。「殿」は、この土地での名家を指すときの敬称で、中世の文書などにもよく出てくる。「奥」をオキというのは、海の奥をオキ（沖）というように、各地で聞く日本語の古い発音の一例であろう。「奥」家は、オクではなく、オキであったかもしれない。伝えでは、平治元年（一一五九）に荒川荘を高野山に寄進した、鳥羽天皇の皇后美福門院（藤原得子、一一一七—一一六〇）が召し連れた北面の武士であった奥近江守盛弘の子孫が代々住んだとするから、荘園時代に来住した役人に見えるが、中世荘園の「公文」には、現地で任命された在地の名家もありはしなかったかと思いたくなる。荒川荘の鎮守である三船神社の宮座などを見ると、地元の荘官などは、地域に育って来た親方筋の千年百姓が、任命されたのではないか、一つ一つ、家と経済基盤の関係を、分析してみたいものである。村人一家族一家族が働かなければ、荘園には生産力は生まれない。村には、千年百姓が必要であった。

はじめて荒川荘の平野家と奥家の家屋敷の位置を見たとき、要塞堅固な場所であると感じた。奥家も平野家と同じく、二、三〇mもあるかと見える崖の上の台地の縁にある。しかしその南側には、平地があって水田が開け、その先は谷戸《やと》地形で水が湧いている。高野山麓の村々を歩いているうちに、これが、このあたりの古い村の歴史ある家の屋敷構えの形なのかもしれないと思えてきた。紀伊半島の海岸部をまわっていると、海に削られた崖が切り立っている地形が多い。海沿いの平野の先も岩が切り立っている。そんな崖まで、海が侵食していた時代があったのである。

縄文海進という用語を想い起こす。海進とは海水面の上昇現象で、近くは縄文時代の早期に当たる約一万年前から急激な水位の上昇が起こり、約六千年前の晩期には現在の海水面より約三m上昇して終ったという。それを縄文海進と呼ぶ。縄文時代、日本列島の低地は海になり、海に追われた人々は山地に寄った。そんな時代、紀伊半島は文化の中心地になり、海が引いた時代には、文化の発信地になったはずである。日本の山の文化の基盤は、そこにある。荒川荘の下司と公文の屋敷に、そんな思いを重ねた。

地元には、奥家とその村の地形を誌した、「小林村奥家領分絵図」と題する絵図が伝来している。上野村の枝村である小林村が、そこに屋敷を構える奥家の領分である。長方形に近い村構えで、東の境界線いっぱいに寄り、南北のほぼ中央に、正方形に近い区切りの奥家の屋敷がある。西側に長屋門があり、その西側に村を南北に通る道がある。そのさらに西に、山裾と覚しいところに、これも南北に走る道がある。村の家々は、その二本の道の間、やや山寄りにある。家は十四戸を数える。この絵図は元禄九年

（一六九六）十二月のものであるが、これを見ると、小林村の区画とは奥家の支配する大家族で、中世以前からの日本の「家」の形を、具体的に示しているようにみえる。

奥家には、「奥家系図抜書」がある。江戸時代後期のものであるが、地域での奥家の地位をうかがうことはできる。長承三年（一一三四）に安楽川（荒川）荘の検使となり、保元元年（一一五六）に美福門院に付いて荒川に来た盛弘を奥家の先祖とする。系図には、「北面従五位公文職近江守盛弘」とある。その後代々荒川に住み、美福門院薨去のあと、野田原をたまわったとあり、武家らしい活躍も伝える。元和元年（一六一五）大坂城落城をうけ、当代の重政は在所の荒川に帰り、代々高野山を守護して荒川に住んだという。これを指して、土豪ではない、落人であるという人もあるというが、中世の武家とは、在所を持ち、ときには土地を移動し、本貫を基盤にしていたように見える。武家の移住と集団化が、千年百姓の存在をかき消したのかもしれない。

小野武夫がいう千年百姓は、そういう伝えを持つ家が、由緒を語り継いで来たから生き続けてきた。国守家自体は、江戸時代には、一般の百姓と同格の平百姓になっていたという。しかし、毛利家が大名の時代には、まだ国守家は特別の由緒を認められ、元日の朝、門開きをする役の人は、国守家の門を開け、ついで氏神の椿八幡の門を開け、そのあとで毛利家の門を開けたという。年貢も、「直上納《じきじょうのう》」といって、直接藩の御蔵に納めていたそうである。天平以来の由緒は、萩町の中津江村の「白牛山竜蔵寺縁起」に記されている。後世の社会的な習俗などを究め、日本の村々に生い立ったはずの千年百姓の跡を追い求めてみたいものである。それが日本の社会の質を明らかにする道になる。中世の荘園制の史料を十分に生かさなければならない。

いま私の手元には、一冊の『日本村落史考』がある。五十年余り前に、古書店で手に入れている。奥付を見ると、ちょうど私が図書室で出合ったころの本で、一九四八年四月の穂高書房版の再版で、一九四九年三月の発行とある。もちろん、紙はザラ紙で表紙も薄いボール紙であるが、表を上にして水をかぶったらしく、紙にしみができ、ボロボロになっている部分もある。よくぞ、店頭で命をつないで来たものである。一度開くと、紙の粉が散る。それでも、私にとっては、尊い一冊の書物である。あの「千年百姓」の夢は、いまも生きている。その思いを羽ばたかせた七十年前の草葺きの家があった屋敷で、書き継いでいる。日本の村へのあこがれは果てしない。

七、葛城山麓の丹生家

有吉佐和子の作品『紀ノ川』は、人が命を宿すときの聖地を、嫁ぐ日の近い孫娘の花《はな》が祖母の豊乃《とよの》と参拝するという描写から始まる。そこは、空海を尋ねて来た年老いた母が留まって死を迎えた地であり、現在はその母を供養するためにまつった弥勒菩薩像を安置するお堂がある。人々が子授け、安産、そして乳がよく出るようにと祈る、女人高野《にょにんこうや》である。一対の乳房を形どった願いのしるしが、いくつも掛けてある。いまでは、慈尊院《じそんいん》は、空海の母の菩提をとむらうとともに、そこに鎮まる、高野山の地主神として知られる丹生《にう》の神の一社、丹生官省符神社を守る寺院になっている。ここは、高野山の金剛峯寺の信仰の母なる拠点で、山上にある奥院に至るまで続く参道に、一町ごとに建てられた石柱の町石《ちょういし》の出発点でもある。豊乃に手を引かれて花がここに参るという場面には、人間というものの奥深い思いが語られている。

弥勒堂を拝み、石段をあがって神社に参り、町石道の入り口に立って、山上伽藍にまで続く道に思いをはせ、車にもどった。北に向かう橋にさしかかったところで、案内役の山田《やまだ》知《さとる》さんが、この川の向こうに、弘法大師が唐へ留学したときに、お金を借したけれどもまだ返って来ないという人の子孫がいるけれども行きますかという。空海は私費留学生であるから、どこかに資金を援助した人がいるとは、ありうべきことである。山田さんの勤務先の先輩だった丹生《にう》善清《よしきよ》さん（昭和七年生）の家で、その方は亡くなったけれども、邦子夫人はお元気だという。しかも、そのときの空海の証文もあるとのこと。弘法大師の伝説はどこにでもあるが、高野山のお膝元で、空海の債権者の家に出会うとは実感がある。少くとも高野山開創より古い家柄であると、信じられていることになる。しかも名字も「丹生《にう》」を名乗るといえば、高野山の地を空海に譲った丹生の神と同じ名乗りになる。千年百姓の伝えである。

橋本市吉原《よしわら》の丹生家は、地図で見ると、やや東寄りではあるが、高野山の町石道の入口がある弥勒堂や丹生官省符神社から見て、ほぼ真北に当たる。高野山の山上にある、金剛峯寺の発祥の地とされる壇上伽藍からは、ほとんど真北の位置になる。紀の川をはさんで、南北一対の聖と俗の世界にも見える。この吉原の丹生家が空海の世俗の世話人であったというのも、納得したくなる地理的環境である。山田知さんが借金の証文というように聞いていたのは、この丹生家の家譜のことであったかもしれない。平成二十七年三月、初めて訪問したとき、善清夫人の邦子さんも山田さんと旧知の仲ということで、突然の訪問であったが、巻物に仕立てた家譜の原本を見せてくださった。

現存する家譜の二代目にあたる、冒頭に「大同三年五月、丹生《にふ》丹生《にふ》丸信𦤶《まろのぶをき》」とあったと思われる項目には、「空海」の名や「高野」の地名が現われている。その分を翻字しておこう。

大同三年（八〇八）五月、丹生丹生丸信叓（五字分カ）□
伊都之判官任ス、三十三歳而、当郡山々ニ於、猪
鹿野田荒圭留テ政叓而、加美ノ犬ヲモトメ、日々
矢ヲ以テ狩叓久、農人等之心安鎮、猶又
神仏ヲ奉拝テハ、武文二道ニ心ヨスル事、常世（二字分カ）□
仏法大道□□之大師法ニ依テ浄銀（三字分カ）□、
拝禱国家安全、先祖代々之長久ヲ禱□□
以天狛見山ヒラキ、是ヲ高野ト名ツケタリ、国々山々先達
等ヨリ武加為一切経而宝蔵立テ之納諸仏ツメテ諸
経真言拝壽叓也而時弘仁七年（八一六）真言空海来
而以テ社ノ真西ニ目見門此時空海師此山ニ来ル事拝キ農
夫等アツメテ日々神仏之貴言真寿此山ヲ空海法師
タムケテ秘密之堂浄立一男広重丸家名寿事
二男広千代丸ハ一言山之根ニ住ス、時天長三年（八二六）三月
廿一日世ヲ去、行年四十九才□
天長三年三月二十一日、丹生丸信叓《ノフヲキ》叓ヲ丹生狩場

神ト伊都農人等ヨリ中奉称事□（六字カ）
□（二字カ）伊都之判官丹生四□広重代書［花押］（注）

「伊都」は、後の伊都郡の伊都にちがいない。「伊都の判官」とは、この地域を統括する役であろう。三十三歳のときに、山々で猪や鹿が野田を荒すのをとどめて政りごとし、加美の犬を求めて毎日矢で狩ること久しく、農民を安堵させた。神仏を拝んでは、武文の道に心を寄せ、常に世を仏法の大道により、大師の浄銀により国家の安全を願い、先祖代々の長久をいのった。天の意をもって、狛見山を開き、「高野」と名づけた。弘仁七年（八一六）に、真言の教えを伝える空海がこの山に来た。この山を空海にたむけ、堂を建てたという。丹生家が「高野」という名をつけ、空海にささげ、そこに堂宇を築いたことになる。この丹生丸信支《のぶをき》を、伊都の地の農民は、「丹生狩場の神」とたたえたという。世にいう、丹生の神と狩場の神が空海に高野の地を与えたという古伝に相当する物語が、逆に、丹生家の先祖にその名誉が贈られたという史談風の伝えになっている。

この家譜には、この家の先祖が空海に唐への留学の資金を借したと明言した記事は見えない。空海の支援者として、そんなこともあったという口伝は、この家にはあったかもしれない。証文が残っていたというのも、この古い家譜の存在からすると、無碍に否定することもできない。家譜の初代の欄に「皇王ヨリ金銭二百貫文拝」とあったり、二代目の欄にも「浄銀」と読めそうな文字もあり、それから、家譜にも記されているという誤解も生じたかもしれない。少くとも、ここにいう丹生家は、空海とそのように関係があってもおかしくない家柄のように続いてきたはずである。

高野山麓には、丹生明神（天野社）にゆかりのある家柄が三家ある。まずは、奈良時代からの系図を記録し続け、鎌倉時代初期に三谷の竈門《かまど》家から天野に移住して天野社に仕えた丹生惣神主家と、もともとの三谷の本家である竈門家とに別かれていまに続いている。惣神主家は、丹生輝代麿氏が、晩年高野山の持明院に身を寄せていたが、昭和六十一年五月に亡くなり、直系は絶えている。この二つの家の分家にあたるのが、ここにいう橋本市吉原に続く丹生善清家である。この家は、二代目は「伊都の判官に任ず」とあるが、三代目以降は、おおむね「紀伊国伊都葛城山の根、山田荘司」「四十五ヶ村の荘司」といった範囲に入るような役職を記している。しかし文亀三年（一五〇三）ごろから変化が起こり、元亀二年（一五七一）四月には、山田村・吉原村の二村の長の役になっている。天文十五年（一五四六）五月の記録では、それは真田家の意向であるとする。吉原の丹生家が、伊都郡の土豪としての権威を失ったことになる。

高野山に空海の寺堂が鎮まったこと以下、『丹生家家譜』には、興味深い記述が豊富にある。空海を高野に迎えた信吏の孫、三男の広真は、空海の門に入って後に海浄と名乗ったとある。こうした古伝から、どのような高野山の歴史が描けるか、心ひかれる課題である。しかし天保十年（一八三九）成立の『紀伊続風土記』巻四十四「伊都郡　官省符荘　吉原村」の項の記事には、もう丹生家の中世のおもかげはなにも残っていない。二村の長役という丹生家の役割をしのぶように、「山田村」の項の「葛城明神社」に「村中にあり、山田吉原二村の氏神なり」とあるところに、前代の丹生家のおもかげを見る。「広野村」は、この二村の新田であるという。また郡中の古郷名に、「村主郷」があったことを指摘し、「山田村」の項に、高野山所蔵の元久元年（一二〇四）の文書に、「山田・村主両荘事」とあると記す。これも丹生家の支配が広かったあかしかもしれない。
吉原・山田は、北に東西に走る葛城山地を負っている。丹生家は、いまも広い山地をそこに経営している。村の北には、立派な葛城山があると、丹生邦子さんは誇りをこめていう。大自然の響きは、住む人の心にしみ渡っている。職人を頼んでの植林作業にも、いまでも注文主として作業着をつけて立ち合う。『紀伊続風土記』巻四十四「山田村」には、「葛城の山足に村居」すると、その景観に注目する。「吉原村」には、村領の葛城の峯の森の中に不動堂があると記す。葛城先達《かずらきせんだつ》の行所《ぎょうしょ》で、百年ほど前までは峯の祠の中に鏡を神体としていたので、その地を鏡ノ宿といったとある。「宿」とは、行者が行《ぎょう》のために泊る場所の呼び名である。延享三年（一七四六）成立の杉原泰茂の『南紀神社録』には、伊都郡吉原村に葛城神社が見えている。祀る神は、葛城一言主命であるという。葛城《かずらき》の一言主《ひとことぬし》の命《みこと》といえば、山の行者の始祖になっている役小角《えのおづの》が服従させた、山中の神の名である。『丹生家家譜』には、江戸時代の当主の譜文に、この社の社司であったという意味の記述もある。

吉原村の丹生家は、吉原村と山田村の氏神の司祭者であり、かつは葛城先達の鏡の宿の管理者でもあったかもしれない。高野山の麓の天野社（丹生都比売神社）は、日本最古の修験者を誇るその葛城修験が入峯するときに、準備の行をする出発点であった。享保十八年（一七三三）に亡くなった政時の時代には、葛城の宮と一言主の社との二宮の社司であったとある。元禄三年（一六九〇）の善兵衛尉も、慶安二年（一六四九）の宗秀や、元亀二年（一五七一）の宗広も二社を司っていた。四十五ヶ村の長役時代には、村の社の役は見えていない。当然、伊都の総社である丹生・狩場明神につかえていたことになる。

家譜は、先代が亡くなると、次の代の人が、その人の伝記を書く形になっている。ここにはいくつかの項目について、その特徴をまとめてみた。おおよそは、そのまま事実の記録とみてよさそうである。全体を見て、その方向性を知ることになる。文字を一つ一つ解読して、史料として検討できる姿にしたい。『丹生家家譜』でも、大同三年（八〇八）の日付が一番古いのをみると、その成立は、平安時代初期の氏文《うじぶみ》の整備の流れと期を一にしているように思える。家譜の原本は、古い部分は、原典をそのまま台紙に張ったもので、原本の用紙は古風で、丹生都比売神社の地元で、この天野社の研究をしている天野歴史文化保存会の報告、谷口正信・谷口千明『丹生明神の昔を探る』（平成二十一年四月）によると、鑑定の結果、古い用紙は奈良時代後期にさかのぼるものかと見えるという。専門家の注意深い検討を期待したい。高野山開創の伝えも独自性があり、文献学的な判断とともに、素材を解析する手だてを整える必要がある。『丹生家家譜』には、隣りに本来、天野社の第一殿に納められてきた、和銅三年（七一〇）の成立という『丹生《にう》大明《だいみよう》神告門《じんのりと》』がある。本文の比較を通して、これらの資料が適確に生かされることを願っている。

現在の丹生家は、もとの家屋敷のすぐ東側の一段低い便利なところに、新築されている。おそらく古い屋敷は、浸水などの被害をうけないように、高いところに設けたものであろう。かつては、京都の二条城から、幕府の役人じきじきに、羽織、袴で年貢の収納に出張してきたという。直納であろう。伊都四十五ヶ村の荘司であったという丹生家の姿は、どのようなものであったか、図書館で『橋本市史』各巻をおおよそたどってみたが、わからなかった。村の歴史、家の歴史は、地域の歴史を描くためにも、その土台として貴重なはずであるが、なかなか見えてこない。小説『紀ノ川』で、慈尊院の大檀家《おおだんか》の紀《き》本《もと》の大御《おおご》っさんである豊乃が、「紀本の遠い縁戚にあたる丹生家」といったときの丹生家に、思いをいたす。そういう、日本の社会が千年、万年、数万年と、この大地で営んできた歴史が、われわれの目の前にある。その一つ一つを認識して、人間の営みの意味を考えるのが、歴史の科学に課せられた使命であり、存在意義である。もしわれわれに生きているあかしを示す哲学があるとすれば、その歴史科学である。

丹生家がたいせつに保存してきた家譜がどれだけ信用できるか。現代の知性が、それを十分に検討してみなければならない。『源氏物語』はフィクションであるがゆえに、珍重されてきたではないか。『丹生家家譜』は、長い時間をかけて書き続けられてきた。それだけで尊い。それが、もし、その時代時代の生き証人であったとしたら、高野山の歴史にどれだけ寄与することであろうか。よしんば、それが真実でないことがわかっても、なぜそういう虚構をたいせつにしたのか、人の心の真実が探求されなければならない。われわれの歴史の旅は、人間とはなにかを追い求めて、どこまでも続く。

注　『丹生家家譜』は、解読にあたっては、大判のカラー写真版を用いた。判読しにくいところも多かったが、できるだけ試案を示すように努力した。そのとき、原本の古い紙にしみこんだ墨の跡が座右で現実に見ることができれば、もう少し文字を精確に読むことができたかもしれないと思うことが多かった。専門家の十分な検討が行われることを期待している。

八、平維盛の子孫の真実

かつての高野山領の荘園、阿弖川《あてがわ》荘は、ほぼ後の清水《しみず》町に相当する。川筋にしたがって村々がまとまり、行政区画がつくられれば、おのずと、同じ地域が一つの村の連合体になる。『きのくに荘園の世界』上巻に収める「阿弖川荘」の章に、高橋修執筆の「阿弖川荘を歩く」がある。「阿弖川荘」とは、どのようなところか、景観が目に見えるような案内である。そこには、荘園の中の小さなムラごとの暮しも心に浮かぶ描写が続く。清水町の中心地の清水に着くその少し手前で有田川を渡って、湯川に沿って山の中に入り、平家落人の里、上湯川《かみゆかわ》を目指すとして、写真を添えて小松屋敷を紹介する。

平維盛《たいらのこれもり》の子孫と伝える小松《こまつ》家は、いまも上湯川のもっとも高いところに屋敷をかまえる。こんもりとした山を背景に、斜面を切り開いた形で、山の中腹にそれなりの大きさの家屋敷がある。源氏との戦いで屋島から逃がれて来た維盛は、熊野で入水したとみられていたが、実はこの地に隠れ住んだという。いわゆる落人伝説の一つであるが、当主の小松為成氏は三十二代目の末裔であるとする。江戸時代までは上湯川一円を領有し、村寺の薬王寺が屋敷続きにある。この上湯川の奥の近井は、維盛の七人の家来が開いた村と伝える。

この小松家が祭りを主催し、「日光曼荼羅」を伝える日光社は、鎌倉時代中期に神田が置かれていたことが『高野山文書』で明白であり、この時代以来、阿弖川荘の人々の信仰を集めていたことは疑いない。社地は上湯川の一番奥の山の中にあり、鳥居や社殿のほか、多宝塔・金堂・薬師堂などの神宮寺の伽藍が立ち並ぶ聖地であったというが、明治七年（一八七四）の神仏分離令で廃絶し、広大な所有地は国有地になった。遺跡は昭和四十年（一九六五）に地元の高等学校の生徒が家族の協力のもと発掘に参加し、その調査報告書も公刊されている。この「日光曼荼羅」は、現在は小松家から和歌山県立博物館に寄託されており、美術史専門の同館主査学芸員の大河内智之の精細な研究がある。小松家が平維盛の子孫であるかどうかは、究極には立証不可能であるが、日光社の存在が、有田川中流域の湯川一帯に展開した、鎌倉時代の村の生きた歴史の証人であることは疑いない。

平成二十六年（二〇一四）三月、道路工事中で車では入れないからということで、小松家の建つ山が、谷をはさんで真正面に見える反対側の山の中腹へ案内してもらった。小松家のすぐ下には段々に、自家用と思われる畑や水田が見える。その下はずっと平地が広がる。農地であろう。豊かな農村に見える。南向きの日当たりのよい屋敷である。ちょうど天気がよかったので、のどかな山間の村らしい景色であった。翌年の三月は、雪の日であった。山の中腹にある小松家まで、舗装道路が続いている。雪が降り始めていたので畑から戻って来た御当主の小松為成さんに、お目にかかることができた。仏壇にまつる維盛像も拝ませていただいた。墓地は裏山にあるということで車で向かったが、急な坂道で、雪がはげしくなったので断念した。ここはとてもヌクイ（暖い）ところだという為成さんの一言が、この小松家の立地条件を言い尽くしているように思えた。

中世村落であることが文書からも立証され、村の組織が機能してきたこともわかっているのに、あれだけの『清水町誌』編集の企画の中で、「第九編　郷土ゆかりの人々」の中で「小松家　平維盛伝承」として取り上げながら、もう一歩追及できなかったのは惜しいことである。「中世以来、村人にとって小松家は上様的な存在で、村人の小松家に対する献身ぶりは、特別であったという」とする林照雄の記述は、きわめて意義深く貴重である。小松家の存在意義は、この一点から、よみがえるはずである。

小松家の社会的役割は、平維盛の子孫であるという伝え以上に、現実的で重い。そういう家柄が、なぜ平家の落人伝説を持っていたかが問題である。しかも、類似の家が、どうして日本各地にあるのか、一度は本格的に考えてみなければならない。宮崎県の椎葉村の鶴富《つるとみ》屋敷のように、村でも有力な旧家であってみると、平家の落人であると格式をつけることで、古くから続いている土着の旧家に、新しい社会的地位を付与することができた名残りではないかと、私は考え始めている。その新しくかかげる金看板が、なぜ平維盛の子孫であったかを究めてみなければならない。

平維盛の物語といえば、『平家物語』の世界である。『平家物語』巻十では、維盛は寿永三年（一一八四）三月十五日の暁、屋島を脱出、高野山に参って出家、さらに熊野の本宮、新宮、那智の三社に参って、「入水《じゅすい》」の章に至る。三月二十八日のこととする。しかし『源平盛衰記』巻四十では、すでに維盛が入《じゅ》海《かい》したというのは偽りごとであるとする異伝があることを、記している。

或説には、那智の客僧等これを憐みて、滝の奥の山中に庵室を造りて隠し置きたり。その所今は広き畑となりて、かの人の子孫繁昌しておはし、毎年に香を一荷、那智へ備ふる外は、別の公事なし。故にここを香疁《かうばた》といふ。入海は偽事と云々。

とある。

『源平盛衰記』に見えるとすれば、維盛が入水しなかったという伝えは、かなり早くからあったことが推測できる。平家に対する処遇には、怨霊を鎮めようとする鑁阿《ばんま》の言葉からも、武家としての源氏の立場とのすきまに、なにかゆるやかな部分があったかもしれない。『太平記』巻五「大塔宮熊野落事《おおとうのみやくまのおちのこと》」にも、熊野へ向かう大塔宮を戸野《とのの》兵衛が隠まうことの引き合いに、その戸野兵衛の先祖をたのんで、維盛はここに隠れて、源氏の世にも無事であったということも見える。

『源平盛衰記』には、これとともにもう一つ、藤原長方《ふじわらのながかた》（一一三九―一一九一）の日記『禅中記《ぜんちゅうき》』を引いている。維盛は、熊野三山の参詣をとげ、高野山に向かったが、遁れることのできる身ではないと都に上り、後白河院の御所に参って、自分は謀首ではないので、罪は深くない、命は助けられてよいと申し入れた。院は不便に思って、関東へ伝えた。頼朝の返事に、維盛を下してその体によって申し入れようという。関東へ下るように法皇から伝えると、その後は飲食《おんじき》を断っていたが、二十一日というのに関東へも着かずに、相模国湯下宿《ゆもと》で入滅ともいうと記す。『禅中記』は、その原本は伝存していないという。これも、維盛は入水しなかったという風評の一つにちがいない。

『平家物語』の本文に評言を加えた江戸時代の『平家物語抄』巻十下にも、維盛はこのように入水したと披露しただけで、熊野の山中の檜原《ひはら》という里の長の聟になって、前からの従者の重景や石童丸もともなって、一生無事にして年老い、その山中で亡くなったということある。これもそのころの世の伝えであろう。元禄四年（一六九一）刊の『参考太平記』巻五の平維盛の記事では、「熊野の人の口碑に曰はく」として、地元の人の伝えを記している。紀州牟婁《むろ》郡に藤縄の要害と名づける処がある。ここは維盛が佯《いつわ》って海に入ろうとして、逃げ匿《かく》れしたところである。その山はとてもけわしい。藤を攀《よ》じ、縄に依って上る。それでここをこう名づけた。今に至るまで、維盛の子孫は紀州にいる。小松をもって氏とする。その家の前には、維盛の碑がある。今に小松弥助《こまつやすけ》と号する者は、またその子孫であるということある、弥助は小松家代々の名乗りである。年代のたしかな、小松家の由来の古い資料の一つである。

東北地方には、マタギなどと称している、独自の狩りの技術を継承してきた狩猟民がいる。この人たちは、「山立由来記《やまだちゆらいき》」などと呼んで、自分たちが狩猟をする権利を認められているとする、由緒書を持っていた。一つは日光派ともいって、下野《しもつけ》(栃木県)の日光の神を助けたので狩猟をすることを許されたとする。また一つは、紀伊(和歌山県)の高野山を空海に与えたという、狩人である狩場明神から狩猟を許されたとする高野派である。日光にはかつてその由緒を伝える神職の小野家があって、その信仰の系譜はおおよそたどることができる。高野山の方も、金剛峯寺でも狩人を表わす狩場明神が守護の神になっているから、その信仰の成り立ちはわかる。私などの関心は、この二つの狩猟民の信仰が、もともと別個であったのか、一つであったのかである。

柳田國男の『高野山文書研究』の旅を続けていて、有田《ありだ》川筋に日光社があることを知り、二つのマタギ文書は、本源一つのものであることを悟った。日光社を持つ小松家が支配する地域の年貢が、江戸時代に入る時期には鹿の皮五十枚であったとすれば、狩猟民の村である。日光社は、狩猟民のまつる神であったといえる。下野の日光山の開山である沙門勝道《しゃもんしょうどう》の伝記を書いたのは、空海である。弘仁五年(八一四)のことである。空海の詩文集『性霊集《しょうりょうしゅう》』巻二に収めている。日光山の二荒山《ふたらさん》神社は、男体・女体・太郎の三社から成り立つが、女体権現は空海の開山と伝え、小野猿麻呂家は、空海の秘伝を持つ家柄であった。小野猿麻呂を元祖とする日光派のマタギの由緒書は、上湯川村の日光社にもつながり、空海が下野の日光山を開いた沙門勝道の伝記を書いているのをみると、狩猟の神の日光社は、空海に高野山の地を譲った狩場明神とも、一つながりの信仰であることになる。丹生都比売の神は、狩場明神の母神である。下野の日光山はもとは二荒山と書いたのを、日光山に改めたのは空海であると古くから伝えているのも、深い歴史的意義があるにちがいない。

院政期あたりを境に、上代から続いて来た日本の村落社会には、荘園制を母胎にした支配組織が、確立してきたようにみえる。土着の千年百姓も、新しい統治制度に組み入れられるようになる。そのときに、古来の家柄に権力を与えたのが、平家の落人であるという看板ではなかったかと私は推測する。建久八年（一一九七）九月二十一日に、源頼朝は高雄上人（文覚）を「紀伊国安世川下司職」に任じているが、すぐに文覚は、十月十三日に「安世川下司職」を七郎兵衛尉、武家の湯浅宗光《ゆあさむねみつ》に譲っている。文覚は頼朝から認められた荘園の役人という地位を利用して、日光社をまつる上湯川村の小松家の権威を維持し、その社会的な後楯として、在来の武家の湯浅家を確立する役割を果していたのではないかと私はみる。

落人とは、敗者として勝者にしたがうという大原則のもとに、村落社会で維持してきた権威を名家として発揮するのに、好都合な条件におもえる。各地に平家の落人という古い家柄が多いのには、なにか法制史的な理由がありそうに感じる。上代から続く、そういう家々の歴史が、日本の村々、社会を形づくっていることを考えてみたい。

九、人間と聖なる世界

（一）丹生明神と高野明神の神像

享保十二年（一七二七）開板の『備後国世羅郡大田荘今高野山龍華寺畧縁起』の境内の絵図を見ると、二王門を入って、左右二筋の参道が南の山地の斜面を登るのに添って、道の左右の外側に、六坊ずつ十二坊の寺院が並んでいる。その先には池があって太鼓橋がかかり、正面には丹生明神《にうみょうじん》と高野《こうや》明神をまつる社殿がある。明治初年以降は、神仏分離令で神社として独立し、丹生《たんじょう》神社と称している。

この今高野山は、文治二年（一一八六）に後白河院が、大田荘を高野山金剛峯寺の根本大塔領に寄進したとき、高野山の政所として置かれたといわれている。したがって、金剛峯寺の守護神にもまつるこの二つの神々の御神体の像も、そのころの制作とみられていたが、先年、詳細な調査研究の成果がまとまった。鑁阿《ばんま》の請いにより大田荘が高野山に寄せられた文治のころから、この荘の統治にあたった鑁阿の没年、一二〇七年ごろまでと判定された。

その典拠になった伊東史朗の論考「広島・丹生神社の男女神像」（『仏教芸術』三四七号、二〇一六年七月号）は、単に美術史にとどまらず、丹生明神の信仰史にとっても参考になる。それは大河内智之の論考「成立期の丹生高野四社明神像について——鋳造神像とその木型——」（『仏教芸術』三四六号、二〇一六年五月号）ともかかわる。大河内智之は、丹生酒殿神社の近くの三谷《みたに》薬師堂にあった女神像が、丹生明神の本源とみられる天野社の神像（銅造）と、大きさ・像容がまったく同じで、天野社の神像の鋳造原型（木型）の可能性を指摘する。それは、もとは丹生酒殿神社の神像ではなかったかという。そういう中で、原像と今高野の像の違いについて、伊東史朗は、勧請元と勧請先の差、制作時期のずれを問題にしている。根本図形とその展開形とも、言い換えている。「今高野」は、実は「今天野」であったかもしれない。

今高野山の境内配置図を見ると、太鼓橋が人と神の世界の境をなしているように思える。しかも、今高野も川を渡って山に向かう道は、南に向いていて、明神の社殿は、北に面している。天野社も、社殿は北向きである。高野山の檀上伽藍の御社は、北に向いてはいない。今高野は、高野山を模しているわけではあるまい。大田荘の政所であることをねらったのであるとすれば、金剛峯寺の政所の機能を負っていた、天野社に習うのが筋である。正暦五年（九九四）七月六日、落雷で大塔が炎上、壇上の諸伽藍が累焼したとき、天野社の地が政所になった。今高野は、かなり積極的な意味で、高野山の政所の役割を果たしたに違いない。鑁阿の活躍の舞台としても、特別な意義を持っていたはずである。かくて、丹生神社の木造丹生明神坐像と木造高野明神坐像は、平成三十年（二〇一八）十月三十日付で、国指定の重要文化財になった。今高野山に、新しい確固とした重要な史料が成立した。

(二) 天野四社の成立

大田荘が高野山の根本大塔領になったとき、天野社は、丹生明神と狩場明神の二社だけで、他の第三殿、第四殿はなかった。それが現実の遺跡で立証できるのが、今高野山である。『丹生都比売神社史』に、「祭神について」の項で、第三殿・第四殿の神の鎮座について、『紀伊続風土記』が引く『天野神書』を紹介している。『高野春秋編年輯録』巻七には、承元二年（一二〇八）十月の条に、北条政子が熊野参詣の路次、天野宮に来拝し、三・四宮と御影堂を創立する大壇主になったとある。それは、行勝・貞暁両上人の勧めによると記し、割注に『天野神書』を長々と引いている。そこには、それぞれの神が、越前の笥飯《けひ》大明神と安芸の厳島大明神であることが明記されている。この長文にわたる引用は、天野社の信仰史にとっても、きわめて興味深い要素を含んでいる。ぜひ分析してみたいものである。このときの老御台所の熊野御参りは、『吾妻鏡』巻十九、承元二年十月十日の条に、この朝進発とみえ、十二月廿日、御還向とある。

笥飯大明神と厳島大明神というと、すぐ思い付く『平家物語』の一章がある。巻三「大塔建立」である。平清盛が安芸守のときに、安芸国からの上納で、高野山の金剛峯寺の根本大塔の修理をしたときの物語に、「抑《そもそも》平家、安芸の厳島を信じはじめられけることをいかにといふに」と、平家と厳島大明神との縁を語る段がある。大塔の修理を終わった清盛が高野へ行き、大塔を拝み、奥の院へ参ったとき、どこともなく老僧が現われたという。「大塔既に修理をはり候ひたり。……越前の気比の宮と安芸の厳島は金剛界・胎蔵界両界の重跡で候ふが、気比の宮はさかえたれども、厳島はなきが如くに荒れはてて候。哀れ同じくは此の次でに奏聞して修理せさせ給へかし」という。これは、かの文治二年（一一八六）に、大田荘を根本大塔領として寄進し、大塔で鑁阿が、長日不断の両界供養大法という法要を行って、平家の怨霊を鎮めようとした、その序曲になる。

この時期に、なぜ筒飯と厳島の大明神が出現したか。それらの神を天野社に第三宮・第四宮としてまつることが、平家の怨霊を鎮護する鑁阿の思いを達成することだったのではないか。『高野春秋編年輯録』で見ると、この直前、鑁阿が亡くなっている。建永元年（一二〇六）七月十三日、「鑁阿上人、鎌倉より検校師および大塔行法衆中に呈書」、承元元年（一二〇七）三月廿七日に、「後鳥羽院々宣を下し賜はる［参議長房の奉書なり］。偁《もう》す。大田荘知行の事、鑁阿一期の後は、永く寺僧の沙汰たるべく［この院宣、座主より伝達、山に着くは、同廿九日なり〇この院宣の御文言、鑁阿一期の後云々、今に存生するを知るなり］」。承元二年（一二〇八）秋七月十四日、「院宣を賜はる。大塔領大田荘、今日より、早く本山僧知行すべしと云ふ［案ずるに、鑁阿上人、頃日卒去したるか。その所、いかん。鑁阿一期の後、盟約の状、明白なる故なり］」とある。

ここで鑁阿の死を迎え、その遺志の継承を思った人々は、平家の怨霊を鎮める作法を、どう引き継いでゆくかを考えたはずである。天野社に第三宮と第四宮をまつることを実現した人たちは、『平家物語』に「大塔建立」の一章を残した。そうした力が、「平曲」全体を編みあげる情熱の根幹になっていたはずである。鑁阿が大田荘を経営し、今高野をまつり続けた組織力は、『平家物語』を結集する力になったにちがいない。鑁阿をはじめ、一人一人の関係者の動きをこまかく分析して、あの『平家物語』の素顔に、近づいてみたいものである。建永元年に、鑁阿が鎌倉に滞在していたかに見える記録があることも気になる。

(三) 紀の国の臍

紀伊半島には、ヘソが二つある。高野山と生石山《おいし》は、人類の自然観でいう「大地の臍」に相当する。その地域の中心をなす、大自然の地形の核であったに違いない。生石山は、突出した丸い岩山である。高野山は、山上の平坦な台地である。高野山は森林の中のヘソであり、生石山はカヤがおおうだけの岩石のヘソである。生石山の山頂近くに、笠石と呼ぶ五十畳敷ほどの平らな露岩がある。ここは空海が高野を開くにあたって、護摩修行をした地であると伝える。この笠石には空海をまつっていて、三月二十一日には会式といって参詣する人が多い。

生石山からは、高野山の金剛峯寺の大門が見えるという。生石山から二五㎞、海抜八五〇mの位置にある大門を写真に収めることができる。それだけではない。生石山から高野山までは、尾根道が続いていて、歩いて行けるそうである。「生石山の大草原保存会」の人たちが踏破を志したが、まだ途中であると聞いた。生石山の四方の眺望はすばらしく、昔の人たちの旅する力の大きかったことを、しみじみと感じる。この見はらしは、前代の人々の大地図であった。

北は遠く六甲山の山波を望み、手前には風吹峠のある連山があって、高野山の分院の根来寺《ねごろ》が見える。左手には、淡路島が横たわる。南には南紀の山々が続き、右手に南部《みなべ》方面を望む。東には、左手の高野山から、山上ヶ岳《さんじょうがたけ》、弥山、釈迦ヶ岳、伯母子岳《おぼこだけ》、龍神岳・護摩壇山と右に続き、手前には大峰山がある。西は北方の和歌浦から南方の湯浅湾の沿岸地域を越えて、淡路島から四国方面を望む。

生石山は、大きな展望台であると同時に、その三角点の東側四〇〇mほどのところにある岩壁を神体とする生石《しょうせき》神社をまつる聖地でもあった。社殿の後にそびえる、石英片岩質の巨岩が屏風のように立つ。左側が高さ三二m、右側が一八mという。周囲には、一〇m級の岩が続く。ここには、子どもの安産を祈る信仰があった。また周辺の地域では、二百十日に、生石神社の境内からサカキの枝を取ってきて、風除けに家や田に立てたという。

和歌山藩の地誌『紀伊続風土記』をたどると、生石神社の周辺の村々では、ここを村の神としてまつった時代がありそうに見える。生石山の山頂の笠石は空海がまつったといい、山の中の崖の部分が村々の神になっていた。福岡県の宗像《むなかた》神社の沖の島の祭祀遺跡では、一番古いのが山頂、次が崖の部分であったという。超人の祭祀が山上で、人間の信仰は崖であったかもしれない。生石のヘソは人間の世界に残され、高野のヘソは聖なる世界になった。

（『高野山文書研究』第七冊）

参考文献（引用初出順）

はじめに

小島瓔禮「柳田國男の『地方の研究』時代」『成城大学民俗学研究所紀要』第三十一集（成城大学民俗学研究所・平成十九年三月）
柳田國男『時代ト農政』（聚精堂・明治四十三年十二月）
柳田國男『時代ト農政』（柳田國男先生著作集・第四冊・実業之日本社・昭和二十三年五月）
国土交通省中国地方整備局三次河川国道事務所『銀の道　探訪マップ』①〜⑫（二〇〇六年四月）
京都国立博物館ほか編『空海と高野山』（京都国立博物館ほか・二〇〇三年四月［五版］二〇〇四年四月）
成城大学民俗学研究所編『高野山文書研究』第五冊（同所・平成二十九年三月）
小島勝治「尊氏の落武者村」『民間伝承』第六巻第六号（民間伝承の会・昭和十六年三月）

紀阿弖川庄（和歌山県有田郡）

清水町誌編さん委員会編『清水町誌』上巻　清水町・平成七年五月
清水町誌編さん委員会編『清水町誌』下巻　清水町・平成十年三月
清水町誌編集委員会編『清水町誌』史料編　清水町・昭和五十七年九月
山陰加春夫編『きのくに荘園の世界』上巻、清文堂出版・二〇〇〇年六月
仲村研編『紀伊国阿氏河荘史料』一　吉川弘文館・昭和五十一年六月
仲村研編『紀伊国阿氏河荘史料』二　吉川弘文館・昭和五十三年一月

平凡社『日本歴史地名大系』第三一巻『和歌山県の地名』一九八三年

紀那賀三箇庄（和歌山県）

和歌山県立博物館編（担当・坂本亮太）『特別展「中世の村をあるく――紀美野町の歴史と文化――」』同館・平成二十三年十月
小山靖憲ほか編『中世荘園絵図大成』第一部『中世荘園絵図の世界』河出書房新社・一九九七年五月
山陰加春夫『きのくに荘園の世界』下巻　清文堂出版・二〇〇二年二月
清水町誌編集委員会編『清水町誌』史料編　清水町・昭和五十七年九月
清水町誌編さん委員会編『清水町誌』上巻　清水町・平成七年五月
清水町誌編さん委員会編『清水町誌』下巻　清水町・平成十年三月
同前・下巻　別冊
仲村研編『紀伊国阿弖河荘史料』一　吉川弘文館・昭和五十一年六月
京都国立博物館ほか編『空海と高野山』NHK大阪放送局ほか・二〇〇三年四月［第五版］二〇〇四年四月
小島瓔禮「中世の村への旅」第二『高野山文書研究』第二冊、『民俗学研究所紀要』第三十八集別冊（成城大学民俗学研究所・平成二十六年三月）
小島瓔禮「柳田國男の歴史科学思想」『民俗学研究所紀要』第三十七集（成城大学民俗学研究所・平成二十五年三月）

紀名手荘（和歌山県）

寶月圭吾『中世灌漑史の研究』（一九四三年、一九八三年に吉川弘文館から復刊）
太田順三「鎌倉期の境相論と絵図」（荘園研究会編『荘園絵図の基礎的研究』三一書房、一九七三年、所収）
小山靖憲「中世村落の展開と用水・堺相論」（同著『中世村落と荘園絵図』東京大学出版会、一九八七年、所収）

服部英雄「名手・粉河の山と水」（佐藤信・五味文彦編『土地と在地の世界をさぐる』山川出版社、一九九六年、所収）
高橋修「鎌倉後期における地域権力と幕府」（同著『中世武士団と地域社会』清文堂出版、二〇〇〇年、所収）
山陰加春夫『きのくに荘園の世界』下巻、清文堂出版、二〇〇二年二月
稲葉継陽「名手荘と丹生屋村の用水相論」（同前）
粉河町史編さん委員会編『粉河町史』第二巻、粉河町、昭和六十一年三月
那賀町史編集委員会編『那賀町史』那賀町、一九八一年八月
岩鶴敏治・増田博『紀ノ川の恵みと門前の町粉河』粉河検定実行委員会、平成二十四年十一月
篠川賢『大王と地方豪族』日本史リブレット・五、山川出版社、二〇〇一年九月［六刷］二〇一〇年十一月
井上光貞ほか『律令』日本思想大系・三、岩波書店、一九七六年十二月
竹内理三編『寧楽遺文』上・中・下巻、東京堂出版、［訂正版］昭和三十七年九月［三刷］昭和四十年五月
竹内理三編『平安遺文』古文書編三巻［訂正版］東京堂、昭和三十八年二月

和泉近木庄（大阪府貝塚市）

丹生都比売神社史編纂委員会編『丹生都比売神社史』丹生都比売神社、平成二十一年
松田寿男『丹生の研究――歴史地理学から見た日本の水銀』早稲田大学出版部、一九七〇年
松田寿男『古代の朱』学生社、昭和五十年八月
和歌山県神職取締所編『紀伊続風土記』第二輯　同所、明治四十三年八月
かつらぎ町史編集委員会編『かつらぎ町史』古代・中世史料編（かつらぎ町、一九八三年九月）
小島瓔禮「中世の村への旅」第二『高野山文書研究』第二冊（『民俗学研究所紀要』第三八集別冊（成城大学民俗学研究所、平成二十六年三月）三二七―三五二頁
田中卓『住吉大社神代記』住吉大社神代記刊行会、昭和二十六年十月

近藤孝敏「近木庄の歴史と在地の動向――その成立と展開を中心にして――」『ヒストリア』第一四四号（大阪歴史学会、一九九四年九月）三七―八八頁

臨時貝塚市史編纂部編『貝塚市史』第一巻「通史」（大阪府貝塚市役所、昭和三十年三月）

臨時貝塚市史編纂部編『貝塚市史』第二巻「各説」（大阪府貝塚市役所、昭和三十二年三月）

臨時貝塚市史編纂部編『貝塚市史』第三巻「史料」（大阪府貝塚市役所、昭和三十三年三月）

大越勝秋編『貝塚市地名集』（貝塚市役所、昭和二十七年二月）

四手井《しでい》綱英《つなひで》「里山のこと」『関西自然保護機構会誌』二二（一）（同機構、二〇〇〇年）七一―七七頁

環境省自然環境局『里地里山保全活用行動計画』（同局、平成二十二年十月）

同省　同局自然環境計画課『重要里地里山五〇〇』（同課、平成二十八年三月）

同省　同局　同課『里地里山の保全・活用』（同課、二〇一六年十二月）

小島瓔禮「里山ということ――山林利用の生活感覚」『第四回国際アジア民俗学会国際シンポジウム』（国際アジア民俗学会、二〇〇一年十一月）一八七―一九一頁［第一稿］

小島瓔禮「里山ということ――山林利用の生活感覚」桜井竜彦編『東アジアの民俗と環境』（金寿堂出版、二〇〇二年六月）九―二一頁［第二稿］

小島瓔禮「里山という言葉」『民俗』第二一六号（相模民俗学会、二〇一一年九月）一―三頁

貝塚市『貝塚市管内図そのI』（平成十四年一二月作成、平成二十一年六月印刷）

井上光貞ほか『律令』日本思想大系・三、岩波書店、一九七六年十二月

紀南部荘（和歌山県日高郡）

和歌山中世荘園調査会編『中世再現　一二四〇年の荘園景観――南部荘に生きた人々――』（同会・二〇〇三年三月）

和歌山大学海津研究室編『フィールドミュージアムみなべ散策地図――中世荘園〈南部荘〉の世界――』（同室・二〇〇

二年十二月)
南部町史編さん委員会編『南部町史』史料編(南部町、平成三年三月)
南部町史編さん委員会編『南部町史』通史編第一巻(南部町、平成七年三月)
南部町史編さん委員会編『南部町史』通史編第二巻(南部町、平成九年九月)
南部町史編さん委員会編『南部町史』通史編第三巻(南部町、平成八年三月)
阪本敏行「南部荘——典型的な請所型荘園」『きのくに荘園の世界』上巻(清文堂出版・二〇〇〇年六月)五四—七一頁
目崎徳衛『西行の思想史的研究』(吉川弘文館・昭和五十三年十二月)
官幣大社香取神宮社務所編『香取群書集成』第一巻(同社刊・昭和十八年四月)
鎌田純一「印鑰神」『国史大辞典』第一巻(国史大辞典編集委員会編・吉川弘文館・昭和五十四年三月)九〇五頁
牛山佳幸「印鑰神事と印鑰社の成立」『日本歴史』第三六五号(日本歴史学会編・吉川弘文館・昭和五十三年十月)四六—六五頁
小島瓔禮「歳神をまつる頭屋制——山陰地方の習俗から新年儀礼の形成を考える——」『山陰民俗研究』第二二号(山陰民俗学会・平成二十九年三月)一—一五頁
上代語辞典編修委員会編『時代別国語大辞典』上代編(三省堂・昭和四十二年十二月[三刷]昭和四十三年四月)
小島瓔禮『太陽と稲の神殿』(白水社・一九九九年)
最上孝敬「家の盛衰」『民間伝承』第一四巻第九号(日本民俗学会・昭和二十五年九月)一—六頁
郷田洋文「家の盛衰と伝説」『日本民俗学』第一巻第四号(日本民俗学会・昭和二十九年三月)二四—三五頁
＊『高野山文書』の引用は、『大日本古文書』の巻数とその文書番号で、簡略には、(一巻二七九)のように示した。

備後大田庄(広島県世羅郡)

甲山町史編さん委員会編『甲山町史』資料編Ⅰ(甲山町・平成十五年三月)

懐英編『高野春秋編年輯録』享保四年（一七一九）大日本仏教全書（有精堂・昭和七年四月）
龍肅訳註『吾妻鏡』(二)　岩波文庫（岩波書店・一九八二年四月［三刷］）
平凡社編『日本歴史地名大系』第三五巻『広島県の地名』（一九八二年）
岡田俊太郎編『芸藩通志』芸備叢書・第一輯（広島図書館・明治四十年七月）
世羅町教育委員会・世羅町文化財保護委員会『世羅町の文化財』（同会より昭和三十年に受領）
国書双書刊行会編『玉葉』第三（名著刊行会・平成十七年十一月）
高木徳郎「丹生氏と高野山」『丹生都比売神社史』（丹生都比売神社・平成二十一年三月）
経済雑誌社編『百錬抄』（国史大系・第十四巻、経済雑誌社・明治三十四年五月）
上横手雅敬「鎌倉時代」『日本大百科全書』5（小学館・昭和六十年八月）
赤松俊秀ほか校注『愚管抄』日本古典文学大系・八六（岩波書店・昭和四十二年一月）
東京帝国大学編『大日本史料』第四編十（史料編纂掛・明治四十三年十二月）
高橋貞一『平家物語諸本の研究』（冨山房・昭和十八年八月）
冨倉徳次郎校注『［新訂］平家物語』上中下・日本古典全書（朝日新聞社・昭和四十五年六・七年初版、同五十四・五年七・八刷）
『続群書類従』補遺・四（続群書類従完成会太洋社・昭和十七年四月、四版）
板橋倫行校注『今鏡』日本古典文学全書（朝日新聞社・昭和二十五年十一月）
増補「史料大成」刊行会編『中右記』六『増補史料大成』第十四巻（臨川書店・昭和五十七年十月）
小島瓔禮校注『風土記』角川文庫（角川書店・昭和四十五年七月）
島根県古代文化センター『解説　出雲国風土記』（島根県教育委員会・平成二十七年十月）
山陰加春夫編『きのくに荘園の世界』上巻・下巻（清文堂出版・二〇〇〇年六月、二〇〇二年二月）
和歌山県立博物館編『特別展　京都・安楽寿院と紀州・〝あらかわ〟』（同館・二〇一〇年九月）

和歌山県神職取締所編『紀伊続風土記』第二輯（帝国地方行政学会出版部・明治四十三年八月）
杉原泰茂『南紀神社録』（安藤精一ほか校注『神道大系』神社篇・四十一「紀伊・淡路国」・神道大系編纂会・昭和六十年九月）
谷口正信「丹生大明神告門と天野社の関連祭祀について」『高野山麓天野の文化と民俗』第一号（No.５）（天野歴史文化保存会・平成十五年十月）
成城大学民俗学研究所編『高野山文書研究』第二冊（同所・平成二十六年三月）
清水町誌編さん委員会編『清水町誌』下巻（清水町・平成十年三月）
水原一考定『[新定]源平盛衰記』第一～六巻（新人物往来社・昭和六十三年八月～平成三年十月第一刷）
室松岩雄校編『国文註釈全書』「平家物語抄」（帝国書院・明治四十年十二月）
後藤丹治・釜田喜三郎校注『太平記』㈠ 日本古典文学大系・三四（岩波書店・昭和三十五年一月）
太田藤四郎編『参考太平記』（続群書類従完成会太洋社・昭和十八年十月改訂再版）
小島瓔禮『中世唱導文学の研究』（泰流社・昭和六十二年七月）

（『高野山文書研究』第一冊～第七冊、成城大学民俗学研究所発行、二〇一三年～二〇一九年）

耳を切り鼻を削ぎ髪を切り

——柳田國男『高野山文書研究』解題外編

一、「鹿の耳」の課題

『高野山文書』の研究覚書で阿弖河荘《あてがわ》の分といえば、だれでもが筆者である柳田國男があの片仮名書きの文書にどのような関心を示したか、興味深く感じるであろう。それは東京帝国大学文科大学史料編纂掛編『大日本古文書』家わけ第一『高野山文書之六』(東京帝国大学・明治三十九年八月)に収める、金剛峯寺所蔵『高野山文書』「又続宝簡集」七十八「阿氐河雑事」所収の一四二三号文書である。この建治元年(一二七五)十月二十八日付の文書は「阿氐河庄上村百姓等言上状」(以下「百姓等言上状」と略す)と呼ばれ(1)、阿弖河荘の上村の百姓たちが地頭の乱暴な仕打ちを荘園領主の円満院門跡に申し立てた文書であるが、それがごく日常的な漢字のほかは片仮名を用い、ふだんの言葉で綴られているところに特色があって有名になっている。

しかもこの「百姓等言上状」には、全十三条の事項のうち第四条に、おそろしい地頭の脅迫の言葉が引用されている。

ヲレラガコノムギマカヌモノナラバ、メコドモヲヲイコメ、ミミヲキリ、ハナヲソギ、カミヲキリテアマニナシテ、ナワホダシヲウチテ、サエナマン

という。つまりは地頭が、

お前たちが今年の麦を播かないならば、妻女たちをつかまえて、耳を切り、鼻を削ぎ、髪を切って尼にして、縄絆をかけて責め立ててやるぞ

と、百姓たちの妻を人質にして、痛めつけるといっている。

この第四条には最初に「ヲンザイモクノコト」(御材木の事)とあるように、荘民が荘園領主に材木を納入することが記されている。百姓たちは地頭に人夫として使われて余裕がないので、それ以外のわずかの人数で材木の山出しをしていると、地頭側がその人たちに、村から逃げた百姓の農地の麦播きをしろといっておどしてきたので、材木の搬出がますます遅くなったという言いわけである。文書の日付が十月二十八日であるから、現在の暦に換算すると十一月二十五日にあたる。[2]ちょうど麦播きの時期がすぎたころになる。種を播かなければ、翌年の夏の麦の収穫はない。地頭にとっても、大きな損失である。そこで地頭の言葉はきびしくなるが、その仕打ちの内容が身体を毀損する激しい方法であることで、この文書はまた一きわ世間から注目されている。

そうした文書であってみれば、農政学者であった柳田國男の琴線に触れるところがあったにちがいない。百姓が自分の言葉で一文字一文字片仮名で綴っていることも、地頭の報復の条件が体を傷つけることであったことも、きわめて重大な事実である。しかし残念ながら柳田國男の『高野山文書研究』第二冊「阿弖河荘」の成立は明治三十九年六月一日付で、この「百姓等言上状」を収めた『高野山文書之六』の刊行はそのあとの明治三十九年八月であって、この「阿弖河荘」の分には入っていない。したがって

この『高野山文書研究』の範囲では、この文書の柳田國男の分析は見ることができない(3)。ただ現在、成城大学民俗学研究所の柳田文庫が所蔵している『高野山文書之六』には、柳田國男が目を通した跡がはっきりと残っている。「百姓等言上状」にも、二箇所に柳田國男の書き込みにちがいない朱書がある。一つは四八九頁十一行目の「ワカミヤヨウトウ《若宮用途》」の「トウ」の右側に傍線があり、上の欄外にレ点がある。もう一つは四九〇頁八行目の「スツ《術》ナキコトニ」の「スツナキ」の右に傍線を引き、上の欄外に〇印がある。どちらもその関心は、漢字の発音に相当する仮名表記が現代の一般と異なることにあるとおもえる。「途」（と）がトゥに、「術」（じゅつ）がズツになっている。字音の方言的発音への着目である。私が期待した「ミミヲキリ、ハナヲソギ、カミヲキリテ」には、ことさらに注意を示した痕跡はない。

しかし「百姓等言上状」をこれだけ細かく読みこんでいるのをみると、法制史にも詳しいはずの柳田國男がそこに見えている身体刑に心を動かすことがなかったとは私にも思えない。そこで連想してみたのが、柳田國男の著書『一目小僧その他』（小山書店・昭和九年）に収められた論考「鹿の耳」の存在である。それは雑誌『中央公論』第四十二年十一号（中央公論社・昭和二年十一月）に発表されているが(4)、もともとは大正時代初期に雑誌『郷土研究』に執筆した論考を書き改めたものである。その土台をなすのは「獅子舞考」（『郷土研究』第三巻第十号、郷土研究社・大正五年一月）と「耳塚の由来に就て」（『郷土研究』第三巻第十一号、郷土研究社・大正五年二月）の二編である。この連載した二つの論考の眼目は、各地に広く知られる耳塚と呼ばれる塚が、いわばもともとの成立は、鹿の耳を切って納めた境の塚ではなかったかというところにある。

「獅子舞考」はまず和歌山県田辺町の雑賀貞次郎が報じた「獅子舞の起り」（『郷土研究』第三巻第八号、郷土研究社・大正四年十月）を発端にすえている。日本に狐、唐《から》に唐《から》獅子、天竺に虎がいた。唐獅子は悪魔を払うもので、三度ほえると身が三つに裂けるという。狐と虎が唐獅子がほえるのを聞きに行く。三度目には唐獅子の身は三つに裂ける。狐はその頭を冠って帰り、虎は尾を持って帰る。それで日本では悪魔払いに獅子の頭を舞わし、天竺では尾を振り、唐では胴体を振るという。そこで柳田國男は、身体を分割するという獅子舞の起源談の類話を並べ、それがしばしば首塚や胴塚の由来になっているところから、獅子頭の耳を埋めたという耳塚へのつながりをたどる。それはイギリスのジョージ・ローレンス・ゴムが『歴史科学としての民俗学』（一九〇八年）で示した比較研究法に類する、[5]いかにも民俗学らしい発想の展開である。

獅子頭の耳を切り取るという典型的な事例は、すでに柳田國男自身が編述した『遠野物語』（明治四十三年）に見える。その一一〇番にいう。[6]岩手県上閉伊郡の伝えである。

ゴンゲサマと云ふは、神楽舞《カグラマヒ》の組毎に一つづゝ備はれる木彫《キボリ》の像にして、獅子頭とよく似て少しく異なれり。甚だ御利生のあるものなり。新張《ニヒバリ》の八幡社の神楽組のゴンゲサマと、土淵村字五日市の神楽組のゴンゲサマと、曾て途中にて事を為せしことあり。新張のゴンゲサマ負けて片耳を失ひたりとて今も無し。毎年村々を舞ひてあるく故、之を見知らぬ者なし。

とある。ゴンゲサマとは「権現さま」の意で、獅子頭そのものを一つの神格としてみているようである。

われわれが子どものころに手にした玩具の獅子頭は、耳はゴムかなにかで止めてあって自由に動いた。舌や顎も上下に開く。本物でも、それぞれに演技の一部として役立っていたはずである。たまたまこの平成二十六年十一月三十日に厚木市の郷土芸能発表会で見た伊勢十二座太神楽の獅子舞も、江戸で完成した相模流の里神楽の獅子舞も、[7]獅子頭の耳がたいせつな表現をしていた。獅子頭が耳を取られるという話にも、それなりの意味があったのかもしれない。菅江《すがえ》真《ま》澄《すみ》の地誌『月の出羽路　仙北郡』巻四の秋田県仙北郡北楢岡《きたならおか》村の耳取橋《みみとりばし》の由来談は、この類話をさらに深い世界に導く。この村の竜蔵権現の獅子が、ここで神宮寺《じんぐうじ》村の八幡宮の社内の獅子頭と闘って、相手の獅子頭の耳を取った。今そのところを耳取橋という。そのとき竜蔵権現の獅子は鼻がうち欠けて、長沼に飛び入りそこの主になった。それでこの沼を竜蔵沼ともいうとある。[8]これはまさに耳を切り鼻を削ぎである。しかも地名とも結びつき、その土地での歴史の深さもしのばれる。

東北地方北部には、こうした信仰が広く知られた時代があったようで、秋田県には、ほかにも争った獅子頭を埋めた塚という伝えがあった。同じく菅江真澄の地誌『雪の出羽路』平鹿郡巻八の浅舞村の獅子塚の条にいう。昔、大森の獅子頭が山田の獅子頭と戦って負けたのでここに埋めたといい、それで大森の獅子舞は浅舞には入って来ないという物語がある。獅子塚も所々にあって由来同じ。昔はこのわざ大いに募り大いにあらがい、組みあい踏みあって死ぬことをおそれないいさかいをし、死んだ者を埋めたしるしであるというとして、[9]獅子塚の背景まで語っている。さらに同書巻十一、同郡河登《かわのぼり》の条にも一つの獅子塚が見えている。獅子塚の梨の木は周囲が五尺余の空木《うつろぎ》で、昔獅子頭を埋めた塚と伝える。昔は獅子の闘いがあって、負けた獅子か勝った獅子かわからないが、獅子頭を埋めたという獅子塚が所々にある。その村へは獅子舞は入って来ない例であるとする。[10] 柳田國男は、獅子舞が悪霊を払い鎮める役割りを帯びていたところから、村境に獅子頭をまつり、悪事災難を防ぐ目的で塚を築いたのが獅子塚の起こりではないかと推測する。

　幸なことには、この獅子塚が鹿をまつることを母胎に生まれたのではないかと思わせる事例が、菅江真澄の紀行『津軽《つがる》のつと』には見えている。この地方の旅は寛政八―十年（一七九六―一七九八）である。青森県南津軽郡黒石町の附近のシシガ沢（黒石市鹿ヶ沢）という地には、石の上に不思議な彫刻があった。周囲五六尋《ひろ》の岩の面に、大小いくつもの鹿の頭が彫ってある。木の中の小さな岩にも同じ鹿の頭のかたがある。いつの世から刻んだのかわからない。神わざであって、毎年七月七日ごとにかならず新たに二つを彫り添えるという。この近くの村では、「鹿踊《ししおどり》」の獅子頭が古びると、理由はわからないが、この岩の周辺に掘って埋めたという。[11] 鹿踊が用いる獅子頭といえば、大きな鹿の角をつけた獅子頭のことであろう。大陸伝来の芸能の獅子もシシであるが、野獣の鹿もシシであった。ここでは狩猟獣の鹿と獅子頭が習合していた。もし鹿の狩猟信仰が古く、獅子頭の芸能が新しいとすれば、獅子頭をめぐる習俗は、鹿の信仰を引き継いでいる可能性がある。この鹿の首の岩絵の地は、その接点にあったことになる。論考「鹿の耳」は、そこに立脚していた。

　そうした耳塚が信仰上の機能をもって成り立っているという仮説の上に立って、柳田國男は「獅子舞考」に続けて『郷土研究』第三巻第十一号（郷土研究社・大正五年二月）に「耳塚の由来に就て」を執筆している。[12] その焦点は豊臣秀吉の時代の歴史上の遺跡とおもわれる京都大仏、方広寺の門前にある耳塚の由来である。その古伝は京都の地誌などにいろいろ見えているが、ことさらに柳田國男が着目したのは『山州名跡志』である。白慧の著作で、二十数年をかけて元禄十五年（一七〇三）三月に成立、正徳元年（一七一一）七月の刊行である。巻三「愛宕郡」の大仏殿の項に「耳塚《ミミヅカ》」の記事がある。由来は世に知るところであるといいながら、実は鼻塚であるとする。慶長二年（一五九七）七月に加藤清正と小西行長が朝鮮で斬り取ったものである。二人の大将の勢二十万で朝鮮の人の鼻を「三つ宛にかく」といい、かの国で目付役の実検に入れて塩漬にして来たと、目付役の名を六人列挙している。(13)

耳塚が実は鼻塚であるといえば、鼻塚が事実であるとしても、それを耳塚と呼ぶのは、世間一般の耳塚への習合である。ここまで来ると、鼻を納めたという伝えも物語ではないかと疑うのもごく自然である。各地にある共通した伝えの根底に、どのような事実があったかを探るのが民俗学である。柳田國男は耳塚の類は、供犠する獣、ことに神に供える鹿の目印しに切った耳を埋めたところではないかと推測した。それはそれで村の生活の論理に根ざしたみごとな仮説である。社会が規定してきた生活の法則を踏まえて思考をたどろうとした、いかにも民俗学らしい発想法である。しかし村の言い伝えは、どこまでが史実を伝えようとしているのか、十分吟味をしなければならない。そのためには、その伝えの環境をこまかく観察する必要がある。ここに民俗学のむずかしさがある。史眼の輝きが求められる。

この方広寺の耳塚の伝えは、その民俗学の方法を磨くための試金石であった。耳塚という呼称自体は耳塚一般の事例の中でみなければならないが、鼻塚の部分にはそれを史実と推定すべき記録があった。柳田國男の研究へのもっともすぐれた同情者であり、かつもっとも鋭い批判者でもあった南方熊楠が書簡でそれを指摘している。(14)これを受けて柳田國男は『郷土研究』第四巻第十二号（郷土研究社・大正六年三月）に「京都の耳塚の史実」を書いている。

南方氏の書信に由つて知り得たる寺石正路氏の説に依れば、予が京都の耳塚の由来を後世の噂話にして拠無きものゝ如く断じたのは誤断であつた。

伝説の研究では、空想的な物語であるという前提から、どのような事実が反映しているかを検討してみる。鼻塚を史実とみなかったのは一つの錯誤であるが、いま鼻塚か耳塚かと並べてみると、その根柢には、かの「百姓等言上状」にいう、耳を切り鼻を削ぎ、さらには髪を切り尼になすにつながる制裁の論理がありそうな気がする。

二、耳塚の学芸論争

『南方熊楠全集』別巻2（平凡社・昭和五十年八月）の「年譜」大正五年（一九一六）の条に次のような記述がある。

八月十三日、高知の寺石正路より来信、『南国遺事』を贈られる。以後、柳田國男との論争に関連して、しばしば文通する。

十二月二十三日、柳田國男に長文の手紙（竜燈、耳塚、山男について）をおくる。

ちょうど柳田國男が「獅子舞考」や「耳塚の由来に就て」の論考を発表し、「京都の耳塚の史実」を執筆した時期である。「年譜」にいうとおり、南方熊楠は柳田國男の耳塚論に対して異った考えを主張しようとしていた。

寺石正路《てらいしまさみち》の南方熊楠あての書簡は、現在十八通が南方熊楠顕彰館に所蔵されている。[15] 寺石正路は明治元年（一八六七）九月、高知市の生まれ。明治十八年に大学予備門に進学、同級生に正岡常規（子規）・南方熊楠がいるが、一年で胃腸病のため退学して帰郷、学校の教師などを務め、郷土研究、民俗学、考古学などの研究にいそしむ。昭和二十四年（一九四九）十二月に満八十一歳で逝去。[16] 南方熊楠との交流が再開するのは、大正四年九月二十八日付の書簡である。[17] 文面から退学後初めての音信かと思われる。

　時々候、考古会・郷土研究社・東京人類学会雑誌上にて御高説拝読、縦横博覧之御見識甚だ有益に面白拝読、敬服罷在申候。今般拙著食人風俗志一部、粗本にて乍㆓失礼㆒贈呈申上候。

とあるから、かねてからかつての同級生が人類学関係の雑誌に執筆しているのを知っていて、著書『食人風俗志』（冨士越書店・大正四年九月十四日）[18] を贈ったときの書状である。

これに応えて南方熊楠はすぐに返書をしたためている。書き始めの日付が十月一日午後四時とある。[19] 来信の配達印が十月一日午前零～八時であるから、受け取ってすぐに筆を執っている。南方熊楠の思いの深さを感じる。「その後は久しく御目に懸からず多罪このことに候」と久闊を叙したあと、明治二十年ごろアメリカにあって、津田安麿から「人類学雑誌」を贈られ、その中にある寺石正路の「食人肉説」

を見たことを述べている。『東京人類学会雑誌』第四巻、すなわち第三十四号に掲載された「食人風習ニ就テ述ブ」である。この日届いた『食人風俗志』と関連してこの論文を思い出したということであろうが、この書簡で南方熊楠は、自分自身の日本の食人肉の研究のことをしきりと語っている。大英博物館の時代に始まりながら、『南方熊楠全集』別巻2（平凡社・昭和五十年八月）に原文が収録されるまで、日の眼を見ることのなかった論考のことである。[20]

相手が気心の知れた青春の同学の友だからであろう。この手紙で自分の食人肉論がいかに理不尽な扱いをうけたかを訴えている。第一はロンドン時代である。イギリスの日本学者に草稿を示したが、日本に不利なことを言うを好まないので冷笑に付されたという。次いで増補を加えて『ネイチャー』誌に送ったが掲載されなかったのは、「当時日英同盟の議高く、その際かかるものを読んで一部の英人が日人を非議するを慮りてのことと存じ候」という。文明と野蛮という人間観が生きていたヨーロッパ人の社会で暮してきた南方熊楠にはこんな感慨もあったかもしれないが、おそらくそれは思い過ごしであろう。松居竜五は、この日本学者をF・V・ディキンズとすれば南方熊楠が援用する『大森貝塚』そのものに批判的であったためであろうとし、[21]『ネイチャー』誌では、主題が枠外であり、かつ校正などに日本からでは時間がかかるなどの事情があったとみる。[22]

寺石正路との耳塚についての書簡の往来は、大正五年八月十三日付の南方熊楠の手紙に始まる。[23]その結びの部分に柳田國男の耳塚論を批判している。「獅子舞考」では、耳塚は獅子頭どうしで争って取られた耳を埋めた塚であるとするが、今日日韓融和の急必要ある日に当たり、まことに時機に投じたる説かも知れず候えども、……

と、方広寺の耳塚が韓人の耳を切って納めた塚であることは、同時代的な記録にもみえることで疑いないと主張する。比較資料の中に埋もれてしまう記録にも、重要な事実が述べられていることを忠告するもので、民俗学の方法に猛省をうながす一文である。

この手紙の結びで、南方熊楠は耳塚について「一論を草し『郷土研究』へ出さんと志しおり」と、寺石正路に資料の収集について協力を頼んでいる。これに対する返書が、大正五年八月十七日付の寺石正路の書簡である[24]。

御手紙末文に有レ之候京都耳塚は、仰之通り韓人の耳塚に相違無レ之、実際は鼻塚にて耳鼻は邦人の無頓着にて誤り、真実は鼻塚間違で耳塚となりたるもの、是は殆ど議論の範囲を越へたるものと存候。

と、韓人の李晬光の書と、宝暦年間(一七五一—一七六三)の『寺川郷談』の本文を引いている。これを受けて南方熊楠は大正五年八月二十五日付の書簡[25]で寺石正路に、自分の論考に寺石正路が集めた資料であると明示して引用したいと許しを求め、さらにくわしい典拠を知りたいと願っている。大正五年八月三十日付の寺石正路の書簡[26]はまさにその南方熊楠の求めを満たすための報告で、手紙の形をとらずに「耳塚考材料」と標題をつけて、資料を列挙している。川口長孺『征韓偉略』、『薩藩旧記』慶長二年、高島正信(重力)『元親記』慶長元年条、『吉川文書』慶長二年、相国寺長老承兌『日用集』の耳塚卒都婆文を引き、それに李晬光の著書は『芝峰類説』であると付記する。
このように背後で寺石正路もかかわって耳塚などを論じた柳田國男と南方熊楠の手紙のやりとりの様子は、飯倉照平編『柳田國男　南方熊楠往復書簡集』（平凡社・昭和五十一年三月）で見ることができる。南方熊楠あての柳田國男の書簡は『定本柳田國男集』別巻第四（筑摩書房・昭和三十九年十月）に収められているが、その後、南方家から、従来知られた分のおおよそ二倍ほども発見され、それらの書簡もここにすべて紹介されている。その中で『定本柳田國男集』別巻第四（前掲）で「大正十二年」とされた書簡が、「大正五年」に訂正されている。この一連の手紙の行き来でも重要な内容で、「年譜」にいう十二月二十三日付の南方熊楠の書簡に先立つ柳田國男の手紙で、大正五年十二月二十一日付になる。そこでは柳田國男は、雑誌『郷土研究』を二、三年休刊する考えであるとして、南方熊楠の「耳塚考」が掲載できないことを断っている。

「耳塚考」はきつと何か御説あるべしと内々待つておりしこととなるも、残二月三月の間に貴稿を掲ぐることは困難に候。ただしこの節は何方にも御文章は歓迎致すべく、また面白き題目ゆえ、なるべくは他にて御発表を乞い候も、幸いに小生に御托し下され候ならば、また悦んで次の折まで保管仕るべく候。

その文言は「耳塚考」へ寄せる敬意に満ちているが、南方熊楠にとってはその発表の場を拒否されたかたちであったにちがいない。

この南方熊楠の十二月二十三日付の長文の書簡は、その柳田國男の手紙をうけて執筆している。竜灯について述べたあとに、耳塚を論じている。これが先にあげた耳塚が鼻塚であることを主張した書簡である。まず南方熊楠自身の資料により所見を示し、そのあとには寺石正路からの書簡の記事の抜萃を記している。最初は大正五年八月十七日の書簡[27]からの引用で、そのあとに『征韓偉略』『元親記』『日用集』の分を大正五年八月三十日の書簡[28]から示し、末尾に柳田國男が不明の語とした「京観」が、『左伝』宣公十二年に見え、注に「尸を積み、土を上に封ず」とあり、「大いに罪人を誅し、首級を積んで崇《たか》からしめ、もって四方に観示し、兇慝《きょうとく》を懲しむ」とあることを紹介している。文化三年(一八〇六)刊の伴《ばん》蒿蹊《こうけい》の『閑田次筆《かんでんじひつ》』(『日本随筆大成』第一輯巻九、吉川弘文館・昭和二年十二月)巻一にいう、耳塚は『左氏伝』がいう「いはゆる京《けい》観」ということであるという、それである。

南方熊楠が紹介した方広寺前の耳塚の由来の中でも、もっとも信憑性が高いのは、豊臣秀吉に親しく仕えた相国寺の長老の西笑承兌《せいしょうじょうたい》の日記『日用集』に見える耳塚の卒都婆文であろう。この『日用集』の耳塚に関する部分は古く明治時代初版の神宮司庁蔵版の『古事類苑』礼式部・三十「冢墓」上の「耳鼻塚」の項に引用があり[29]、寺石正路が示している本文もその範囲である。『日用集』は現代の刊本では『鹿苑日録』に編入されている。寺石正路がかかげた部分の原文をこの刊本にしたがってあげておこう[30]。

慶長第二暦秋之仲、大相国命二本邦諸将一。再征二伐朝鮮国一。……将士雖レ可レ上二首功一。以二江海遼遠一劓レ之。備二大相国高覧一。相国不二怨讎思一。却深二慈愍心一。仍命二五山清衆一。設二水陸妙供一。以充二怨親平等供養一。為レ彼築二墳墓一名レ之以二鼻塚一。……

干時龍集丁酉秋九月二十又八日敬白。

これは西笑承兌の日記の慶長二年（一五九七）九月二十八日の条に、同じ日付で執筆した卒都婆の文を書き記したものである。

この部分は南方熊楠の柳田國男あて書簡に引かれているために、『南方熊楠全集』巻八「書簡II」（前掲）一五九番では、書き下し文で読むことができる。校訂を担当した中国文学者の飯倉照平が素案をつくり東洋学の泰斗の入矢義高が監修した書物だけあって、とてもわかりやすい訳文になっている。(31)要は豊臣秀吉がふたたび諸将に朝鮮攻めを命じたとき、将兵は海を隔てているので首の代わりに劓《はなぎ》って高覧に備えた。秀吉は怨讐の思いをなさず、かえって慈愍の心を深くした。五山の僧に命じて山海の珍味を供え、怨親平等の供養にあて、そのために墳墓を築いて鼻塚と名づけたとある。『日用集』で見るかぎり、それは鼻を削いだ鼻塚であり、けっして耳塚ではない。後世、耳塚と呼んだのは他の要素との習合であり、耳を葬ったかに伝えるのは別の物語との混淆になる。

南方熊楠にあてた書簡で、この『日用集』の記事を記したあとに寺石正路は自分の見解を述べている。

正路申ス。コレニテ耳塚ハ晒物ノ主意ニアラズ、供養ノモノタルヲ知ル。耳塚ト申セシハ言葉ノ語呂ヨロシキヤ。又外ノ耳塚ノ名ニ慣レテヤ。都名所画図的ノ命名ナリ。実ハ鼻塚ト申スベシ。

まず耳塚はさらしものにするためのものではなく、供養のためであることに注目する。第二に、耳塚は実は鼻塚で、耳塚といったのは言葉の語呂がよいからであろうか、ほかの耳塚の名に慣れてであろうかという。これは耳塚論にとってたいせつな視点である。供養の鼻塚というと、世間では耳塚と混同するだけの同一性があったということであろう。その根底には、耳を切り鼻をそぎの観念があるかもしれない。そこに問題がある。

寺石正路の耳塚論を引いた南方熊楠の書簡を受け取った柳田國男の返書は『定本柳田國男集』別巻第四（前掲）の「書簡」に収められている。大正五年十二月二十七日付の南方熊楠あての書簡である。南方熊楠や寺石正路の主張を率直に認めた文面になっている。

> 京の耳塚の起立に付ては秀吉譜も固より一史料、殊に日用集の啓白文は小生の説に対し有力なる一反証に有之候。其為折角の論文が徒労に帰し落胆致候。他の地方の耳塚も此より類推して、事実耳を埋めし塚なりと言ひ得さうなれば也。

この思いを雑誌の記事らしくまとめたのが「京都の耳塚の史実」（前掲）である。そこには鼻塚であることを具体的に記す文献まで引いている。

しかし柳田國男はこの書簡で、これに続けて自分の「獅子舞考」などの趣意について念を押している。

> 併し小生が有名な京の耳塚を仮りて説かんとせし主題は「生犠の耳を截りし慣習の存在」にして、獅子の喧嘩には無レ之、獅子の耳はやはり後世訛伝の一例として引きたるのみ、誤解被レ下まじく候。而

して耳塚が事実敵人の耳供養の為であつても、之と独立して依然鹿や馬の耳を切つて神に供へた慣習のありしことは主張し得られ候。書改め可レ申候。唯後世訛伝の一好適例を失ひしを惜むのみに候。

この書き改めた論考が『一目小僧その他』の「鹿の耳」に相当する。

この柳田國男の書簡を受けて、南方熊楠は大正六年二月四日付で寺石正路あての手紙を書いている。[32]それは寺石正路が提供した資料に対する反応を伝える目的があるから、当然柳田國男の耳塚論に触れている。この手紙を読んで、二月十二日付で南方熊楠への返書を寺石正路は送っている。[33]

耳塚考之一件、柳田君全敗。旗を巻き甲を脱くが本体なるも、……

学問の批判は論理によらなければならない。南方熊楠が主張するとおり、方広寺の耳塚は鼻を納めた鼻塚が史実であるとみなければならない。まさに柳田國男の失考であった。ただ寺石正路も南方熊楠と同じく柳田國男の仕事への疑問を抱いていた。大正五年八月十一日付の南方熊楠あての書簡[34]で、去年九・十月ごろに寄稿した「石子詰の刑に就て」が『郷土研究』第四巻第五号（郷土研究社・大正五年八月）に掲載されたことを記している。人にはそれぞれ思いがあるにちがいないが、この時期にはそうした感情を越えて民俗学に重要な課題が提示されていたことを忘れてはならない。

三、耳納堂の由来

琉球国中山王の最後の王家の墓所に、その墓に入るべき家系を定めた尚真王の言葉を刻んだ石碑がある。墓所の通称をとって「王御殿《タマウドゥン》の碑文」と呼ばれている。(35) 国王の御言葉の形式の文書を石に記したかたちをとり、九人の人名を掲げ、その人たちの子孫はこの墓に納まるべしとあり、

このかきつけそむく人あらバ、てんにあをぎちにふしてたゝるべし。

と結ぶ。この文書に違反する者には、天に仰ぎ地に伏して祟るという。中国の明朝の弘治十四年（一五〇二）九月付である。天地神明に誓って祟るということであろう。これが誓約の重さを示す表現であったにちがいない。

『大日本古文書』家わけ第一『高野山文書之一』の文書にも、この種の起請文の結びの形式がある。(36)「宝簡集」三十八、四四七号文書「湯浅定仏起請文」の「請け申す条々」の条項のあとにいう。

右以前の条々、一事たりといえどもこれを犯すべからず。もし此の条虚言を構へ申さば、梵天・帝釈・四大天王、日本国中大小神祇、天野四所部類眷属、大師金剛天等両部諸尊の神罰・冥罰を順智の身八万四千毛孔ごとに蒙り、今生には白癩・黒癩の重病を受け、当来には無間大地獄の深坎《かん》に堕ち出期あ

るべからざるの状、件《くだん》の如し。（書き下し文）

禁制を一つでも犯せば神仏の罰を体中に受け、この世では癩病になり、来世では無《む》間《げん》地獄に堕ちて抜け出せないという。死後はともかく現世で癩病になるというのは、あくまでもおどしの言葉である。

かの「百姓等言上状」が『大日本古文書』で公刊されたとき、これを目にした人々はこの「妻女《めこ》どもを追いこめ、耳を切り鼻を削ぎ、髪を切りて尼になして」をどのように受け止めたのであろうか。「髪を切り……」で、私は単純に落語の「大山詣り」を連想した。上方でいう「百人坊主」である。山上参りの講中の人たちが、不埒なことをした男が寝入ったところを、約束にしたがって坊主頭にし、そのまま置き去りにする。男は早駕籠で先に長屋に帰り、仲間は船が転覆してみんな死んだので坊主頭になったといい、夫を亡くして悲しむ女房たちを坊主頭にしてしまうという。(37) これはまったく「……尼になして」である。これから類推すれば「妻女どもを……」は女房たちを人質にするというだけではなく、夫たちの死後の供養をさせるということにもなる。それを裏返せばお前たちを殺すぞという言い方である。それは先の「湯浅定仏起請文」の戒めのように、おどし文句にもみえる。

「耳を切り鼻を削ぎ」も、柳田國男はただのおどしと感じたのかもしれない。人の耳を切ることはなかった、耳塚は獣の耳を切り取る作法に由来するのではないかという前提に立とうとしている。「耳塚の由来に就て」では次のように述べている。

自分の見る所では、先ず第一に人間の耳がさう簡単に截り取って物品のように扱ふことが出来るものか否かゞ疑はしい。仮に出来るとしても、遠国から沢山に持つて来て始末に困《こま》るからと云ふなら格別、塚を築かんが為に耳を取ると云ふが如きは到底其動機が存し得ないのである。

方広寺の耳塚も、一般の耳塚の習慣がなければ生まれないという、在来の習慣の枠の上に新しい史実も発生するとみる民俗学の考え方にこだわっている。『日用集』に述べる卒都婆文にいうとおりに鼻塚であるとしても、それを世間が耳塚とみたのは、一般の耳塚への同化にほかならない。南方熊楠が言うように、そこには日韓協調に好都合という思いが根柢になかったとも断定できないが、方法はあくまでも学問の論理である。(38)

慶長二年（一五九七）に比較的近い時期の山城国の地誌にも、この鼻塚のことが見えている。黒川道《くろかわどう》祐《ゆう》（一六二三―一六九一）の『雍州府志《ようしゅうふし》』巻十「陵墓門」の愛宕郡にいう「耳塚」の項である。貞享元年（一六八四）序、同三年の刊記がある。耳塚は東山の方広寺大仏殿の南、楼門の外にある。豊臣秀吉の朝鮮出兵のとき軍士が韓人の首級を得るごとに海陸運遭の煩労をいとい、耳鼻を斬って日本に贈った。秀吉はそれをことごとくそこに納め埋めさせ、塚の上に塔を建て耳塚と号《なづ》けたとあり、それは源頼義が耳を納めて塚を築き耳納寺を建てたことに、秀吉は習ったのだとある。(39)頼義といえば奥州十二年合戦（一〇五一―一〇六二年）のときのことである。

『雍州府志』が引く耳納寺の由来は、鎌倉時代初期の説話集『古事談』巻五「神社仏閣」に見える耳納堂の物語である。本書は編者の源顕兼《あきかね》の没年（一二一五）の直前の成立かという。六条坊門の北、西の洞院の西に堂がある。じのう堂と号す。この堂は伊予の入道源頼義（九八八―一〇七五）が奥州の俘囚討夷の後に建立、仏は等身の阿弥陀である。頼義がこの仏を造立して恭敬礼拝し、往生極楽かならず引導したまえというとうなづいたという。十二年のあいだ戦場で死亡した者の片耳を切りあつめ、乾して皮《かわ》古《ご》二合に入れて持ち上ったものを、その堂の土壇の下に埋めたという。それで耳納堂というのである。「みのは堂」というのは正しくないとある。(40) 源頼義が安倍頼時・貞任父子を制圧して都に帰って阿弥陀堂を建立、戦で死んだ人の片耳を取り集めたものを堂の土壇の下に葬ったとする。耳納堂は世にいう耳塚の一つになる。

これが史実であることを具体的に立証することは不可能であろう。『雍州府志』巻四「寺院門上」には愛宕郡に「耳ノ輪堂」の項はあるが、その場所はわからないという。ただ伝えはあったのであろう。凶徒の耳をことごとく切り、京へ携えて来てこの地に埋め、その上に堂を建てて等身の阿弥陀像を安置して供えものをするとある。(41) ここでは敵の死者の耳を集めて葬り、仏堂を建ててまつっていることになる。鼻塚もつまりは同じ趣意の霊地であると思われていたにちがいない。『古事談』の耳納堂の由来も、書かれた当時は少くとも戦死者の片耳を納めて供養する寺堂と考えられていたことになる。それも説話の本文にしたがえば、敵だけではなく味方の分も含まれていたかもしれない。耳塚は供養塚として伝わっていた。方広寺の鼻塚も卒都婆文には、はっきりと死者をとむらう心がみえている。

これだけ一貫した作法を支持する思想が生きていたからには、それは古くからの日本の社会の伝統で、戦の当時、十一世紀中葉まで耳塚供養はさかのぼる可能性があるとみてもよかろう。このような戦で死んだ人の耳を切って葬ってとむらったという事例は、明治時代を迎えるころまで知られている。山梨県北都留郡賑岡《にぎおか》村強瀬《こわぜ》(大月市)の補陀山全福寺(曹洞宗)にある耳塚の伝えである。明治初年新撰組の隊長近藤勇は甲府城をうかがったが官軍の襲撃を受け、柏尾阪に拠って防戦した。そのとき幕軍の募った応援者の中に全福寺住職の秀全がいた。身の丈はわずか三尺にたりなかったが、剣道に秀でよく戦った。その秀全は戦死した者の耳を切り集めて全福寺の境内に合葬して厚く供養した。人はそれを耳塚と呼んだという。(42) これは時代が新しいだけに、ただの空想とは思いにくい。耳塚といえば戦で殺された人の耳を取ってまつったところという通念も、久しく生きていたかともおもえる。

しかし柳田國男は「耳塚の由来に就て」の一節では、刑罰の例にもなる耳塚の伝えを記しながら、

此等東西の諸国に散布して居る耳塚は、仮に至つて惨酷なる風習が中世に普通あつたとすれば説明は容易だが、……

と言っている。すなわち、土佐(高知県)の土佐郡本川村《ほんかわ》の寺川の村の北方一里、伊予(愛媛県)との国境にあった耳塚のことである。緒方宗哲編『土佐州郡誌』(宝永年間[一七〇四―一七一一]成立)を引き、かつて伊予の者数十人がひそかに材木を取りに来たのを追い捕え、耳を切ってそれを埋めたといい、宝暦元年(一七五一)の見聞である『寺川郷談』には盗人の耳をそぎ、箱に入れて御城下へ出し、その後御境目に埋めたところを耳塚というとある。また『寺川郷談』には、耳を切り髻《たぶさ》を切り追い放ったときもあるという。(43) 生身の者の耳を取りたぶさを切るとは、「百姓等言上状」にいう「耳を切り鼻を削ぎ髪を切る」が地頭方の用意する処刑の方法であったことをしのばせるような伝えである。

ヨーロッパ民俗学の巨匠、フィンランドのカールレ・クローンは『民俗学方法論』で、「民俗学者の

研究範囲」を次のように定義している[44]。

民間の知識が、㈠伝統的であり、㈡空想によって作り上げられており、㈢真に常民的であるかぎり、それを包含するのである。

㈠はその歴史的性格をいい、㈢はその社会的位置づけを定め、㈡はその知識の文化として質を問題にしている。江戸時代の地誌などを見ても、それぞれの土地の事実の記述を別にすると、歴史的な事項の言い伝えなどは、かならずしもそれが史実であるかどうかは判別できているわけではない。現代の民俗採集でも、過去に関する村の伝えが史実であるかどうかを弁別することは、そう単純な作業ではない。各地の事例からそれが空想的であるかどうかを推測してみるだけである。

村に語り継がれている史伝がどのような史実を反映しているかを解明することは、古伝研究の魅力である。しかしそれには歴史と思われていることのどの部分を、事実を伝えるものではないと否定するかという大きな課題がのしかかってくる。飯倉照平はその柳田國男と南方熊楠との方法の分岐点を紹介している[45]。柳田國男が民俗学の発想の豊かさを追うのに対して、南方熊楠は真実の探求にかけた自然科学の眼を持っていた。白米城の伝説でも、水攻めで籠城している人が白米を水に見せかけたということを、事実あり得たとするのは寺石正路であり[46]、南方熊楠であった[47]。それを事例が多すぎるとして物語とみるのが柳田國男である[48]。「耳を切り鼻を削ぎ髪を切って尼になして」も、真実味がなければおどし文句にもならない。一度はその現実性を考えてみる必要がある。

四、敦煌壁画は語る

耳塚とかかわる「百姓等言上状」の第四条にいう「妻女どもを……」以下の脅迫事項の一つ一つは、今日の歴史学の研究では、中世から近世にかけて広く刑罰の一種として行われていたことに相当するとされている。耳を切り、鼻を削ぎ、髪を切りは身体の一部を損壊する刑罰で、追いこめ、縄・絆を打つは拘禁の刑罰で、これらは身体刑と自由刑に相当し、地頭側の検断権の発動として刑に処してやるとおどしていることになる。(49)これらの刑が一つのまとまった刑罰の体系にあるわけではないようであるが、それぞれの事項としては中国にもみられ、「劓《ぎ》」（劓《はなぎる》）のように殷墟出土の甲骨文字にも知られているものもあるとされる。(50)もしこの地頭方の処刑のおどしの項目に一つの組織があるとすれば、この文言の意義を考える上でも、大いに参考になるはずである。

そこで興味深いのは、中国の敦煌の莫高窟《ばっこうくつ》の第一五八窟の壁画の図柄である。(51)ここは中唐（七八一―八四八）の吐蕃《とばん》占領時代最大の窟の一つで、いわゆる涅槃窟である。彩塑と壁画で大規模な涅槃経変相が表現されているが、その北壁西側には、釈迦の入滅を聞いて集まった諸国の王族たちの姿が描かれている。釈迦の死をいたみ悲嘆慟哭する会衆の像であるが、その中には、みずからわが身を傷めつける人が何人もいる。そこで注目されるのは、その自損行為が、かの「百姓等言上状」にいう処刑のおどしの条項と多分に共通していることである。段文傑と李復の模写図でみると、それぞれの人物の動きが明確にわかる。一人は耳を切る。左手で左耳たぶの上部をつまみ、右手に持つ小刀で耳をつけねから切り取ろうとする。一人は左手で鼻先をつかみ、右手に持った小刀で切ろうとする。一人はじっと目を閉じ、左右の手にそれぞれ持った小刀を腹のあたりに刺そうとしているように見える。一人は右手で長い刀の束を握って、刃先を胸の中ほどに刺している。[52] これらは明らかに、耳を切り鼻を削ぎである。

ここの釈迦涅槃像の長さは一五ｍにおよび、その周囲に描かれた菩薩、天人、声聞、八部衆、それに諸民族の王族たちが仏滅を嘆き悲しむ像は、八十八体、全長は二三・五ｍになる。そこには天子の冠をかぶり、広袖の襦裙《じゅくん》を着けた漢族の帝王のほか、チベット族、突厥《とっけつ》族、南の崑崙《こんろん》、南アジア・西アジア、それに西域などの諸民族の王族が見える。耳を切り、鼻を削ぐ人のほかは、心臓を刺し、腹を刺すとする。それは釈迦を追慕する悲痛のさまをあらわす。この作品は構図がまとまっていて人物描写も写実的で真に迫っており、この時代の卓越した芸術水準を体現する数少い傑作といえようという。[53] 涅槃像として多くの情報を伝えているのは、この図が重要視されていたこととかかわることであろう。

ガンダーラやインドの涅槃図像には、この種の特別な哀悼の表現はない。会衆として集まっている人々の作法であろう。北方ユーラシアの諸族には、葬礼に服喪者が自分の顔面に剺《きず》つけ、耳を截ち、髪を切り、流血号泣して葬送する習俗があった。[54] 顔を刀で傷つけることを鼻を切ることに置き換えると、「百姓等言上状」にいう地頭のおどし文句そのままである。それは刑罰の条項を越えて、死者を送るための作法である自傷行為と共通していた。それぞれが実在した刑に該当するとすれば、刑の体系そのものが、葬礼という宗教的世界でみずからを傷つける、処罰とはまったく異なる次元の事実と一致していた。一見残酷な刑罰が、自分から進んで行う精神的な儀礼であったということは、単なる偶然とはとうてい考えられない。不可思議な人類文化の深層をみる思いがする。

その習俗の史料を見てみよう(55)。古くは匈奴《きょうど》にある。『東観漢記』の「耿秉《こうへい》伝」にいう。後漢の耿秉が征西将軍として南単于の匈奴部衆の信頼を得たため、死にあたり南単于は国をあげて喪に服し「梨面流血」（面を切って血を流す）とある。『後漢書』巻十九「列伝」第九「耿秉伝」にも、国を挙げて号泣し「梨（剺）面流血」するに至るとある。突厥については『北史』巻九十九「列伝」第八十七「突厥伝」にいう。死者の親族は屍に詣り「刀をもつて面を剺けて哭す」とあり、これを七度おこなうという。『隋書』巻八十四「列伝」第四十九「突厥伝」にはその要約的な記事があり、「刀をもつて面を劃し血涙こもごも下る」という。唐の玄宗が宝応元年（七六二）に亡くなったときに、「蕃官で剺面割耳するもの四百余人」とある。蕃官は、唐の冊命を受けた突厥・回紇などを指すにちがいない(56)。これらの人々にも顔を傷つけ耳をさく習俗があったことがわかる。皇帝の葬礼に参加する異族の人々の作法は、例の釈迦涅槃図をしのばせる。

女直（女真）の剺面の習俗については『遼史』巻二十八「本紀」二十八「天祚帝紀」に見える。天祚帝が崩じたとき、女直の主（阿骨打《アクダ》）は衆を集めて「剺面仰天慟哭」したとある。南宋末の孟珙《もうこう》の『蒙《もう》韃備録《たつびろく》』に白韃靼すなわち汪古族について、父母の喪にあうと「面を剺けて哭す」と記す。腮《あご》の面に刀傷がある者は、白韃靼であったという。西方ではフン族に剺面があった。ローマの宮廷詩人クラウディアン（Claudian）の詩句に、額に剺け、殺害された父母に服喪するとある。サルマートの後裔というコーカサス西麓のチェルケッス（Cherkesses, Tscherkessen）は、親が死ぬと耳から耳まで一条の皮を顔面から剝ぎとって、服喪の表象としたという。これは耳や鼻を切ることとともにかかわりそうである。截耳は『梁書』巻五四「滑国伝」に嚈噠（Ephtalites）の例を記す。父母が死ぬと子どもは「一耳を截つ」という(57)。

オルホン碑文（毗伽可汗碑文）の突厥可汗の葬儀の記事に、「かく民その髪を、その耳を［截ち］たり」と判読できる部分がある。これによると突厥には、剺面のほか截耳と剪髪があったことになる。「百姓等言上状」の地頭のおどしの三項が、そろって共通することになる。[58] 匈奴時代以来北狄《ほくてき》の影響を強く受けた于《う》闐《てん》国（Khotan ホータン）にも剺面と剪髪があった。楊衒之の『洛陽伽藍記』巻五の「宋雲《そううん》行紀」の于闐国の葬礼の記事である。喪に服する者は「髪を剪り面を剺けて」哀しみを表わし、髪が四寸になると平常に就くという。宋雲が訪れたのは五一九年のことである。[59]

前六世紀から前三世紀まで黒海北岸の草原に遊牧国家を築いたスキタイ［Scythai］にも、葬礼のときの自傷作法があった。ヘロドトス（前四八四ごろ—前四三〇以後）の『歴史』巻四、七一節にいう。王の遺体が別の民族の国を巡回するとき、その国の人は王族スキタイ人がするのと同じことをする。耳の一部を切りとり、頭髪を丸く剃り落とし、両腕に切り傷をつけ、額と鼻を掻きむしり、左手を矢で貫くという。[60] 痛める部位は多様であるが、耳・鼻・髪は含まれている。時代も古く北方ユーラシアへの影響も大きい文明であるだけに、その存在意義は計りしれない。十八世紀初めのオヴィ河流域のオスチャーク族の葬礼の観察でも、頭髪を抜き取って死者の上に散じ、指の爪で顔面を傷つけたという。[61] アラビア人にも同様の葬礼がある。ベドウィン族は、葬者は自分の顔面を引っかき、死者の姉妹と娘は頭髪を切って墓の上に置く。[62]

敦煌以外の壁画遺品にも、スキタイのような顕著な事例がある。中国の新疆《しんきょう》ウイグル自治区のギジル石窟寺院である。第三区麻耶洞の壁画に典型的に見えている。涅槃像に向き合う会衆が哀悼の表現をしているが、髪を左手で引く女、小刀を胸のあたりに右手で持つ女、右手で持つ小刀を右の耳の前にかざす男二人が描かれている。[63] 中央アジアの非仏教絵画の哀悼図の代表といわれるビャンジケント第二号址出土の図でも、それが見られる。高貴な死者の前に立つ七人の人物のうち、一人の女は髪を上に引き、男一人は左の耳に刃物をあて、一人の女は左手で左耳を握って右手に持つ小刀を左耳にあて、女の一人は右手に持った小刀を右手を支えにして顔にあてようとしているようにみえる。[64] やはり截耳、剺面、剪髪に見える。

歴史的にも古く北方ユーラシアの諸民族に広く行われていた死者をいたむ作法が、そのまま刑罰の条目になっていたことはただごとではあるまい。しかもその三つがそのまま建治元年（一二七五）の地頭のおどし文句の事項であったとは、背景に大きな統一の力がはたらいていたと思いたくなる。刑罰とは人間のもっとも崇高な自傷行為と一致していたのであろう。「髪を切り尼になし」も、きわめて宗教的な自傷行為である。松平定能編『甲斐国志』巻七十五「仏寺部」第三に、塩山向嶽寺《えんざんこうがく》末の道光山西光寺の末尼寺、燈外庵のことが見える。覚庵という尼が向嶽寺開山の抜隊得勝《ばっすいとくしょう》の弟子になろうとするが、姿に色があるとみて許さなかった。覚庵はみずから面貌を鉄火で焼損して入門、得道して理庵尼と称して燈外庵を開いたという。[65] 剺面にはみずからを聖なる世界に導く力があった。自傷も処刑も同じ役割を帯びていたことになる。あらためて「法の精神」という言葉の持つ深い意味を感じる。

北方ユーラシアの民族のあいだでは、葬礼以外にも剺面などが行われたことがある。『資治通鑑』巻二二五、大暦十年（七七五）二月の記事などには「割耳剺面」という術語として見える。これは突厥《とっけつ》・廻紇《かいこつ》の風習であると注しているが、[66] その用法は長上に従う強い意志を示すものであったかとみえる。剪髪は見えないが、「髪を切り尼になして」も、本来は「大山詣り」のように夫への忠誠を誓う作法を逆手にとった表現かもしれない。現代の落語ではしかたがないが、同じ構想の物語に能狂言の「六人僧」がある。『続狂言記』巻三に入っている。元禄十三年（一七〇〇）刊である。[67] このような趣向の物語は、これ以前にもあった可能性は大きい。かぎりなく中世に近づく。「妻子ども……」の一句には、まとまった典拠がありそうである。

永元十二年（一〇〇）自序の許愼《きょしん》の『説文解字《せつもんかいじ》』巻四下「刀部」には、「刵」と「劓」が見出し字の小篆で見える。「刵」は「断耳也」（耳を断るなり）とあり、刀と耳によるという。「劓」は「刑鼻也」（鼻をつみすなり）とあり、刀により臬の声といい、『易経下経』「睽《けい》」六三を引く。[68]「その人天《かみ》きられ且つ劓《はなき》らる」（其人天且劓）とある。髪を切る刑・鼻をそぎおとす刑を加えられるような憂目にあうが、終りはよいという。[69] ここまで来るとまったく耳を截り鼻を削ぎ髪を剪りてである。注釈ではそれを刑罰とするが、『易経』のようにそれが苦難の例であるとすると、自虐を求められるようなことであるとみることも可能である。中国の古典の漢語「割耳剺面」も、事例はむしろ刑罰ではないものが少くない。作法と刑罰の関係を考えてみなければならない。

たとえば敦煌莫高窟の一五八窟の壁画のように葬礼のために切り取った耳や鼻は、どのように処理したのであろうか。髪が被葬者の墓に納められていた事例は、ほかでは具体的に知られている。[70] 耳や鼻も供養されたとすると、戦死者の耳や鼻を切って塚にまつったという『古事談』以来の伝えも、けっして空なることではなかったことになる。『説文解字』巻十二上「耳部」には「聝《かく》」が小篆で見え、「軍戦断耳」（軍戦ひて耳を断るなり）とあって「春秋伝」の「以為俘聝」を引く。段注によると左耳を切ったという。[71] それで戦の功を数えたこともあったかもしれないが、事はそれだけにとどまらない。武士にとって切腹は誇り高い自傷行為であったというが、芝居で有名な「忠臣蔵」の四十七士は、みずから選ぶ死の方法を、刑罰として仰せつけられた。葬礼の作法としての身体をいためる行為を、殉死に準ずるものとみるのも一見識である。(72)人類の歴史のはるかな道を、思い見ることが求められる。

注

(1) この文書については、石井進『中世を読み解く――古文書入門――』(東京大学出版会・一九九〇年十一月)に明解な解説がある。また黒田弘子『ミミヲキリハナヲソギ――片仮名書百姓申状論――』(吉川弘文館・平成七年三月)は、この文書に焦点を合わせた総括的な論考である。本稿は両書の見解におおむね依拠した。
(2) 暦の会編『暦の百科事典』(新人物往来社・昭和六十一年四月[二刷]昭和六十二年三月)四六一頁。
(3) 柳田國男『高野山文書研究』第二冊[『民俗学研究所紀要』第三十八集別冊](成城大学民俗学研究所・平成二十六年三月)。
(4) 柳田國男『柳田國男全集』第七巻(筑摩書房・一九九八年十一月)参照。
(5) Gomme, George Laurence. Folklore as an Historical Science. London, 1908. pp.166-168.[抄訳]西村真次『神話学概論』(早稲田大学出版部・昭和二年十一月)二六九―二七一頁。
(6) 柳田國男『遠野物語』(私家版・明治四十三年六月)九四―九五頁。
(7) 厚木市教育委員会『第一二回厚木市郷土芸能まつり郷土芸能発表会』平成二十六年十一月三十日[資料]。
(8) 内田武志・宮本常一編『菅江真澄全集』第七巻(未来社・一九七二年五月[第二刷]一九八二年二月)一四〇頁、四八〇頁(図六〇四)。
(9) 同前・第六巻(未来社・一九七六年十月[第三刷]一九八八年九月)二九二―二九三頁。
(10) 同前同巻・四三九頁。
(11) 同前・第三巻(未来社・一九七二年七月[第三刷]一九八四年九月)二五七頁、図三九九・四〇〇。
(12) 当時の京都市編『新撰京都名勝誌』(京都市役所・大正四年十月)一九五頁では、耳を納めた耳塚とする。

高さ三間ばかりの塚の上に、高さ二丈余ほどの大石塔があるという。

（13）日本歴史地理学会編『山州名跡志』大日本地誌大系　第二冊（大日本地誌大系刊行会・大正四年一月）四七頁。

（14）南方熊楠『南方熊楠全集』第八巻「書簡Ⅱ」（平凡社・昭和四十七年四月）一五九番、大正五年十二月二十三日付書簡。

（15）『南方熊楠邸資料目録』（田辺市南方熊楠邸保存顕彰会・二〇〇五年三月）二二二頁、［来簡　二八八八―二九〇五］。本稿では、南方熊楠顕彰館から成城大学民俗学研究所に提供された複写によった。

（16）池田弥三郎ほか編『日本民俗誌大系』第三巻（角川書店・一九七四年十二月）四六五頁「著者略歴、寺石正路」。

（17）注15同書、［来簡二八八八］。書簡には私見により句読点などを付した。以下同じ。

（18）大藤時彦編『炉辺叢書解題集』炉辺叢書別冊（名著出版・昭和五十一年十一月）の寺石正路『土佐風俗と伝説』の解題で、桂井和雄は寺石正路のくわしい研究歴を記し、「スペンサーの『社会学原理』に魅せられ、視野を史学から民俗学、社会学、人類学、考古学等の分野にまで広め、大正四年異色の著『食人風俗誌』を出版。未開文明を問わず東西の文献資料を駆使し、食人の習俗の根源を追究したもので、日本民俗学初期の記念すべき出版物の一つとなっている」（七八―七九頁）と述べている。地元にあってすぐれた民俗学の業績を残した人らしい言葉である。

（19）南方熊楠『南方熊楠全集』第九巻「書簡Ⅲ」（平凡社・昭和四十八年三月）寺石正路宛一番。

（20）“The Traces Cannibalism In The Japanese Records.”（［左開き］二五二―二四三頁）。この論文については、岩波書店の『文学』季刊第八巻第一号（一九九七年一月）「特集・南方熊楠」に、松井竜五「南方熊楠の食人論」（二二一―二二九頁）と、その日本語訳、松居竜五訳「日本の記録に見る食人の形跡（日本人太古食人説）」（二二九―二三六頁）がある。

（21）同前注、松居竜五論考・二二八―二二九頁注2。

（22）同前注、二二六頁。

(23) 注19同書、寺石正路宛二番。
(24) 注15同書、[来簡二八九〇]。
(25) 注19同書、寺石正路宛三番。
(26) 注15同書、[来簡二八九二]。
(27) 同前書、[来簡二八九〇]。
(28) 同前書、[来簡二八九二]。
(29) 神宮司庁『古事類苑』三十八「礼式部」二(吉川弘文館・昭和四十五年一月)一一二三—一一二四頁。
(30) 辻善之助・野村常重編『鹿苑日録』巻四(太洋社・昭和十年十月[復刻]続群書類従完成会)三六八頁。
(31) 校訂の事情については、飯倉照平「校訂をおわって」『南方熊楠全集月報』一二(平凡社・昭和五十年八月)六—七頁。
(32) 注19同書、寺石正路宛五番。
(33) 注15同書、[来簡二八九三]。
(34) 同前書、[来簡二八八九]。
(35) 沖縄県立図書館編『琉球金石文拓本集成』(同館・昭和五十六年三月)八頁。沖縄県教育庁文化課『沖縄県文化財調査報告書』第六十九集『金石文——歴史資料調査報告書Ⅴ——』一〇三—一〇四頁。
(36) 清水町誌編集委員会編『清水町誌』史料編(清水町・昭和五十七年九月)「高野山文書」七十三号(九七—九九頁)。
(37) 宇井無愁『落語の根多』角川文庫(角川書店・昭和五十一年十一月)四六六—四六七頁。
(38) 橋爪博幸「大正時代における「耳塚」論争——南方熊楠、柳田國男、寺石正路、三者のやりとりを中心に」『인간과 문화 연구』제一六집(동의대학교 인문사회연구소・二〇一〇・六)一〇七—一二九頁では、三人の論議を通して「耳塚(鼻塚)」の問題を関連資料から検討している。
(39) 市島謙吉編『続々群書類従』第八「地理部」(国書刊行会・明治三十九年八月)二七八頁。
(40) 小林保治校注『古事談』下(現代思潮社・一九八一年十二月)一二六頁。

(41) 注39同書、一〇一頁。

(42) 村松志孝『甲斐路のあない』（顕光閣・昭和十一年四月）二〇九頁。土橋里木『甲斐伝説集』（山梨民俗の会・昭和二十八年六月）は『北都留郡誌』を引く。徳川氏は井上八郎に追討させ、首魁以下十余人を斬り、その耳朶を全福寺の境内に埋めた。これを耳塚と呼び、耳を患う者が祈ると癒るという（七三頁）。

(43) 早川純三郎編『三十輻』第三（国書刊行会・大正六年八月）二五頁。

(44) Krohn, Kaarle. Die Folkloristische Arbeitsmethode. (Oslo,1926) s.25. 関敬吾［訳］『民俗学方法論』岩波文庫（岩波書店・昭和二十六年一月）三八頁。

(45) 飯倉照平『南方熊楠』ミネルヴァ日本評伝選（ミネルヴァ書房・二〇〇六年十一月）二五九―二六〇頁。

(46) 寺石正路『南国遺事』（聚景園武内書店、大正五年七月）四六一―四六二頁。

(47) 注19同書・寺石正路宛二番、三三七頁。

(48) 柳田國男『木思石語』（三元社・昭和十七年十月）九一――一五四頁、とくに九一―九二頁。

(49) 石井進・注1同書、一九四頁。勝俣鎮夫「「ミヽヲキリ、ハナヲソグ」」『中世の罪と罰』（東京大学出版会・一九八三年十一月）二七―四二頁。

(50) 同前注・勝俣鎮夫・三三頁。白川静『字統』（平凡社・一九九四年四月）一六四頁に、「劓」［劓］（ギ、はなきる）の項目があり、甲骨文・金文を示す。鼻（鼻）と刀により、刀で鼻頭を截りおとす刑罰の方法で、古く五刑といわれた肉刑の一つとする。

(51) 敦煌文物研究所編『中国石窟敦煌莫高窟』第四巻（平凡社・一九八二年六月）図六五、二五五頁。

(52) 日本中国文化交流協会・毎日新聞社『中国敦煌壁画展』（毎日新聞社・一九八二年四月）図四〇。

(53) 万庚育「涅槃経変部分」同前書、［出品解説］四〇。なお注51同書「第一五八窟　北壁西側　涅槃変相部分」では会衆を、漢族の帝王のほか、服飾から吐蕃・突厥・回鶻・アフガニスタン・パキスタン・ビルマ・南方の崑崙［カンボディア・マレイなどを指す］・中央アジアの康居［サマルカンド］などの王族とする（二五五頁）。

(54) 宮治昭「中央アジア涅槃図の図像学的考察」『仏教芸術』一四七号（毎日新聞社・昭和五十八年三月）一八―二二頁。

(55) 北方ユーラシアなどの地域の諸民族の死者に殉じて自分の頭部の一部分を傷つける風習については、ヨーロッパではフィンランドの民俗学者ウノ・ハルヴァの研究がある。Harva, Uno. Religiösen Vorstellungen der Altaischen Völker, FFCommunications, no.125. Porvoo 1938, SS. 289-291. 田中克彦訳『シャマニズム――アルタイ系諸民族の世界像――』（三省堂・昭和四十六年九月）二六七―二六九頁である。東洋史の分野では江上波夫『ユウラシア北方文化の研究』（山川出版社・一九五一年九月）「ユウラシア北方民族の葬礼における剺面、截耳、剪髪について」一四四―一五七頁があり、仏教美術史の立場からは宮治昭・注54同書が資料を集めている。本稿では、江上波夫と宮治昭の論考から史料をあげた。江上波夫引用の漢籍の出典の一部分は、台湾の『中央研究院、漢籍電子文献、瀚典全文検索系統』で確認した。

(56) 前注・江上波夫・同書、一四四―一四五頁。

(57) 同前書、一四五―一四六頁。

(58) 同前書、一四七頁。小野川秀美「突厥碑文訳註」『満蒙史論叢』第四（座右宝刊行会・昭和十八年九月）三一三頁、注一六五（三八六頁）。

(59) 同前書、一四七頁。入矢義高訳『洛陽伽藍記』（『中国古典文学大系』第二十一巻、平凡社・一九七四年九月［一一刷］一九八七年四月）九七頁。

(60) 同前書、一四八頁。松平千秋訳『歴史』（中）（岩波文庫・一九七二年一月［八刷］一九七七年五月）四三頁。

(61) 同前書、一四八頁。

(62) 同前書、一四八頁。

(63) 注54同書、一八頁、図7。

(64) 同前書、二二頁、図9。ヤクボーフスキー（加藤九祚訳）「古代ビャンジケント」『西域の秘宝を求めて』（新時代社・一九六九年五月）二二五―二二九頁。

(65) 萩原頼平編『甲斐志料集成』五「国史部」二（甲斐志料刊行会・昭和十年六月）五〇五頁。

(66) 宮崎市定「読史劄記」『史林』第二十一巻第一号（史学研究会・昭和十一年一月）一四〇頁。

(67) 橋本朝生・土井洋一校注『狂言記』新日本古典文学大系・五八（岩波書店・一九九六年十一月）四〇九―四

一二頁。

(68) 段玉裁『段氏説文解字注』(宏業書局・一九七三年)一三一頁。

(69) 高田真治・後藤基巳訳『易経』下・岩波文庫(岩波書店・一九六九年七月[九刷]一九七六年十二月)五三一—五五頁。

(70) 注55・田中克彦同書、二六八—二六九頁、図二五。

(71) 注68同書、四二三頁。

(72) 注55・江上波夫同書、一五一頁。

[あとがき]

南方熊楠顕彰館所蔵の南方熊楠宛の寺石正路の未公刊書簡(注15)、および橋爪博幸の論考(注38)は、南方熊楠顕彰会の学術部長田村義也氏のご高配で成城大学民俗学研究所に提供された複写によった。

また敦煌莫高窟の壁画に関する文献の入手にあたっては、成城大学文芸学部の小澤正人教授のご指導をいただいた。

(『民俗学研究所紀要』第三十九集所収、成城大学民俗学研究所発行、二〇一五年)

人間が生きることの探究——

『三倉沿革』に寄せて

一、『三倉沿革』の書誌

『三倉沿革』は、研究者としての柳田國男の最初期の著作の一つである。上質の半紙に毛筆で書いた自筆草稿で、きれいに装丁されている。著者自身がたいせつに保存することを、目的にしていたことがうかがえる。

柳田國男の手元で、『三倉沿革』がいわば再発見されたのは、おそらく回顧談「故郷七十年」が『神戸新聞』に連載されることになったときであろう。「故郷七十年」⑧「饑饉の体験」(昭和三十三年一月十七日、一三版⑧)に、次のような一節がある。

子供ごころに、こうした悲惨事が度々来るのではたまらないと思ったのが、学校を出るまで「三倉」―義倉、社倉、常平倉―の研究をやった動機である。その研究ノートが論文にならない前の形で、このほど発見されたが、そうした子供心の印象から、私は「救荒要覧」などを読まずにおれなかった。確かまだ十三歳のそのころ、それを読んだのも記憶している。

現在、『三倉沿革』は、柳田國男の蔵書が遺贈された、成城大学民俗学研究所の柳田文庫に架蔵されている。横縞柄の表紙をつけた和綴の一冊で、縦二三・八㎝・横一六㎝の半紙半分折り版である。本体の紙数は、一九四枚である。

表紙の題簽《だいせん》には、「三倉沿革　明治三十六年初稿」と自筆の墨書がある。記述の体裁は、「饑饉の体験」にいうとおり、「研究ノート」であり、「論文にならない前の形」である。しかし全体の構成は、それなりに整理が進んでいる。その点では、題簽の表示どおり、「初稿」と称するのがふさわしい。
全体の章段を、五つに分けている。最初にそれぞれ扉一枚をつけ、章題を扉紙の表一面に書く。第一章には、

柳田國男
常設賑救機関ノ沿革　第一
第一稿

と記す。第二章では、「第一」の部分を「第二」とするが、第三章・第四章は、「……沿革」に続けて、「三」「四」と書く。第五章は第四章までとは異なり、「第一稿」がない。

明治三十六年十月二十五日
三倉沿革論大要

と題する。第五章は、他章とは違って、「第一稿」ではなく、最初から論考として書きあげた文章であ

るという意図を感じる。

「常設賑救機関」とは、漢語の熟語である「三倉」を、日常的な漢字の語で言いかえた表現といえるが、おのずから語義が限定された「三倉」よりは、一般性のある、含みのある表現になっている。第五章にはないが、他の四章には、それぞれことさらに柳田國男の署名がある。各章が独立した論考としての体裁をとっていることになる。なにか一つ一つ発表すべき、心づもりがあったのかもしれない。

全五章、章ごとに主題を定めて、まとめられている。第一章では、本文四丁表（一三頁）の最初に「常平倉・義倉・社倉」と見出しがあるように、いわゆる三倉の概説をしている。おおむね中国の制度からの説明である。この見出しのあと、［一］（一三頁）から［四十九］（六三頁）までの項目を立てて、論述する。中間の［二十九、三十、三十七、四十四〜四十七］の項目が欠けている。これらは、第一章の構成上、不要の項目として他の章に移したものであろう。

第一章の［一］の前に、一丁から三丁（七―一二頁）にかけて、記述がある。

七一　農術ノ進歩ト共ニ凶歉ノ惨害ノ少クナリシコト（七頁）

など、この章の序論や項目表に相当する。おそらく本章の導入部分の資料にあたるものであろう。また［四十九］のあとにも、三十丁から三十四丁まで記述がある。本章に関連する資料という意図であろう。

第二章は、日本の古代の三倉に類する制度の沿革について述べる。本文二十四丁［六七］からは、中国の三倉の制度に触れ、朱子の社倉論におよぶ。ただし配列は、かならずしも項目の番号順ではない。

しかも、その部分に、第一章で欠番になっていた項目が入っている。〔四十六〕、〔四十七〕、〔四十五〕、〔二十九〕、〔三十〕、〔四十四〕である。それらは、ことごとく中国の事例である。項目を入れかえることによって、内容を整備している。

第三章は、江戸時代の三倉に類する制度の沿革について、第四章は、維新以来の三倉に類する制度の実態について述べる。第五章は、表題のとおり「三倉沿革論大要」である。第四章までは、一項目ごとに書いた覚書の編集の形をとっているが、第五章は「大要」の称にふさわしく、三倉の沿革について、概括した文章を一気に、通して書いている。この章の扉には「第一稿」の文字がない。しかも本章には、独自の日付もある。これには研究ノートではなく、まとまった論考であるという意識があったはずである。

『三倉沿革』は、表紙の題簽にあるとおり、明治三十六年の著作とみてよかろう。くわしくは、第五章の扉にいう、明治三十六年十月二十五日が、この章を書きおえた日であろう。『三倉沿革』は、この日をもって、成立の日とみることができよう。

『三倉沿革』は、一つに合冊する以前、各章ごとに独立して、五冊に綴じられていたとおもわれる。現状の扉は、もとの表紙に相当する。各章末にある白紙は、そのときの裏表紙である（本書では白紙は省略）。扉と同じく変色している。第一章と第二章には、表紙のあとと裏表紙の前に、一枚ずつ白紙の余紙がある。ただし第三章・第四章・第五章には、余紙はない。それはこれらあとの三章と、前の二章とで扉（もとの表紙）の表題の書きかたが異なることに通じる。おそらく前二章と、あと三章と、綴じた時期がちがっているのであろう。

これら五章が、かなり長い間、独立した冊子の形をとっていたことは、各章の紙のいたみからもわかる。現在の扉がもとの表紙であり、最後の余紙が裏表紙であったことは、その紙の表面の変色などでも明らかである。全体を一つに綴じたかたちで見ても、小口なども各章ごとに共通する変化があり、もともと五冊に分かれていたことは、あきらかである。

また、第三章のこの表表紙と裏表紙、および第四章の表表紙は、用紙が二枚重ねになっている。おそらく、各章ごとに一冊に仕立てたときに、補強のためにとった処置の名残りであろう。

なお、第二章の巻末の余紙の裏側に、半紙半折の表に資料を書いた紙を横向きに貼る（一六八頁）。また同章の裏表紙の内側には、新聞の切り抜きが貼ってある（一六九頁）。余紙などの部分を利用しての貼りこみであろう。

この新聞の切り抜きは、明治三十六年十月二十一日付の新聞『日本』（第五千百六号）の記事「備荒貯蓄制の復旧」である。これは第五章の最初の部分に挿入するものにちがいない。第五章の冒頭の本文にいう。

此月二十一日ノ「日本」ニ左ノ記事アリ

〇

この〇印のところに、新聞記事が入る。柳田國男は、この記事を見て、それを枕に、一気に「三倉沿革大要」を書きあげたようである。扉にいう完成日の十月二十五日まで、あしかけ五日しかない。「三倉沿革大要」の文章には、新聞記事を批判した、そういう勢がある。

『三倉沿革』は、公表された形跡はない。未発表草稿といってよかろう。しかし『定本柳田國男集』別巻第五「年譜」（以下、「年譜」と略す）には、明治四十年五月十八日に、「産業組合講習会で三倉制について話す」とある。この講義の筆録は、大日本産業組合中央会蔵版の『農商務省開設／第弐回産業組合講義録』に、「産業組合の歴史」と題して収められている。「三倉制について話す」といえば、その筆録は『三倉沿革』を「研究ノート」から論述に展開させた姿としてとらえることもできる。「産業組合の歴史」を参照して、『三倉沿革』を読みすすめるのも一つの方法であろう。

二、凶年救済の制度

『三倉沿革』の主題である「三倉」とはなにか。柳田國男自身の言葉から、摘記してみよう。第五章「三倉沿革論大要」の一節にいう。

> 一定の計画に基き、法規を設けて、凶年の救済を試したるは、いはゆる三倉の組織をもって始めとす。今日言はんとするは、この三倉のことなり。
> 三倉といふは、遥かに後世において起りたる名目なり。何をか三倉といふかといへば、㈠常平倉《じょうへいそう》、㈡義倉《ぎそう》、㈢社倉《しゃそう》これなり。
> 常平倉といふは、その起源もっとも久しく、支那の周の代にすでに存せり。常平とは、価物（ことに

穀物）の市価を年の豊凶にかかはらず、成るべく平均せしむといふ意味の語なり。常平倉は政府の事業にて、一定の基金を備へ置き、豊作の価賤しき年に、糴《てき》［かいよね］をなして需要を増加し、市価を引き上げ、凶作の年までこれを貯蔵して、騰貴の時にこれを糶《ちょう》［うりよね］して供給を増し、市価を引き下ぐるの趣旨にして、主として消費者の利便を計りたるものなり。政府は売買の差をもって実費を補償するに留め、これをもって歳入の財源とはせざりき。義倉とは、いはゆる備荒貯蓄法にして、平時、租税の外に、一部の穀物を徴収してこれを貯蔵し、凶年にはこれを開きて、窮民に与ふるものなり。英国のプーア・ロウ［poor law 貧民救助法］などと、まったく同じ。義倉の「義」は、「人の為にす」といふ意味ならん。社倉といふは、共同貯蓄組合なり。物をもってすると、資本をもってするとの区別を除けば、今の信用組合または報徳社などと同じきなり。（「社」の義、社日など）［以上、書き下し］

要するに、三倉とは、三種類の凶年救済の制度であった。常平倉とは、豊年には安くなった穀物を高めに購入して保存し、凶年にはその穀物を市価より安く提供する。義倉は、いつも租税のほかに穀物を徴収し、それを保存して、凶年には放出する。社倉とは、多くの者が任意で身分相応に穀物を出し、自分の村に貯蔵して、自治的に処理した。すなわち、穀物を出資する信用組合であり、報徳社であるとする。

最後に「社日など」とあるが、「社」は、「村の共同」の意味である。

このように、三倉が飢饉の苦しみを救う制度であったとなれば、少年時代に凶年の惨状を体験した柳田國男が、農政学者になり、三倉の研究に打ちこんだというのも、至極自然な伝記的事実に読める。子どものころの痛切な事実が、人生の方向を決定づけるということは、おおいにありうる。しかし、ここで注意しなければならないのは、その経験がいかに鋭いものであったかということである。

食糧不足が、どれほど深刻な事実であるかということである。われわれ世代は、幸か不幸か、敗戦の昭和二十年前後、その極限の危機的状況を、少年時代に味わっている。生物としての最低の要求が満たされないことを、生きながら、人間として受け止めなければならない、子どもらしい無力感は、この上なく切実なものである。あるかぎりの米を炊いて、今夜はすきなだけご飯を食べていいよと子どもたちを喜ばせた母親は、あした食べる物が手に入らなかったら、親子心中するつもりであったという。それが食糧危機に生きるということである。

戦争の惨劇を忘れないために、当時、青年期を迎えていたという人たちが、終戦記念日に、食糧難の時代をしのんでスイトンを食べる会をやったなどということが、報道機関でもっともらしく話題になるような社会で育った人たちには、この「饑饉の体験」の真の意味は、おそらくわからないであろう。米の飯にかわる、そのスイトンさえないから問題なのである。人間の生きるための悲しみを味わうことは、やはりわれわれにとって、たいせつなことなのであろうと、しみじみとおもう。それは文学の主題としても、しばしば取りあげられているはずである。あの時代を子どもとして生きたことは、やはり私にとっては、たいせつな財産になっているようである。

饑饉と関連して、「故郷七十年」⑦「布川のこと」（昭和三十三年一月十六日、一三版⑻）には、柳田國男が十三、四歳のとき、二年間ほどすごした利根川べりの布川《ふかわ》（茨城県北相馬郡利根町）での生活で、「印

徳満寺地蔵堂の絵馬（茨城県利根町）

象に最も強く残っている」ものとして、その河畔にあった地蔵堂に掛けてあった、一枚の彩色された絵馬のことを語っている。

その図柄が、産褥の女が鉢巻を締めて生まれたばかりの嬰児を抑えつけているという悲惨なものであった。障子にその女の影絵が映り、それには角が生えている。その傍に地蔵様が立って泣いているというその意味を、私は子供心に理解し、寒いような心になったことを今も憶えている。

「食糧が欠乏した場合の調整は、死以外にな く」「もっとも露骨な方式が採られて来たわけである」ともいう。布川では、一軒の家には男児と女児が一人ずつしかいない、二児制であった。この地蔵堂の絵馬の記憶は、饑饉が社会におよぼす影響の深さを、如実に語っている。守屋健輔『柳田國男と利根川』（崙書房・昭和五十年）が、この地蔵堂の絵馬について記している。それによると、絵馬は、現在は徳満寺に保存されている。地蔵堂にあったが、破損がはなはだしいので修理したという。紙に書かれたもので、いまは額装されている。図柄は、柳田國男が伝えるとおりであるが、地蔵様が立って泣いているという部分は、ないという。

たしかに、利根町教育委員会編『少年柳田國男』（同会・平成二年二月第一刷、平成二十三年六月第七刷）のカラー写真でも、ちょっと見には地蔵菩薩の姿はない。しかし、右端の上半分の絵の具がはげた下の部分には、地蔵菩薩の両足が載った蓮台が、はっきりと残っている。その上部の剝落したところに、地蔵菩薩像の本体があったことがわかる。それにしても、この地蔵堂の絵馬が今日まで保存されていたことは、『三倉沿革』を読む者にとって、ありがたいことである。この絵馬は、現在では「間引き絵馬」の称で知られている。

ここでは、饑饉という経済的現象が、「死」という生物としての次元の区切りをとおして、地蔵堂の絵馬という信仰の形をとって、社会生活に生きていた。それは人間の心が、社会的現象、もっといえば経済的機能として、具体的に表現されていることになる。経済は人間にとっては、心に連鎖する輪で結ばれた現象であった。神あるいは信仰という心の社会的表象も、人間の生み出した文化である以上、経済的基盤の上に成り立っている。農政学ないしは経済史学も、その頂点に「神」をすえていた。それはすぐれて「民俗学」的なことである。

三、農村生活誌の学

「故郷七十年」の「饑饉の体験」には、最初の部分に、この饑饉の経験が民俗学に進んだこととかかわりがあるとする一節がある。

饑饉といえば、私自身もその惨事にあった経験がある。その経験が、私を民俗学の研究に導いた一つの理由ともいえるのであって、饑饉を絶滅しなければならないという気持が、私をこの学問にかり立て、かつ農商務省に入る動機にもなったのであった。

これによれば、饑饉が三倉の研究に向かわせ、農商務省の役人になる道を選ばせ、民俗学の研究に導いたということになる。それは農政学から民俗学への連続性を、柳田國男自身が表明しているという点で、無視できないことである。

この農政学から民俗学への展開については、農業経済学者の東畑精一が、「農政学者としての柳田國男」でみごとなまとめをしている。これは岩波書店の雑誌『文学』第二十九巻第一号（昭和三十六年一月）の「柳田國男」特集号に寄せた文章である。いろいろな分野の人が十人ほど執筆しているが、その中でも出色の考察で、私なども多大の感銘を受けた論考である。そこには柳田國男の学問の方法の特色が、具体的にこまかく指摘されている。それをすべて紹介することはできないが、要は、農政学や農業経済学から何故に離れ去ったのであるか、何故に民俗学などの攻究に転じていったのであるか。……農政学からの自己発展の結果であり、農政学を一歩進めていく上の必然的帰結ではなかった［か］と思われる。（四四―四五頁）

という。そこには、柳田國男の「実証的な精神が強く働らいている」とする。

こういう心構えで日本の農村・農業・農民を究めようとするとき、第一に採られるべき途は旅行であり実地調査であろう。第二に直接直面しえない場合の対象や歴史的過去に対してはいかがであるか。……文書に代って現われてくるものの探求に氏の追求心が動いていく。それは庶民が日常の生活場裡で現に用いている言葉――野の言葉――の採集、比較考察をなすことであり、また日常の慣行、慣習、習俗――民俗――の調査である。ここに理解の緒がある。……六十年の学問的な精進の一路がすべてを貫いて通じていると思う。（四五頁）

と結ぶ。農政学の知見から柳田國男の学問を解析した『柳田國男　経世済民の学』（名古屋大学出版会、一九九五年九月）を執筆した藤井隆至は、やはり東畑精一のこの考えを基点としているという。

しかし、いかに自己発展であったにしても、民俗学は、ヨーロッパでは、農政学とはまた別に一つの学問になろうとしていた分野である。日本でも、明治四十五年五月五日には、石橋臥波《がは》たちの日本民俗学会が発会式をあげ、民俗学がVolkskundeのことであることを表明している。そのことは、機関誌『民俗』第一年第一報（人文社・大正二年五月）にみえている。そこには、それなりに農政学から民俗学への橋渡しになる、出会いがあったにちがいない。それはあきらかに、新渡戸稲造が主唱した地方《ぢかた》学であろうと私はみている。[1] 地方学は村の伝統的生活すべてを含んでいる。それは民俗学そのものではないとしても、村の生活を熟視して、相互関係を比較してみようとする方法では共通している。村の生活を発見する科学である。

日本民俗学会が機関誌を発行するのに先がけて、柳田國男が高木敏雄とともに大正二年三月に創刊した雑誌『郷土研究』は、後に柳田國男が自分の学問を民俗学と称するにおよんで、日本で最初の民俗学の雑誌と評価されるようになるが、この『郷土研究』第二巻第五号（郷土研究社・大正三年七月）から第七号（同九月）までに連載された南方熊楠「「郷土研究」の記者に与ふる書」の最終回に添えた「記者申す」には、『郷土研究』の性格について、興味深い記述がある。

南方熊楠の論考は、本来は五月十二日付の『郷土研究』記者の書翰に対する返信で、それに反論したこの「記者申す」では、『郷土研究』がなにを目標にする雑誌かがつぶさに語られている。『郷土研究』の記者とは、柳田國男自身である。そこで注目されるのは、『郷土研究』はルーラルエコノミー［rural economy］の雑誌であるといっていることである。南方熊楠はその語を地方経済あるいは地方制度と訳しているが、柳田國男は、これらの和語には違った意味があるので、しいて和訳するならば農村生活誌としてもらいたいという。政策方針や事業適否の論から立ち離れて、単に状況の記述闡明だけをもって、この雑誌の任務にしたいとする。

ついで柳田國男は、新渡戸稲造の用語を紹介する。

或はルーラルエコノミーでは狭きに失したのかも知れぬ。新渡戸博士のやうにルリオロジー〔Ruriology〕とかルリオグラフィー〔Ruriography〕とでも言った方がよかったかも知れませぬ。

新渡戸稲造は、その著『増訂農業本論』第六章「農業と人口」の「村落の形態」の一節で、

即ち余の所謂「地方学」(Ruriology, Ruris 田舎、Logos 学問)の智識が……

と述べている。[2] 新渡戸稲造は、Ruriologyを「地方学」と訳しているが、それぞれ農村生活学、農村生活誌とも訳せる語であろう。『郷土研究』は創刊当時、第一巻第一号からは、裏表紙の欧文目次の雑誌名に、Zeitschrift für Japanische Volks = Heimatkundeとある。Volkskundeは民俗学に相当する語であり、Heimatkundeは新渡戸稲造がいう地方学である。田舎学とも称している。『郷土研究』の欧文誌名は、第七号(大正二年九月)からは、Heimatkundeに代わってLandeskundeがつかわれている。[3]

石橋臥波の日本民俗学会の機関誌『民俗』が第一年第一報から、「社告」(裏表紙内側)あるいは「会告」として、民俗学の全般の分野といってよいような項目をあげて寄稿を求める広告を出しているなかで、『郷土研究』第二巻第七号で、「記者申す」のような主張が出ているということは、『郷土研究』は、はっきりと単純な民俗学の雑誌ではないことを表明していることになる。しかも『民俗』には毎号、『郷土研究』

の広告があり、たとえば『民俗』第一年第一報には『郷土研究』第一巻第三号（郷土研究社、大正二年五月）の広告があり、「日本民族生活研究の専門雑誌」と主張している（広告一枚目裏）。Volkskunde, folkloreをかかげる日本民俗学会とは、いささか異る思いのあることをうかがわせている。

さらに『民俗』第二年第二報（人文社・大正三年四月）の『郷土研究』の広告では、具体的な問題の項目をあげて通信を求める一方、次のような文章をかかげている。

「郷土研究」は右のごとくにして、わが貴重なる日本国土と、われわれ平民の生活との永い因縁を明らかにし、その祖先の遺志と遺績とを通じて、六千万人の兄弟の親交を新にせんとするものなり。（広告三枚目表）［書き下し］

これらの広告文が柳田國男の執筆であると速断するのも危険ではある。しかし、これだけ多くの文言が、柳田國男と無関係に公表されるともおもえない。むしろ、この屈折した微妙な表現は、きめのこまかい論理を追う柳田國男独特のものとみてよかろう。

「日本国土」と「平民の生活」との「因縁」とはなにか。学問の方法からいえば、旅をして、それぞれの土地で営まれている生活を観察し、風土と人生のかかわりの論理を見透すことである。それも「日本国土」であるといえば、その観察を日本各地に広げ、比較検討して相互関係を明らかにすることになる。ここに「六千万人の」「親交を新に」するという表現が生まれる。それぞれの土地には、そこで生きた人々の意志の歴史が集積している。「祖先の……通じて」である。村を見ることによって、人間の歴史を明らかにしようとする、柳田國男の学問の方法そのものである。言ってみれば、民俗学である。土地と人間との「因縁」とは、基本的には、そこで生きようとする人々の経済活動を指す。生きるという人間の原点から、柳田國男はその土地の文化全体をみている。生きることを否定するのが饑饉である。饑饉の体験が、「三倉沿革」を研究し、農政学の道を選び、やがては民俗学に進む理由の一つになったという「故郷七十年」でいう柳田國男の回想は、きちんとした自己認識の上に立っていることがわかる。少年時代の体験には、人の一生の知性を支配する力があるらしい。

四、神と経済史学と表現と

折口信夫の「先生の学問」は、柳田國男の学問の要諦をみごとにえぐり出した文章である。柳田國男の論著に関心をいだいた人たちに、多くの示唆を与えてきたはずである。それは、三つの角度から把握しているところに、大きな価値がある。まず第一に、柳田國男の学問の目的は、日本の神であるという。

一口に言へば、先生の学問は、「神」を目的としてゐる。日本の神の研究は、先生の学問に着手された最初の目的であり、其が又今日において最も明らかな対象として浮き上つて見えるのである。

これは昭和二十一年九月におこなわれた日本民俗学講座の記録である。それをまとめた民俗学研究所編『民俗学新講』(明世堂書店、昭和二十二年十月)に収める。当時、柳田國男は表面的にみても、日本の神について論じることが多かった。それが学問に着手した最初の目的であるといふ発言は、重い意味を持つ。「神」とは、信仰とか宗教性とか言いかえてもよさそうであるが、それは広くとれば、人間の心意現象である。

第二は、経済史学である。『三倉沿革』など、農政学に関する著作にうかがえる素養である。

先生の学問に、他の学問の形が一番俤を残したものがあるとすれば、やはり経済史学でせう。先生の学問の強さ、先生の学問が常民の生活にどつしり、強く腰をおろしてゐるのは、広い意味の経済史学――ある部分までは、先生自身の経済史学と言つてもよい――が、地盤になつてゐるからでせう。

村の生活誌が、大地にしっかり根を下していることの意義である。形而上学的な神とか心意現象とか、とかく空疎な思弁におちいりがちな問題が、社会的・経済的基盤の上にずっしりとすわっていることの謂《いい》である。かの『民俗』第二年第二報の『郷土研究』の広告がいう趣意である。日本で発達した民俗学では、この点が強調されてきた。そこに科学としての強靭な論理を生んでいる。渋沢敬三や有賀喜左衛門の学問は、その例である。

第三は、柳田國男の論考の文章のありかたについてである。柳田國男の表現には、特異性があるといふ。

対象が明確でない、といふより複雑すぎるものを表現によつてはつきり捉へて来てゐられる。……先生の文章がわからぬのではない。対象が複雑なのです。文学的直観を表現するといふ様なことではない。その直観と表現との間に、非常な生活力がある。その生活力が、極めて深くて広い表現力を生み出して来るのです。

文章そのものが方法論であるという梅棹忠夫の指摘と共通する、柳田國男の学問の本質を明示した貴重な文言である。

折口信夫は「先生の学問」で、経済史学と神の発見を、二段階に説いている。

経済史学だけでは、どうしても足りません。其だけで到達することの出来なかつたもの、神の発見といふ事実です。其がつまり、先生をふおくろあに導いたのです。

しかし、経済史学が地盤になっているとあるように、二つのことは一つのことである。『三倉沿革』と心意現象の研究とは、異った主題である。ところが柳田國男の学問では、先にみた地蔵堂の絵馬のように、それが一本の糸でつながってくる。

大正九年二月に、柳田國男が主宰して、玄文社版『炉辺叢書』四冊が同時に刊行されている。その第三編、佐々木喜善著『奥州のザシキワラシの話』に、間引きされた赤子の霊魂のことがみえている。巫女の言葉では、それを「若葉の霊魂《たましい》」と呼ぶそうである。赤子の圧殺は、昔はほとんど常《つね》のことのように考えていたらしく、殺せば屋内から出さず、かならず土間の踏み台の下や石臼場のような、ひんぱんに人に踏みつけられる場所に埋めたとある。生後一年ぐらいで死んだ子も「逆児《さかご》」といって、同様にしたという。

柳田國男は、この『奥州のザシキワラシの話』に付載する「此序に言つて置きたい事」で、この「若葉の霊魂」について、

死んだ水子の取扱方は、我々の父祖の変つた心持を推定する好い材料である故に、私は又別に赤子塚の話に於て、人の運と魂との、古い関係を考へて見やうと思つて居る。

と記す。この柳田國男の『赤子塚の話』は、同じ『炉辺叢書』の第一編で、赤子の霊魂のことを主題にした論考である。死んだ赤子の霊魂は、すぐにこの世によみがえるという信仰があったのではないかという、その柳田國男の仮説をみると、赤子の死後の供養に寄せる、強い関心を感じる。そこには布川の地蔵堂の絵馬のようなことはなにも書かれてはいないが、やはり饑饉の体験が、赤子塚のことに向かわせているように私にはみえる。ここでも農政学が、神の発見に続いていた。

例の南方熊楠の書簡に対する「記者申す」には、『郷土研究』第一巻に連載した川村杳樹《はるき》（柳田國男）「巫女考」を中止せよという南方熊楠の注文に、次のように反論している。

巫女考などは随分農村生活誌の真只中であると思ひますが如何ですか。此まで一向人の顧みなかつたこと、又今日の田舎の生活に大きな影響を及して居ること、又最狭義の経済問題にも触れて居ること

を考へますと、猶大に奨励して見たいとも思ひますが如何ですか。

経済生活の中にも、神の存在がかかわっていることを暗に示している。

経済史学の中に、神の発見を伝える事例が、明治四十二年三月十六日、神奈川県愛甲郡愛川村半原でおこなった柳田國男の講話「農村の話」である。[4] これを聴講した新井徳治の「日記」の筆録によると、その一節に、

米は古へは食物を本位として作りそめしものにあらず、神に饌ふる目的を以て、各村に少しづゝの水田を有し、それに作りしものなりなど……

とある。神に供えるために、稲を栽培したという。いわば、神のための経済史学である。

これに続いて、「家」の問題にも触れている。

人は愛國心と共に、愛郷心の必要あり。社会は個人を以て成立するものにあらず。一家族の多数よりなるもの、従つて家を大切になすべきこと、祖先を尊むべきこと等、懇ろに説き来られ……

とある。時代が生んだ愛国心という言葉にひっかけて、愛郷心を強調している。まず自分たちが生活している、村を重要視する考えかたである。社会の単位は、個人ではなく家族であるともいう。家族すな

わち「家」を基準にして、社会一般も個人も取り扱う思想である。その「家」を成り立たせている祖先を、尊ばなければならないという。「家」の祖先崇拝である。「家」の経済史学の神の発見である。それは民俗学の中心課題の一つで、柳田國男は昭和二十年四月から十月にかけて、それを『先祖の話』（筑摩書房、昭和二十一年四月）にまとめている。

五、三倉制と産業組合制度

　柳田國男の明治三十五年から同三十六年にかけての読書日記が三冊公表されている。[5] その第二巻に、「昭和三十年十二月記」という、柳田國男の朱筆の注記がある。第一巻『困蟻《こんぎ》功程《こうてい》』は、年次の記載はないが、四月十一日から七月八日まで、ほぼ毎日の日付を追うことができる。注記では明治三十五年の分であろうという。そこにいう、五月五日の「太陽原稿」、同七日の「太陽原稿了」の原稿が、『太陽』第八巻第八号（博文館、明治三十五年六月）に掲載の「伊勢の海」であるとすると、[6] 柳田國男自身の注記のとおりである。

　第二巻『困蟻労程　第二』は、表紙に「三十五年七月」とある。明治三十五年の続きで、七月十日から、ほぼ日を追って十一月十五日まで続く。イプセンの『愛の喜劇』に「十二月十六日　了」とあるのが、日付の最後である。第三巻『困蟻労程　第三』には、表紙に「明治三十六年七月二十日終　柳田國男」という。主として内閣文庫の蔵書の読書覚書で、書目を中心にし、ごくわずかな抜き書きがあるだけである。柳田國男の具体的な活動がみえるのは、明治三十五年の分に限られる。しかし『三倉沿革』

第五章の完成が明治三十六年十月とみれば、その研究過程の背景は、明治三十五年の日記にもうかがうことができるはずである。

ちょうどこの時期、農政学など経済史学に関する柳田國男の著作が、いろいろ刊行されている。『定本柳田國男集』第二十八巻（筑摩書房・昭和三十九年三月）では、明治三十五年、あるいはそのころの著書として、『最新産業組合通解』『農政学』『農業政策学』をあげている。現実には、それらの著作が多くは講義録という形をとっているために、その実態はきわめてあいまいであったが、『柳田國男全集』第一巻（筑摩書房・一九九九年六月）で、書誌についてきわめて綿密な調査と検討がなされ、おおよその見当がつくようになった。『三倉沿革』の研究作業と重なるのは、まずはたしかなのは、定本がいう『最新産業組合通解』（大日本実業学会・明治三十五年十二月）である。その初版は、大日本実業学会の講義録であるという。

全集の「解題」によると、その大日本実業学会の講義録は、同会の雑誌『実業時論』の「会告」には、第七期（明治三十四年九月から）と第八期（明治三十五年五月から）に、柳田國男の「産業組合」がみえているそうである（七五二―七五三頁）。してみると「年譜」にいう、明治三十五年二月二十四日から二十八日まで、神奈川県の鵠沼《くげぬま》の「鵠沼館に泊り、実業学会の原稿を書く」とは、第八期の講義録の原稿である可能性が大きい。もし先に第七期の講義録があったとすれば、それを土台にしての改訂作業であろう。

また明治三十五年の日記に、六月十一日に「産業組合原稿」、十二日・十三日には「同上」、七月一日「夜産業組合大意原稿」、三日「産業組合原稿十二枚」、四日「産業組合原稿」ともある。「産業組合大意」

は、全集所収の『産業組合』の目次や内題にある「産業組合法大意」という表題に相当する。これも先の講義録の改訂版の原稿であろう。さらに七月六日に「夜いささか原稿を書く」、七日・八日に「原稿」とあるのも、この仕事の続きにみえる。

しかし先の『実業時論』の会告によると、第九期（明治三十六年三月から）・第十期（同十一月から）には、柳田國男の講義録はみえない。そこで全集の「解題」では、この一連の記事は、講義録から単行本の『最新産業組合通解』に改訂する作業を指すのではないかと推測する。著作と日記の対応関係をみると、きわめて妥当な判断である。その段階で、講義録が確固とした著作に成長した。この『最新産業組合通解』の「自序」は、『産業組合』にはない。「自序」の文末に「明治三十五年十一月」とあるとおり、出版に先立って書かれたものであろう。

そうすると、『最新産業組合通解』の特質を如実に示すとして東畑精一が着目した「自序」は、『三倉沿革』の研究と同次元で書かれていることになる。『最新産業組合通解』が刊行された直後にあたる、明治三十六年一月一日付の『実業時報』第三巻第一号の巻頭に、一頁大の広告がある。その広告文にいう。

今や吾が国の農業者三百万戸、その等しく苦むところは資本の欠乏せるにあり。……しかしてこれに対するの策は、村落居住者の協力・聯合・貯蓄・融通の便法を開くの外なし。［書き下し］

この記述は、東畑精一がいう「序文」の趣意に通じている。「序文」には、若し此の如くして必要の最急なる者を後にする結果を見ば、極めて遺憾の事なりといふべし。

とある。

また広告文は、これに先立ち、次のようにも記している。

一般社会に向かひて、いはゆる協力主義の心事を表章するもの、実に本書の特色なり。当世自由競争の弊を覚知し、個人主義の潮流に反抗して、隣保相助け郷党相倚る日本の美風を保存せんとする者……［書き下し］

とある。この「隣保相助け……」こそ、藤井隆至が『柳田國男　経世済民の学』（前掲）で強調する、「協同相助」の倫理が歴史的に存在したとする柳田國男の社会思想である。この広告文はただの宣伝文ではなく、『最新産業組合通解』の真価を、みごとに表現している。

『三倉沿革』の最終章「三倉沿革論大要」の末尾に、次のようにある。

現行の産業組合法は、独乙《どいつ》の法制に基きたる、十分ハイカラ的のものなるが、痩我慢をいへば、わが国にても、つとにこれに劣らざる社倉・義倉（これは英のプロビデント＝ソサイチィ［Provident society］に似たるところあり）なるもの存し、しかもその遺制はけつして旧時代とともに滅絶せず。ことにその発達せる一形式にして、よく現今農村の経済事情と適合せる報徳社の組織のごときは、ほとんど問題すべきところなく、これが泰西の綿密なる法律思想によりて成れる産業組合制度と、本邦固有の道義的分子とを調和せんとする努力《ほねをり》のごときは、見る者をして、ほとんど感涙を催さしむ。……三倉の沿革は、かならずしも考古学上の一話柄としてのみ取り扱はるべきものにあらざることは明らかなり。［書き下し］

『三倉沿革』が、本質的に『最新産業組合通解』と相生いであることは疑いない。

「年譜」には、明治三十四年四月十二日に、「動物保護の法制を調べるため大学に行く。このころ産業組合関係の本を調べに大学に行くことなども多かった」とある。また「年譜」によると、この年、十月から十一月にかけて、約四十日間、長野県の各郡を産業組合などについて講演旅行をしたとある。『長野県農会報』第十二号（明治三十四年十二月）に掲載の「産業組合に就て」は、明治三十四年十一月十四日の最初の講話の筆記である。(7) このころ産業組合の研究に情熱をかたむけていたにちがいない。大日本実業学会の第七期の講義録は、こうした中で執筆されていたかと推測できる。

また「年譜」には、明治三十三年七月十日に、「東京帝國大学法科大学政治科を卒業」「同時に大学院にも籍を置く」とある。「学校を出るまで「三倉」――義倉、社倉、常平倉――の研究をやった」という「饑饉の体験」の言葉にしたがえば、『三倉沿革』はやはり基本的には、法科大学時代の研究であろう。藤井隆至は『柳田國男評伝・日本の経済思想』（日本経済評論社、二〇〇八年八月）で、「三倉」は江戸時代の協同組合のこととし、大学時代は協同組合論者の松崎蔵之助の指導のもと、協同組合の勉強をしていたとする。その『三倉沿革』は、産業組合法が明治三十三年三月に法律第三十四号として公布され、その年の九月一日から施行されたのをうけて、柳田國男の産業組合の研究が進展するなかで、第五章「三倉沿革論大要」が成熟したのであろう。

六、『三倉沿革』の周辺

定本がいう早稲田大学政治経済科講義録『農政学』（早稲田大学出版部、無刊記）は、明治三十五年前後以前の刊本は、確認できないようである。ただ、これについても、明治三十五年の日記には、その著述とかかわるとおもえる記事があり、『三倉沿革』とも無縁ではありえない。明治三十五年の日記の四月二十日に、「夜早稲田の原稿をかく」、五月一日に「早稲田の原稿」、同十八日に「早稲田原稿」とある。もちろん、これが講義録の執筆であるという確証にはならない。しかし、ほかにも、柳田國男が早稲田大学の講義とかかわっていたことを示す記事が、同じ年の日記にはある。六月五日に「早稲田卒業論文をよむ」、同月十日「早稲田の論文を見る」、六月十九日―三十日に「早稲田の試験答案を点検せること」とある。しかも「年譜」の明治三十五年一月には、「このころ早稲田大学の講義には時々自転車で通う」とある。

この早稲田大学への出講については、「年譜」にも明確な記載がある。明治三十三年に、「九月から毎週火曜日、早稲田大学で「農政学」を講義する。これは明治三十七年日露戦争直前まで続く」とある。これは『伝記』第一巻第六号（菁柿堂・昭和二十二年六月）の堀一郎との対談「私の歩んできた道」で述べていることに呼応する。対談での発言によると、法科大学の指導教官であった松崎蔵之助が、自分の後任として早稲田大学の講義をゆずってくれた。大学を出るとすぐ講師になり、一生懸命本を読み、わずかのあいだに農業政策に関する研究をしたという(8)。

全集「解題」では、早稲田大学大学史編集所編『早稲田大学百年史』(早稲田大学出版部)を引く(七五九頁)。くわしく原本をみると、第一巻(昭和五十三年三月第一刷)第三編「東京専門学校時代後期」の第二十二表「講師就退任および担当科目(明治十五年十月―三十五年八月)」には、柳田國男は明治三十四年十一月から同三十五年九月以降まで、農業経済学を担当したとある。

また同書第二巻(昭和五十六年九月第一刷)第四編「早稲田大学開校」第四章「新学制の誕生」には、最初の年度、明治三十五年九月から同三十六年八月の第二表「明治三十五―三十六年度講師および担当科目」には、「専門部／政治経済科」に講義科目「農業政策」講師「柳田國男」とある。また第五編「「早稲田騒動」」第二十四章「「大学」自称期の歩み」第五十三表「教員就退任および担当科目(明治三十五年九月―大正九年三月)」には、講師「柳田國男」、在任期間は明治三十四年十一月から同三十九年(月は不明)までとする。科目名が異るなどはっきりしない点はあるが、少くとも明治三十四年十一月からは、農政学関連の講座を担当していたことは確かである。全集が収める『農政学』(早稲田大学出版部)は明治三十七年版のようであるが、日記によれば、明治三十五年四、五月に、早稲田大学の講義録の類を書いたことも疑えない。

『三倉沿革』とかかわって興味深いのは、全集に収める『農業政策学』(中央大学・明治四十二年度)である。「年譜」によると、明治四十年九月十六日に、「この日から毎週月曜日、中央大学で農政学の講義をはじめる」とある。同年五月十八日に、例の農商務省主催の産業組合講習会で三倉制について講義したあとのことである。『三倉沿革』からは時期が少し遅れるが、この『農業政策学』には、最後に第十九章「凶作」があり、当代の信用組合とのかかわりから三倉制に触れている。『三倉沿革』は、こうした柳田國男の一連の農政学の著作にとって、資料を網羅した基礎研究としての役を果していたようである。

このような農政学や農業経済学の著作が生まれる時期に、ほかにどのような研究があったかをみることも、柳田國男の学問の形成を知る上で、たいせつなことであろう。日記の注記に「文学書バカリ多ク読ミ、気ガ咎メテ中止シタモノカ」とあるとおり、実際に読んでいる書物には、文学書が目立つ。しかしそれらの創作も、柳田國男にとっては、人間を考える史料であったというべきかもしれない。

そうした中で、『太陽』に「伊勢の海」のような文章を書いていることも、見逃すことができない。明治三十一年七月から八月の末にかけて、三河の渥美半島の先端にある伊良湖に滞在したときの見聞記である。(9) かの有名な、台風のあと海岸に打ち寄せられていた椰子の実を見た旅のときのことになる。明治四十一年四月刊の『二十八人集』後編(新潮社)では「遊海島記」と改題されているが、亀田純一郎が昭和三十三年六月に、修道社の『現代紀行文学全集』中部日本編付録に「遊海島記と秋風帖」を書いて以来、民俗学の芽生えがみえると注目する人が多い。村を見る眼の確立といってよかろう。

柳田國男の滞在中に伊良湖を訪れた友人の田山花袋が、明治三十二年に『太陽』第五巻第十号・第十一号(博文館)に連載した「伊良湖半島」や、その当時、柳田國男が田山花袋に送った手紙を参照すると、「伊勢の海」に描かれている世界は、柳田國男にとって体験当初から心にかかっていたことであるとみえる。東畑精一がいう、経済史学の現地資料を得るための旅の達成である。それが農村生活誌であり、民俗学であった。農政学から民俗学への内発的展開は、むしろ同時期に、並行的におこなわれていたことになる。

明治三十五年の日記には、もう一つたいせつな仕事がみえている。博文館の叢書『続帝国文庫』に入る『近世奇談全集』の編集である。(10)田山花袋との共編になっているが、板本の資料は田山花袋の分担で、写本の資料が柳田國男の担当というと、実質的には柳田國男の関心事であったかにみえる。日記を見ると、『近世奇談全集』に収めた『老媼茶話《ろうおうさわ》』三冊を七月十一日から読み始め、十四日に終っている。「天狗の話あり」とか「狐の話の中に……」などの覚書もある。同月三十一日に「老媼茶話写本校正」とあり、八月一日―七日「病気」と記し、「老媼茶話原稿整頓」とある。これは、『近世奇談全集』の原稿であろう。

『近世奇談全集』をめぐっては、江戸時代の書物をとおして、さまざまな怪異な話に関心を寄せている。このほかに、五月二十八日には「近聞偶筆二冊（漢文）了（文政六年刊）／怪異談二章あり可収」とか、「本朝奇跡談三冊了」として、神々の物語や天狗・犬神のことを要目としてあげるなど、奇談に注目している。七月十四日からは「譚海《たんかい》　十二冊」をあげ、内容の覚書には、「むじなの小豆洗ひ、糸くり」「天狗火」などがみえる。柳田國男の怪異談の体験というと、『遠野物語』を想起する人が多いであろうが、『遠野物語』自体、この『近世奇談全集』編集時期の関心の上に成り立っている。

この神秘の世界へのあこがれが、明治三十五年の日記では、農政学の著書や「伊勢の海」と同次元に、渾然と語られていることが貴重である。これらの神秘は心意現象の典型であり、神の発見である。農政学も民俗学も少年期の饑饉の体験につながるという「故郷七十年」の発言や、例の「記者申す」がいう農村生活誌、ひいては『民俗』第二年第二報の『郷土研究』の広告にいうその目的のように、それらのものを一体にしたところに、柳田國男の学問の焦点があった。

これらをまとめれば、日本の伝統的な村の生活が、どのようなものであったかを明らかにすることにあったといってよかろう。そこに民俗学の存立があった。それはただの農政学ではあるまい。饑饉体験を原点とするといえば、人間はどのようにして生きていくのかということである。人間はどのような機構の中で生きるのか、その機構をどのようにつくるのか。それを村の生活の事実にもとづいて、考えようとしているようにみえる。人間が生きる基盤を知ろうとしている。人間が生きることの探求、それが柳田國男の学問の真髄であり、それは一つの実証的な哲学である。つまりはそれが民俗学であった。

明治三十五年の日記には、『三倉沿革』の作業の明確な痕跡はみえない。しかし、このような、柳田國男の学問の中核が現われている時期に成立しているのを見ると、やはり著者の深い思いが、こめられているように感じる。著述の主題の取りかたも、他の著書とくらべて、「三倉」ときわめて限定的である。なにをなにのために書くのか、はっきりとした目的があったにちがいない。その研究の動機に、饑饉の体験をあげるのも、ただ「常設賑救機関ノ沿革」だからではあるまい。それを例にして、もっと大きな問題に立ち向かっていたのであろう。

四月十六日の日記に、「食料に関する論文を草し始む」とある。このころ、このように食料に主題をしぼった論考は、ほかにはないようである。してみると『三倉沿革』が、これに相当するかもしれない。日記には「食料に……」のすぐ上に「三級制」とある。これも「三倉制」の誤りかともおもえるが、この日記の原本は柳田文庫にはなく、確認できない。『三倉沿革』の執筆作業がこの日に始まったとすると、

第五章完成の明治三十六年十月二十五日までの時期に、『最新産業組合通解』や『近世奇談全集』は、世に出ていたことになる。

七、歴史主義の意味

すでにみたように、『三倉沿革』を踏まえているとおもわれる『第弐回産業組合講義録』に収める「産業組合の歴史」は、柳田國男の論文集『時代ト農政』(聚精堂・明治四十三年十二月)にも、「日本に於ける産業組合の思想」と改題して収められている。ところが実際に『三倉沿革』の本文を手にしてみると、講義の筆録とのあいだには、大きな違いがある。まさに、「論文にはならない前の形」の「研究ノート」という覚書と、思いをこめて問題を説く講義の言葉の流れとの差が、はっきりと現われている。

構想も単純にくらべると、まったく異っている。講義では、前半ではことこまかに産業組合の思想を語り、後半に入って、その産業組合と三倉制とのかかわりにおよんでいる。外形だけをみると、産業組合の話に三倉のことを結びつけているかともおもえる。しかし、その論理を追うと、『三倉沿革』の研究は、産業組合の制度のありかたの本質を究明するために、必要なことであったことがわかる。もしこの「研究ノート」を材料に思いを深めて論考を書いたら、講義の筆録のような文章になったかもしれない。『三倉沿革』の思考を、むしろ筆録から読みとってみることもできるはずである。

この筆録は、もともと農商務省が開催した第二回産業組合講習会の講義の筆録で、それを大日本産業組合中央会が刊行したものである。講義を十三編にまとめ、農商務大臣松岡康毅と法学博士平田東助の

「序」を付して、一冊にしている。扉の表題には「農商務省開設／第弐回／産業組合講義録全／東京大日本産業組合中央会蔵版」とある。刊行日は、明治四十一年七月十一日とある。第一回は明治三十七年であった。

『時代ト農政』では、この講義の筆録は「日本に於ける産業組合の思想」となっているが、原拠の『第弐回産業組合講義録』では「産業組合の歴史」とある。これが産業組合講習会での題目であったようである。講義者は、「法制局参事官　法学士　柳田國男君述」と記す。「歴史」を後に「思想」に変えたのは、一見、講義の表題が柳田國男の意図にそぐわなかったためともおもえるが、この講義の始まりの言葉を読むと、むしろ「歴史」という表現にも、それなりのこだわりを持っていたとおもえる。

たとえばその冒頭には、次のようにある。

此度の講習会に産業組合の歴史なる一科目の殖えたのは非常に喜ばしいことであります。日本の産業組合を研究し之を発達させて行かうとなさる人々は、是非とも其沿革を明かにしてお置きになる必要があります。

まったく、沿革を知ることを重視する、歴史主義的態度の尊重である。『三倉沿革』の「沿革」に通じる発想である。

これを『時代ト農政』では、独立した論考らしく、講義での挨拶に相当するこの最初の第一文を削り、第二文のあとに、次のような文章を加えている。

私の研究しました範囲内に於て、此思想が如何に此国に発達して来たかと云ふことを、御参考の為に申述べます。

論考の表題を「日本に於ける……思想」と改めたことを受けた文章であるが、ここでもさらに、日本で産業組合の思想がどのように発達してきたかを取りあげるという、歴史主義を強調している。表題「歴史」が「思想」になっているのは、単純な産業組合の制度そのものの沿革ではなくて、もっと本質的な産業組合を生み出す本源的な考えかたが、日本の社会に、どのように存在したかを探るという意味を込めている。「産業組合の歴史」とは、産業組合に相当する社会制度を形成する思想の歴史でなければならないという意志表示である。前半では「産業組合」を標示語にしながら論を進め、後半ではそれ以前の「三倉」の問題に進んでいる。「年譜」に「三倉制について話す」と記述している意図は、ここにある。この講義は、『三倉沿革』の延長線上にある。

そこで柳田國男は、産業組合を例にしながら、ものごとの判断のしかたに触れている。

西洋で完全無欠の制度と目せらるゝ産業組合の制度も、或は我国には適応しないものでないかと云ふ懸念は道理ある懸念であります。此懸念を散ずるがためには、外国の産業組合の成立つた所以を御承知にならなければならぬが、同時に又我国の人民は果して組合を造る素質があるか、乃至は必要があるか、必要が現在に存在して居るかと云ふことを根底より調べて見る必要があるのであります。

現在を生み出している過去を、認識する必要を説いている。
西洋の制度の輸入について、次のように、いわば国情の違いということにも留意している。

風土が違ひます、気候が違ひます、人種が違ひます。従つて人種に伴ふところの感情も習慣も悉く違つて居るのであります、

と一般論を述べ立てたあと、具体的にいう。

単に空論でなく事実として吾々の家族の組立方、村落の結合の有様等、悉く西洋と日本とは違つて居るのであります、

ここでは、村落そして家族の社会組織の問題を取りあげており、柳田國男の農政学は、すでに後の「農村生活誌」に立ち至っている。われわれからみると、まったく民俗学の発想である。「過去」というと、「現在」「未来」という対語を連想する人が多いことであろう。あるいは独立した語として、「現在」と「未来」を、固有の概念に感じる側面もある。しかし、真実の時間は、「現在」は「過去」の集積の結果であり、「未来」は「現在」から生まれるもので、「未来」を意識したその時点では存在しない。柳田國男の発想法のすごさは、「現在」を熟視することによって、そこに生きている「過去」

を想定する論理を発見しようとしていることである。遺物・遺跡や記録類だけからではなく、「現在」の事実からでも「過去」は認識できる。よりよい「現在」そして「未来」を生きるためには、それほど「過去」を知ることがたいせつであるという思想である。

産業組合については、すでに『三倉沿革』に先がけて、明治三十五年二月には筆を執っていた『最新産業組合通解』がある。その執筆が進むなかで、四月十六日に『三倉沿革』は起稿している。おそらく『最新産業組合通解』ではおおいきれない「常設賑救機関ノ沿革」の問題を、刻明に史料を集めて、文字どおり実証的に書くことを発意したものにちがいない。「産業組合の歴史」の構想は、生まれるべくして生まれたものであった。

そこで注目すべきは、『最新産業組合通解』についての東畑精一の評価である。[10a] それは第一に、明治三十三年に発布された産業組合法に対する、痛烈な批判であったという。

産業組合法は、殊にその出資制度、責任制度、運用方針からいって、極少の零細農民には何ら恩恵を施すものではないとなすのである。

として、それが柳田國男の「序文」に端的に表われていることを、東畑精一は指摘している。

第二に、本書は「通解」を称しながら、条文の内容の生まれてくる所以を明らかにした、法社会学の先駆的業績であるとする。

常民、平凡人たる農民の生産・生活の形態、態様を中心とした歴史学的考察が展開されている。固有名詞の現われてこない歴史（history without proper names）というものがありとすれば——すなわち、これこそ庶民の歴史である——、それは即ち「社会学」の一つの形態であるとなしうるが、この書こそまさにこういった範疇に属する初期の文献である。

これにしたがえば、柳田國男が主唱した固有名詞のないもう一つの歴史研究は、すでに「通解」で達成していたことになる。『三倉沿革』は、そういう歴史思想を達成する、一つの側面をなしていた。

八、死に対峙する知性

『三倉沿革』の解題としては、もう一つ書き添えておきたいことがある。「研究ノート」のままであった『三倉沿革』の草稿からうかがえる、当時の柳田國男の研究作業である。すでに本稿「一、『三倉沿革』の書誌」でみたとおり、第一章のように、一見系統的に一気に書きあげているかにみえる本文でも、一項目ずつ番号を振って書き、第二章とのあいだに、差しかえをおこなっている。

論考の作成に加除修正があるのは、あたりまえであるが、ほぼ半紙表裏一枚に一項目を書いて、カード方式で構想を整理している。第二章では、その未完成の状態が、いっそうはっきりとあらわれている。第一章にある［四十九］に続いていたはずの［五十］が、第二章の最初に置かれている。第一章・第二章という章立ても、全体の流れから、資料の移動で組み立てている。

このカード方式は、研究の効率化をはかるためには、ぜひ必要なことである。たとえば資料一つ一つを半紙一枚に書き、引用資料の覚書とともに、その資料に関する思いつきなども書き添えておく。この資料と覚書を土台に、次の段階に思考を深めることもできる。資料の引用でも、最初は気づいた出典だけを記しておき、本文はあとから確かめる便宜もある。この『三倉沿革』の草稿は、そういう研究作業を踏まえながら読まねばなるまい。

柳田文庫には、ほかにも『三倉沿革』と同じような、一つの「研究ノート」がある。『農政学材料』である。「材料」を割書にしているのは、表題は「農政学」で、その「材料」の意味であろう。やはり半紙半分折り表裏一枚を一項目にするように記した覚書で、四三七枚を数える。いわば未整理の状態で、厚手の表紙型の畳紙にはさみこまれている。順序もまだ正していないという意味もあろう、一枚一枚ばらばらのままである。『三倉沿革』など、明治三十五年前後に一連の農政学に関する著作が生まれているが、それらに類する研究の材料である。

資料の中には、要目表もある（五七丁）。これだけは、「法制局」と名称の入った罫紙を用いている。あらたまった気持ちで、整理している様子が感じられる。甲から癸までの十干の十項と、子丑の十二支の二項、計十二項目に分けている。以下、要目を列挙しておこう。

(甲)農政学ノ目的、(乙)農業ノ特質並ニ日本ノ農業、(丙)農業ニ関スル根本法、(丁)農生産増殖策、(戊)其二農事教育　組合／農会、(己)農業所得、(庚)農業経営ノ大小並ニ土地ノ分賦、(辛)労働ノ分賦、(壬)農業金融機関、(癸)農産物市場、(子)輸出入ニ関スル政策、(丑)都市ト田舎トまた先の要目表に続いて、「新、綱目A」から「新、綱領D」まで、くわしい綱目表がA～D四枚ある（五八丁～六一丁）。新しい綱目の構成にちがいない。綱目の加筆訂正もある。一枚目「甲、総論」に細目が一～十八、二枚目「乙、農産ヲ豊富ナラシムルノ道」に細目十九～三十五、三枚目「丙、農業ヲ繁栄セシムルノ道」に三十六～五十一、四枚目「丁、農業ノ繁栄ヲ以テ一般社会ノ利益ニ帰セシムルノ道」には、細目はない。この漢数字の記号は、「新、綱目」の分類番号である。

一枚一枚の資料を見ると、おおむね「〇佐賀藩ノ均田法」（九二丁）のように、標題をつけ、その右上に、要目の記号を、例えば「庚」のように記してある。これが資料の分類の指標であろう。記号が二つ以上ついている例もある。その点では、この資料は、それなりに整理が進んでいる。ほかに資料の標題の右下に、たとえば［二十六］のように、数字の記入のあるものもある。同番が複数枚ある。これは「新、綱目」の分類記号に相当する。

また各論の標題を記した資料もある。第一章「総論」として、第一節「富メル国、貧シキ国」、第二節「国ノ生産」、第三節「自然ノ法則ノ力」とある（六二丁）。現に「農政学／第一章　総論／第一節富メル国、貧シキ国」として、本文を書き始めた資料も二枚（六五丁・六六丁）ある。二十行ほどで文字通り中断しているが、参考までに最初の部分を引用しておこう。ひらがな書きの文語体になっている。

人ハ孤立して生存繁栄すること難し、其の危害を防ぎ幸福を求めんとするや常に共同団結す、団体の最単純且つ自然にして従て最早く発達したるものを家といふ、柳田國男が明治四十二年の神奈川県愛甲郡愛川村半原の講話でいう、社会の単位は個人ではなく、家であるという、それである。

柳田國男が後年、藁半紙あるいは白紙を四分の一に切り、それをカードにして、資料を抜き書きし、そのカードに思索のあとをメモして、理論を展開していたことは、よく知られていることである。昭和十九年の「曽我物語を読む」は、カードに赤いペンの細字で、資料目録や所見を記して、著作の準備としている。約二百枚ある。研究の大きな底辺を築くために、資料のカード方式をとった人は、江戸時代では高田与清が有名である。現代では、カードに思いつきを記しておき、思考を深める梅棹忠夫の『知的生産の技術』（岩波新書・一九六九年七月第一刷）が人気を博している。手法としては柳田國男だけのことではないが、『三倉沿革』や『農政学材料』にみるように、すぐれた論考にまとめあげるための努力が、どのように仕組まれていたか、あらためて考えてみる必要がある。

東畑精一がいうように、『最新産業組合通解』が名もない人たちの歴史的研究書であるとすれば、柳田國男は、一貫して固有名詞のない史学を究め続けていたことになる。民俗学に関心を持って柳田國男の学問に接した私などにとっては、『柳田國男先生著作集』第四冊『時代ト農政』（実業之日本社、昭和二十三年四月）の「附記」は、まったく新しい世界であった。農政の学と民俗学とのかかわりである。「附記」にいう。第一次世界大戦後、それまでの農政の学問は役に立たなくなると考えた。しかし、ヨーロッパの農村をあるく機会を得て、それは早まっていたことに気づいた。『時代ト農政』には、疑ったばかりで理由の説明できない不思議な事実がいくらも残っている。できれば、民俗学徒の中から、それをもう少しはっきりさせてもらいたいとある。農政学の課題を民俗学徒が解決するとは、両者が一本の糸でつながれていることを示している。真実の民俗学徒は、柳田國男の農政学を学ばなければならないことになる。

それは、柳田國男がみずからの学問の原点を、少年期の「饑饉の体験」に見すえたことにつながる。食糧危機とは、人間が飢餓と戦いながら生きる努力をすることである。生命を持つものは、必死に生きなければならない。柳田國男は、ことさらに「布川のこと」で、食糧が欠乏した場合の調整は、死以外にはないと語っている。その死との対峙のもと、学問に向きあった。つまり、人はどのような機構のなかで生きるのか、人はどのように機構をつくるのかである。結果には原因がある。原因とは現在に対する過去であり、歴史である。柳田國男はそのなぜを求めて、歴史的思想を深めたはずである。『三倉沿革』はその源流にある。

九、地蔵堂の絵馬

『三倉沿革』刊行の仕事を進めながら、茨城県北相馬郡利根町の布川にある徳満寺の「間引き絵馬」（二五九頁参照）を、つぶさに拝見する機会にめぐまれた。平成二十四年二月十七日、『三倉沿革』の口絵に収めるために「間引き絵馬」の撮影に行く民俗学研究所の茂木明子さんに同行して、調査に加わった。この絵馬は、紙本で裏打ちがしてある。現在はガラス入りの額におさめてある。額の内法（ガラス面）の寸法は、縦六五㎝、横八二㎝ほどで、それがほぼ画面の大きさにあたる。

図柄は、母親が産んだばかりの裸の赤子を両手で押さえつけているところであるが、ただ事実を描くのではなく、そこに生じる宗教的感情まで写していることが、たいせつである。まず、左後方の障子二枚に母親の影が映っている。柳田國男は、少年時代に見たこの絵馬を回想し、母親の影には角《つの》が生えていたと伝えているが、いまもその頭の影には二本の角がある形が残っている。そういえば、母親は手拭で鉢巻をしているようにみえるが、ちょうど額の上の角が生えているあたりが左右に二箇所、白く絵の具がはげているようにみえる。うっすらと黄色くなっていて、角を表わしているのかともおもえる。いずれにせよ、影の角は大きく描かれており、影絵で母親の心を表わす手法がみてとれる。ふつうの観念では、母親は鬼のような心を秘めているという、表現であろう。

第二に、右手上部にあたる壁の中央に、地蔵菩薩の絵がある。現在は、ほとんど絵の具がはげていて、その姿全体はないが、蓮台とそこに立つ両足と袈裟の裾は、はっきりと見える。柳田國男が、泣いていたという、地蔵菩薩である。一見、菩薩像はその壁に描かれているような位置にあるが、床から壁にかけてのところに、もくもくと湧く雲があり、蓮台はその上に乗っているかたちで、壁からはまったく離れている。雲は仏画によくある、こまかく曲線を入れた瑞雲で、直径は蓮台の二倍ほどもある。地蔵菩薩が瑞雲に乗って来迎する図である。

母親は右手で、赤子の足を腰のあたりで押さえている。左手は、手のひらで赤子の顔をおおう。手な《た》ごころで、鼻と口をふさぐ形であろう。ここまでは現実の描写であるが、その赤子の顔のあたりから、煙のようなものが一筋立っている。これは、目で見える情景の写生ではありえない。細く立った気は、蛇行しながら広がっている。地蔵菩薩の瑞雲の左手前にとどくあたりでは、赤子が気に乗ってもよいほどに広くなる。そこには、顔を地蔵菩薩の立つ右の方に向け、両足をふんばる裸の赤子の姿が描いてある。

赤子は右手を差し延べ、地蔵菩薩の乗る瑞雲をつかんでいるかのようである。その部分だけ、瑞雲も赤子のほうに広がっている。どうみても、気は赤子の霊魂である。その動きを気で表わしている。赤子の霊魂は、来迎した地蔵菩薩のもとに到達したという描写であろう。その蓮台の瑞雲に取りついた赤子の姿は、具象的に表現してある。赤子は両足を踏んばっている。地蔵菩薩のもとで、赤子は生き生きとした人間の姿をとっている。再生することを、示しているようにみえる。その赤子は、腰蓑のようなものをまとっている。ただの赤子ではないことの標《しる》しと考えてよいであろう。赤子の葬送儀礼や、赤子の復活を願う子さずけ信仰に、そのような作法があったかもしれない。

地蔵菩薩の来迎図となれば、まったくの宗教画である。「間引き絵馬」と呼ぶが、その赤子の霊魂を救済するために、地蔵菩薩が現われるという信仰の表現である。母親は左膝を床につき、右膝を立てている姿勢であるが、体は地蔵菩薩に背を向け、顔は画面の左下に向いている。それは現実の自分の行為を否定しながら、地蔵菩薩の加護を願っているかにもみえる。足の指は、両足とも床に力をこめているように描く。自分のつらい思いを、指先に寄せた力で、じっと耐えていると感じる。

このように絵柄を見てくると、この地蔵堂の絵馬は、大きさといい、地蔵菩薩信仰の絵解きの図であったかもしれない。ずっとつらい思いに耐えて、男の子と女の子の二人制を守ってきた親たちの心を、地蔵菩薩が救うという宗教であろう。

「故郷七十年」の「布川のこと」で、利根川の河畔にあった地蔵堂の絵馬と読んだとき、どこの村にもあるような、せいぜい二尺ほどの石の地蔵菩薩像をまつる、小さい堂宇の絵馬を想像したが、この地蔵堂は、もともとは、現在この絵馬を保管している、海珠山多聞院徳満寺の本堂であったそうである。地蔵堂は立派な寺院建築で、地蔵菩薩も一mを越える木造仏である。私の貧弱な想像力は、みごとにうち砕かれた。寺伝に、元禄年間（一六八八―一七〇三）に、七世の隆鏝が本尊の地蔵菩薩を江戸の満願寺から勧請し、本堂を建立したという。

徳満寺のことは、柳田國男が布川での少年時代に小川家で愛読したといい、後にみずから校訂して岩波文庫に収めた赤松宗旦の『利根川図誌』（岩波書店・昭和十三年）巻三にもみえている。本尊の地蔵菩薩は湛慶作で長さ七尺三寸とあり、市が立ってにぎわう開帳のときの様子を描いた「地蔵市」の図も、見開き二面にある。現在も、この地蔵堂は健在である。立派な寺院の本尊をまつる地蔵菩薩堂である。この地蔵菩薩は、「子育て地蔵」と呼ばれて親しまれ、十一月二十四日からの開帳期には、いまでもたいへんににぎわうという。「子育て地蔵」の信仰は、本堂の軒下にみる奉納物にもうかがえる。そうした地蔵信仰の拠点なるがゆえに、この大きな「間引き絵馬」もたいせつにされて生きていたのであろう。現在は、本堂の廊下の上に掲げてある。

柳田國男は、「堂の正面右手に一枚の彩色された絵馬が掛けてあった」という。地蔵堂の正面、いまも鰐口《わにぐち》がさがっている、その右手奥であろう。その絵馬が取りはずされた当時のことを、前住職の次女で、現住職の姉上にあたる伊藤美代子さんが、よく覚えている。昭和二十一年生まれであるから、小学校の中学年のころであろうという。警察から、このようなものを掛けておかないようにということで、地蔵堂から撤去したという。「間引き絵馬」であることが、問題になったのであろう。

地蔵堂に掛けてあったときには、地蔵菩薩像ははっきりと描かれていて、とてもいいお顔のお地蔵さまでであったと、伊藤さんはいう。でも、柳田國男がいうように、泣いていたという印象はないそうである。このように絵馬がひどく痛んだのは、地蔵堂からはずして、どこかに置いてあったあいだであるという。保存のしかたが悪かったのであろうと、伊藤さんは残念がる。もとは、もっと粗末な枠に入っていたそうである。柳田國男の「布川のこと」が発表されたのは、昭和三十三年一月十六日になる。「間引き絵馬」は、この日を境に復活することになったものであろう。この絵馬は、昭和五十二年七月二十四日付で、利根町の条例で有形指定文化財に指定され、たいせつにされている。文化史的にみて、ぜひ後世に伝えたい貴重な民俗文化財である。

このように布川の地蔵堂の絵馬の意義をたどってみると、『赤子塚の話』にも、思いあたる文脈がある。この論考の最後の結びの言葉である。

南無や地蔵大菩薩。斯の如くして久しく我々が親を救はせたまふ。

死んだ赤子の霊を救済するのであれば、お地蔵さまは赤子を守ったといいそうであるが、代々の親を救ったという。わが子をなくした悲しみを背負って生きなければならない、親たちの守護であるとする。ここに微妙な、柳田國男の人間観がのぞいている。現実社会へのまなざしである。生きることの苦しさへの思いである。

例の玄文社版の『炉辺叢書』で刊行した二冊の著書を収めた『柳田國男先生著作集』第十冊の序文「再版に際して」の中でも、『赤子塚の話』については、なお強い関心を持ち続けていることを表明している。

爰に並べた二つの論文のうち、赤子塚の話は自分でもなほ注意を進め、更に石田君の母子神信仰のやうな、大きな研究も出発の途に就いて居るが、……

という。『新国学談』第三冊（小山書店・昭和二十二年十一月）に収める「子安神の話」なども、その一連の課題のようにもみえるが、後年しばしば話題にしている童墓《わらべ》のことなどは、その最たる事例であろう。「年譜」によると、昭和三十一年十一月十九日に、「國學院大學日本文化研究所で、「わらべ墓を通してみた日本人の霊魂観念」の話をする」とある。さらに、昭和三十四年四月十九日には、相模民俗学会の主催で、川崎駅ビルホールを会場に、柳田國男は「子墓の話」と題して講演をしている。これは相模民俗学会の機関誌『民俗』第四〇号（昭和三十五年四月）「子墓特集」の付録『相模民俗学会会報』第一三号の中村亮雄の「子墓の特集を終って」によると、この「子墓特集」の企画を知った柳田國男が、自分もかねて興味をもっていることだから、相模民俗学会のために話そうということで、講演会が実現したという。

その講演の筆記は、柳田國男が自身でいままでの文献なども参考にして稿を改めたいということで、「子墓特集」には間にあわなかったが、柳田國男の没後、講演の筆記をまとめて、『民俗』第六一号（一九六五年九月）に「子墓の問題」として掲載されている。その日の様子は、この講演の直後に出た『相模民俗学会会報』第八号（昭和三十四年四月）で、和田正洲「柳田國男先生を迎えて」が伝えている。また、そこには、当日、柳田國男が読んだ「地蔵和讃」も、一部の人の希望をうけて、会員で仏門出身の菊池武紀が所蔵する「西院川原《さいのかはら》地蔵和讃」を紹介している。

柳田國男がこの「地蔵和讃」を唱えた場面は、聴衆にとって印象的だったようである。この日、成城大学教授の今井富士雄とともに柳田國男に同道して講演を聞いた国文学者の岡見正雄は、『定本柳田國男集［第十三巻］月報』十三（筑摩書房・昭和三十八年一月）に寄せた「柳田先生の想い出」で、

賽の河原の和讃の折本一冊を持参されて、節をつけて詠まれて泣かれんばかりであったのが忘れられない。

と回想している。岡見正雄は、とくに中世の語り物の研究を通して、柳田國男と親しかった人である。この文章に心ひかれて、宮崎修二朗は『柳田國男その原郷』（朝日新聞社・一九七八年）で、

晩年のその人の胸を、そんなにも激しく浸した感慨は、何だったのだろう。

と、柳田國男の心の内に思いを寄せている。私は、それは、生涯を貫いて生きていた、地蔵堂の絵馬へのこだわりであったにちがいないと推測する。『赤子塚の話』をとおして思い続けていた、赤子をなくした親への救済の精神である。

「子墓の問題」には、『大日本史料』四編之九（東京帝国大学・明治四十二年十二月）の引用があり、注としてその史料の本文が示されている。承元元年（一二〇七）七月二十八日、後鳥羽上皇の皇女が薨去し

たときの記事で、兵部卿正三位仲資王の日記『仲資王記』の引用である。記事の欄外見出しの「七歳以前喪礼仏事ナシ」に○と✓、「七歳以前仏事ヲ行ハヾ傍親恐アリ」に○印が、赤いペンで書きこまれている。

柳田國男が『大日本史料』に目を通していたことはよく知られているが、「子墓の問題」にも長く深い思いがこめられていたことがうかがえる。この「子墓の問題」の一節にいう。

> 私の一番最初に嬉しかった発見は、沖縄の南端、与那国島でチゴバカをワラビバカといって、童だけの墓地があり、そこはわざとと思うくらい、波が荒れたり風が吹いたりする場所においてあることを知ったことである。……日本の南端にこの話があることを聞いたとき、一晩中眠られない程嬉しいことであった。

学問の真髄とはなにか、痛切に考えずにはいられない。

古くは『大宝令』にさかのぼるとおもわれる、「仮寧令《けにょうりょう》」の「無服《むぶく》の殤《しょう》」の規定もある。三月未満で死んだ赤子については忌引がなく、三月から七歳までは、喪服をつけずに心喪するという。「七歳までは神のうち」といって、葬儀を簡略にすませる習俗の法制史的背景をうかがわせている。[11] 赤子の生命をどうみるかは、人間の存在を理解する根本原理につながるであろう。経済とは、いかに食物を獲得して生きるかであり、それが負の形をとると、死のつぐないが問題になる。経済とは、死の精神文化の基底をなしていた。

十、辻川の固寧倉

本書より古く、この『三倉沿革』を、原本の写真二葉とともに紹介した書物がある。前掲の宮崎修二朗の『柳田國男その原郷』である。口絵にこの『三倉沿革』の本文一頁分と表紙の写真を収め、「未刊行の研究ノート『三倉沿革』と表紙」と記す。本文は、原本の九丁表である。著者は、神戸新聞社の「のじぎく文庫」編集長で、『神戸新聞』に連載された柳田國男の回想記「故郷七十年」の口述筆記の作業にも、かかわった人である。

宮崎修二朗はその著書の中で、『三倉沿革』について簡単な紹介をしている。

このほど成城大学内の柳田文庫から柳田國男・松岡家顕彰会記念館へ寄託された、『三倉沿革』という未刊行の稿本がある。三倉とは、義倉、社倉、常平倉のことで、由来はそれぞれ違うが、平年時に穀物を徴収あるいは備蓄し、凶年時にはこれを開いて救荒を行うための倉庫である。柳翁は少年のころから『救荒要覧』に刺戟を受けつつ、学生時代を通じ、さらに農商務省に入ってからも、この研究ノートをつけていたのであった。表紙に、「明治三十六年十二月十五日完了」と日付がうたれている。

おおむね、すでにみた「饑饉の体験」の敷衍であるが、『三倉沿革』の取り扱いについては、重大な認識のちがいがある。『三倉沿革』は、開館した記念館に展示するために、昭和五十二年十月十四日から翌年一月末日までの契約で、所蔵者の成城大学民俗学研究所から貸し出されたものである。期間は、記念館の希望で昭和五十三年八月末日まで延長されているが、九月二十七日に返却され、そこで終了している（民俗学研究所保存、借用書による）。まったく寄託ではない。したがって、記念館をとおして、個人の著書に『三倉沿革』の写真が掲載されることは、所蔵者にとってはありうべからざることであった。

もう一つ、この表紙の日付の引用にも誤りがある。これは影印で明らかなように、第五章の扉（もとの表紙）にあるもので、「十月二十五日」が正しい。「二」と「月」が逆転している。しかも原本には、「完了」の文字はない。これは、この日付が執筆終了の日を表わすと理解したところから生じた、思いこみであろう。柳田國男研究会の『柳田國男伝』別冊（三一書房・一九八八年十一月）「柳田國男年譜」でも、明治三十六年に、

十二月十五日、大学時代からの研究ノート『三倉沿革』完了（柳田國男・松岡家顕彰会記念館、柳田文庫蔵）。

とあり、『柳田國男その原郷』と同じ錯誤を犯している。『柳田國男その原郷』の著者が『三倉沿革』に深入りしたのには、相応な理由があった。おそらく、『三倉沿革』にいう社倉を、姫路藩では「固寧倉《こねいそう》」と呼んだという情報があったのであろう。宮崎修二朗は、それを語ろうとしている。固寧倉を論じるのに、『三倉沿革』の原本との出会いは、絶好の機会であった。

柳田國男は「故郷七十年」㉜「辻川のみち」（昭和三十三年二月十四日、一三版⑧）で語っていう。

私の記憶に残る古人に江戸時代の国学者で、小説家でもあった上田秋成がある。彼の紀行文の中には辻川に泊ったことなども記してあり、故郷への懐かしみをそそるのであるが、もう一人羽倉外記（げき）という幕末の学者が、大阪にいたころの旅中、辻川を通った旅行記がある。

とりわけ柳田國男の人生とかかわってみえるのは、弘化元年（一八四四）十二月刊の羽倉外記の『西上録《さいじょうろく》』である。天保十三年（一八四二）に老中の水野忠邦の推挙で納戸頭になった羽倉外記が、翌年の天保十四年、五十四歳の年の六月に、命をうけて西上したときの漢文の紀行である。八月十六日に姫路を発って、その日は「福基」に泊り、翌日には「幾野銀場」（生野の銀山）に向かっている。福基は現在の神崎町福本であろう。

この間の『西上録』の描写にいう。市川沿いに北上すると、だんだん地勢が高くなり、多くの池堤がある。秋になり日照りが続いて、浮き草の花が泥にはりつき、わずかに池の真中に水がたまっていると、羽倉外記は記す。宮崎修二朗は、これを西光寺野の風景の点描とみる。姫路から福本といえば、当然に辻川は通ったという推測であろう。「辻川のみち」にいう。「姫路から生野への道も福崎までは川の西岸を通って来られるのであるが、福崎も山崎のあたりからは川沿いの道が作れず、やむをえず途中から東岸に道を移して辻川を通ったわけである。」羽倉外記は、この道を通っている。

さらに「辻川のみち」で心ひかれるのは、柳田國男が、この羽倉外記の『西上録』を、かの利根川下流の布川に滞在していたときに小川家で見ていることである。柳田國男が十三歳で布川に移って、二年目のことである。

布川の借家に離れがあって、そこを私らの遊び場などに使っていたが、そこの戸棚に多くの写本類があり、私より二年遅れて同地に移った父が、その蔵書の中から羽倉氏の著書を発見し、その中に辻川に触れた旅行記があったため、じつに懐かしくこの羽倉氏が私の心には刻みつけられたのである。

布川の小川家は、辻川の大庄屋の三木家に続く、少年柳田國男の第二の濫読時代を生んだ。

そこで宮崎修二朗は、『西上録』に姫路藩の固寧倉がみえていることに注目する。八月十五日、明石城の先にある大窪の宿を立った羽倉外記は、加古川を渡るあたりまでの間で、固寧倉をいくつも見たと記している。『西上録』の原文で引いておこう。

数処有粟府、掲固寧倉三字、皆姫藩大夫河合氏所創云、（一四丁表）

数箇所に穀物倉があり、「固寧倉」の三文字をかかげている。どれも姫路藩の大夫の河合氏が始めたものであるというとある。大夫の河合氏とは、姫路藩の家老河合道臣《かわいひろおみ》（一七六七―一八四一）である。

姫路藩の固寧倉のことは、農商務省農務局の『社倉制度ニ関スル調査』（大正四年十月）にもみえる。ここでは固寧《こね》倉といったとある。その制度については、米価調節調査会の『社倉制度ニ関スル調査（続）』（大正五年三月）にくわしい。酒井家が寛延二年（一七四八）に姫路に移り、宝暦七年（一七五七）に、先に前橋藩でおこなった社倉法を取捨して藩内に施行した。文化十二年（一八一五）には、領内に六十箇所の郷倉を建設、このとき林大学頭がこの美挙を賞し、「固寧倉」の三字を書いて姫路藩に贈った。藩主はこれを木に彫り、各郷倉にわけて倉の扉の上に掛けさせたという。林家は幕府学問所の儒学者の家系で、官名の大学頭を世襲していた。このときの大学頭は、林述斎（一七六八―一八四一）である。

ついで、弘化三年（一八四六）には、郷倉の数は激増して二百八十八箇所になったとあり、社倉の所在地と蓄積した穀物の量が示されている。吉野支配所管内の八組に計百五箇所、そのうち辻川組は十箇所とある。柳田國男が十一歳のときに約一年間あずけられた三木家が、この辻川組の大庄屋であった。柳田國男が『西上録』に出合ったのは、幕藩体制がおわって二十年ほどたったときであるが、それ以前に、郷里で「固寧倉」について見聞することがあったかもしれない。

社倉について論じた著述として有名な中井竹山（一七三〇―一八〇四）の『社倉私議』は、次のような文章で始まる。

民は是邦の本、本固ければ邦寧と中付書経[12]にあらわれ、……

とある。これは漢籍『書経（尚書）』の『夏書』にある「五《ご》子《し》之《の》歌《うた》」の一節の引用である。「民は惟《こ》れ邦《くに》の本《もと》なり。本固《もとかた》ければ邦寧《くにやす》し」（民惟邦本、本固邦寧）とある（小野沢精一『新釈漢文大系』第二十六巻『書経』(下)・明治書院・昭和六十年四月）。中井竹山は、大阪の懐徳堂の儒学者で、この『社倉私議』は、禄高五万石の大名のために説いた社倉の制度であるという。社倉を「固寧倉」と名づけたのは、この『社倉私議』の冒頭の文章が、直接の典拠にちがいない。その「固ければ寧し」の「固寧」である。

宮崎修二朗は、布川で柳田國男の父君が『西上録』を手にとり、羽倉外記が辻川の道を通った紀行であることを指摘したときに、「固寧倉」の語義と役割を、説明をしたのではないかと推測する。たしかに同じ十四丁表の三行前に、「固寧倉」が見える。いまのところ、そのような逸話は知られていないようであるが、少年時代の「固寧倉」のかすかな体験が、『三倉沿革』の心の奥のきっかけになっていることは、ありうることである。

羽倉外記の『西上録』との出合いが、やがてその著書を集めることにつながったと、柳田國男は「辻川のみち」で語っている。

その後私も伊豆七島の研究を手がける因縁もあったが、私は羽倉氏の著書を全部集めるためにいろいろ苦心したことがあった。

柳田國男の蔵書を襲蔵する成城大学民俗学研究所の柳田文庫には、現在も『西上録』をはじめ、多くの羽倉外記の著書がある。成城大学民俗学研究所『[増補改訂]柳田文庫蔵書目録』(同所・平成十五年三月)の「著者名索引」の「羽倉用九（羽倉簡堂）」から検索できる。

ついでに記しておこう。その中に、羽倉外記編纂『小四海堂叢書』がある。これには、扉のあとに白紙をはさんで覚書がある。「小四海堂叢書七種十冊／右贈／柳田君　昭和五年明治節　内田良平」とある。「辻川のみち」で続けていう。

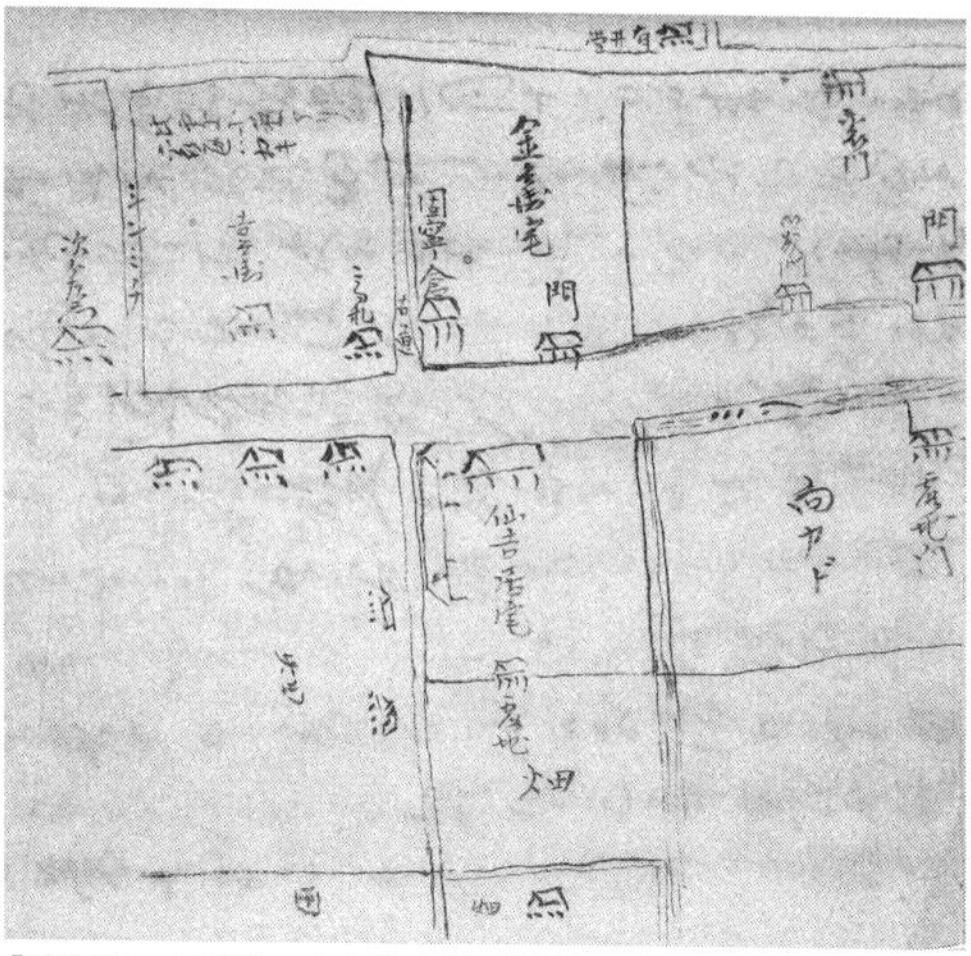

『諸事控　四番』　三木家文書（福崎町教育委員会蔵）

ある時東京下谷の古書店でそれを捜していると、居合せた内田良平という有名な学者が「その志はいい」といって、氏の蔵書の中から頒けてもらったという逸話もあった。それはいまなお私の記念すべき蔵書の一つとなっている。

そのときの羽倉外記の著作である。

固寧倉が、柳田國男の郷里の身近なところにもあったかどうか、二月二十一日に、福崎町立神崎郡歴史民俗資料館に問い合わせてみた。文化財専門員の福永明子さんが調べてくださった。かの柳田國男ゆかりの大庄屋の三木家の天保八年（一八三七）の『諸事控　四番』（福崎町教育委員会蔵「三木家文書」）にある、三木家の周辺を描く絵図にみえている。

図の右上の屋敷が三木家である。屋敷の南側（下方）に大通りが、北側（上方）に細い道が、東西に通っていて、三木家と同じように、南北に道いっぱいに広がる屋敷が、東西に並んでいた。その三木家の左隣り（西側）の「金兵衛宅」の屋敷の左下隅（南西隅）に小屋の絵があり、「固寧倉」と記す。その西側に南北に通る「古道」がある。その西側に「吉兵衛」の屋敷があり、さらに西側に「シンミチ」と記す細い道をはさんで「次郎左衛門」の屋敷がある。
「古道」は、北に進むと、「金兵衛宅」に入ってしまう袋小路で、そのかわりに「シンミチ」ができたのであろう。この「古道」の角に「固寧倉」があり、「古道」をはさんで、その西側の向かいに「高札」とある。大通りから「古道」に入る角に、「固寧倉」と「高札」が右左に向き合うかたちにあった。ここが辻川村の行政の中心部だったのであろう。「固寧倉」の社会的機能がよくあらわれている。柳田國男の生地の辻川にも、かつては「固寧倉」があったことがわかる。

福崎町には、現存している固寧倉もある。福崎町福田の固寧倉である。もともと各村にあった固寧倉も、残っているものが少くなったが、昭和時代までは、福崎町でも板坂区の公民館前や、田口公民館、東大貫区には、現存していたという[13]。そういう中で、福田では、昭和四十八年（一九七三）から同五十二年にかけて、日野清氏を中心にした保存運動があって、固寧倉は修復・保存され、福崎町指定重要民俗資料になった。昭和五十三年十二月一日の指定である。旧姫路藩でも、固寧倉が現在残っているのは、福田を含めて六箇所だけである[14]。

この福田の固寧倉は、本来は大歳神社の鳥居西の郷倉屋敷とよばれる場所にあった。明治二十年（一八八七）ごろに、現在地の福田八六一番地に移築したという。間口三間、奥行二間、前庇《まえびさし》つき・平入り土蔵造りで、屋根は本瓦葺きである。福田区ふるさと文化財（固寧倉）保存会の所有・管理である[15]。

なお福崎町立神崎郡歴史民俗資料館には、木製の「固寧倉」と記した扁額がある。福崎町西谷に伝来したもので、西谷部落の寄贈にかかる。表は刻みこんで額縁状に四角い枠をとり、文字は行書体で「固寧倉」と彫る。大きさは、長さ九三〇㎜、幅三五〇㎜、厚さ二五㎜である[16]。右横書きで、左側には、四角い印顆形の篆刻が上下に二つある。それぞれ漢字四字で、上は「述斎命名」と読める。「固寧倉」の呼称が林述斎の命名であることを伝えている。これが、姫路藩が頒布して固寧倉の扉の上に掛けさせたという扁額であろう。

先の『社倉制度ニ関スル調査(続)』に引く姫路藩の記録では、弘化三年(一八四六)には、固寧倉は山崎組にも、十箇所とある。いまも残る固寧倉とは、その中の一つかもしれない。

註

(1) 拙稿「柳田國男の「地方の研究」時代 ――明治四十二年の愛川村訪問から大正七年の内郷村調査へ――」『成城大学民俗学研究所紀要』第三十一集(同所・平成十九年三月)五五―六〇頁参照。
(2) 新渡戸稲造『増訂農業本論』(六盟館・明治四十一年四月)=新渡戸稲造全集編集委員会編『新渡戸稲造全集』第二巻(教文館・昭和四十四年七月)二四一頁。石黒忠篤「新渡戸先生と郷土会」『新渡戸博士追憶集』(故新渡戸博士記念事業実行委員会・昭和十一年十一月)三七三頁参照。
(3) 拙稿・注1同書・五七―五八頁参照。
(4) 拙稿・注1同書・四〇頁。
(5) 柳田國男「困蟻功程」『伝承文化』第五号(成城大学民俗学研究室・一九六六年七月)一―五七頁。
(6) 拙稿「椰子の実の寄る浜に」『三河民俗』第三号(三河民俗学会・平成四年五月)一八頁。
(7) 柳田國男「産業組合に就て」、後藤総一郎「解説」『伊那』第三十五巻第八号(伊那史学会・昭和六十二年八月)三―一九頁。
(8) 田中正明編『柳田國男　私の歩んできた道』(岩田書院・二〇〇〇年)二三―三八頁。
(9) 拙稿・注6同書参照。
(10) 拙稿・注1同書・五二―五五頁、拙稿・四〇八頁、注6同書・一八―二〇頁。

(10a) 東畑精一「農政学者としての柳田國男」『文学』第三十九巻第一号(岩波書店・昭和三十六年一月)四三・四四頁。
(11) 拙稿「律令と民俗学」『民俗』第一九〇・一九一号(相模民俗学会・二〇〇五年二月)一—二頁。
(12)『日本経済大典』第二十三巻(明治文献・昭和四十四年六月)の『社倉私議』では、「書経」が「事経」と誤植になっている(五四七頁)。
(13) 福崎町立神崎郡歴史民俗資料館編『姫路藩とふくさき』(福崎町教育委員会・平成二十二年十月)一六頁。
(14) 福崎町教育委員会・神崎郡歴史民俗資料館編『福崎町文化財だより』3(同会・同館・平成五年四月)一一頁。
(15) 福崎町教育委員会ほか・前掲書・一一頁。
(16) 福崎町立・前掲書・一六頁。

(『三倉沿革』、成城大学民俗学研究所発行、二〇一五年)

あとがき

「自分を知る」「人間を知る」ための歴史科学とは何か、ということを考えながら書いてきました。

古い記録は、ずばり遠い時代の事実を、われわれの目の前に提示してくれます。しかしそれは文書という「物」であって、私たちに「読解」という難渋な作業を突きつけています。そこでは「文章」が、どのような現実の人生を意味しているのか、理解して構想することを要求しています。読み手には、それを受け入れるだけの素養と学習が必要になります。人間に対する深い洞察力が土台です。

近代の歴史科学で、輝かしい成果をあげてきた柳田國男や折口信夫は、親子代々生活技術を継承してきた、一般の村の人々の生活を深く学ぶことによって、人間社会のあり方を解明してきました。その方法を「民俗学」と呼んでいます。しかしこの二人の先覚者は、歴史の科学の学問の世界でも、きわめて広く古典に通じている学者でした。その言葉で書かれた世界に命を与えるために、生身の人間が伝えてきた知識を尊重したのです。読解の妙です。

私も『高野山文書』の世界の現地を、可能なかぎり廻ってみる努力をしました。そこには、時代による変化に耐えた、大地があります。それぞれの土地で営まれた、歴史の跡もあります。日本の社会は、遠い時間の隔たりを越えて生きてきた命が、構成しているのです。その命の尊さを、明らかにしなければばなりません。一歩一歩の大地が、いとおしく思えます。高野山金剛峯寺も丹生都比売神社も、その創建以前からかかわった人たちの声が、今に伝わってくる思いがします。

政治や経済の時代区分とは別に、代々の親たちは、命を繋いできたのだと、私はいつも考えています。農村社会史を築いた小野武夫がいう、「千年百姓の家」という表現が大好きです。「家」という姿を維持することはなかなかむつかしいことに見えますが、日本の社会は、そういう原理を維持しながら、続いてきているように感じます。今度の旅でも、有田川町の小松家や橋本市の丹生家など、現代なおそういう由緒を伝えている家を尋ねることができました。われわれの社会の奥深さを、知ることがたいせつです。この書物は、そのためのささやかな私の試みです。

紀の川の上流から、瀬戸内海を経て、朝鮮半島まで続く水の道や、その瀬戸内の尾道から中国山地を横断して隠岐島に至る道など、中世の文書から上代の文献をたどることによって、現代の地図の上に想定することができます。それが『高野山文書』の世界でもあったのです。現代の自動車道路を通ってみるだけでも、人々の鼓動がよみがえってきます。もっともっと人間の営みの尊さを、体験してみたいものです。そんな貴重な人生の一瞬一瞬を、マイカーで実現してくださった山田《やまだ》知《さとる》さんに、心からお礼申しあげます。

令和二年九月

小島瓔禮

小島瓔禮（こじま・よしゆき）
1935年生まれ、神奈川県出身。
柳田國男・折口信夫の学問にあこがれ、國學院大學文学部へ進学、佐藤謙三に師事、文献学的な日本古典文学を専攻、大学院博士課程修了。琉球大学教育学部・大学院で、日本古典文学・民俗学を担当、現在、名誉教授。成城大学文芸学部非常勤講師、同民俗学研究所客員所員歴任。（公財）国立劇場おきなわ運営財団　評議員。
主な著書・編著に、『案山子系図』『神奈川県語り物資料』『武相昔話集』『校注風土記』『琉球学の視角』『日本の神話』『中世唱導文学の研究』『日本霊異記』『蛇の宇宙誌』『人・他界・馬』『太陽と稲の神殿』『猫の王』『歌三絃往来』ほか。

中世《ちゆうせい》の村《むら》への旅《たび》
——柳田國男『高野山文書研究』『三倉沿革』をめぐって
2020年11月30日　第1版第1刷発行

著者◆小島瓔禮《こじまよしゆき》
発行人◆小島　雄
発行所◆有限会社アーツアンドクラフツ
東京都千代田区神田神保町2-7-17
〒101-0051
TEL. 03-6272-5207　FAX. 03-6272-5208
http://www.webarts.co.jp/
印刷　シナノ書籍印刷株式会社

落丁・乱丁本はお取り替えいたします。
ISBN978-4-908028-55-7　C0039